C++语言（中学版）

主　编　张文双
副主编　杨印国

北京理工大学出版社
BEIJING INSTITUTE OF TECHNOLOGY PRESS

内 容 提 要

本书按照全国青少年信息学奥林匹克竞赛要求编写，立足于 C++程序设计语言的普及和应用。

本书包含 C++语言基础知识、C++语言的顺序结构、选择结构、循环结构、数组、函数、字符串、指针、结构体与联合体、文件、数据结构、算法、编译宏指令及编程小技巧、NOI Linux 操作系统等内容。各章配备习题，附习题参考答案。

本书结构严谨，语言简练，可以作为中学的竞赛培训用书，也适合读者选作自学资料。

图书在版编目（CIP）数据

C++语言：中学版／张文双主编 . —北京：北京理工大学出版社，2020.6
ISBN 978-7-5682-8448-6

Ⅰ. ①C… Ⅱ. ①张… Ⅲ. ①C++语言-程序设计-中学-教学参考资料 Ⅳ. ①G634.673

中国版本图书馆 CIP 数据核字（2020）第 080655 号

出版发行／北京理工大学出版社有限责任公司
社　　址／北京市海淀区中关村南大街 5 号
邮　　编／100081
电　　话／（010）68914775（总编室）
　　　　　（010）82562903（教材售后服务热线）
　　　　　（010）68948351（其他图书服务热线）
网　　址／http：//www.bitpress.com.cn
经　　销／全国各地新华书店
印　　刷／唐山富达印务有限公司
开　　本／787 毫米×1092 毫米　1/16
印　　张／21
字　　数／492 千字
版　　次／2020 年 6 月第 1 版　2020 年 6 月第 1 次印刷
定　　价／59.80 元

责任编辑／高　芳
文案编辑／高　芳
责任校对／周瑞红
责任印制／施胜娟

前　言

为深入贯彻落实《国家教育事业发展"十三五"规划》，进一步推进《教育信息化2.0行动计划》，加强对学生科学素质、信息素养和创新能力的培养，信息学奥林匹克竞赛给有才华的学生提供了相互交流和学习的机会，培养和选拔出一批优秀的计算机人才。

近年来，C++语言已成为我国青少年信息学奥林匹克竞赛（NOI）和分区联赛（NOIP）的主导竞赛语言。为了适应竞赛的需要，同时针对中学生的数学基础和认知能力水平，我们编写了这本中学版的C++语言教程，书中所有的例题和习题均能在 Dev-C++ 5.11 环境中运行。

这本书的内容共分15章，主要内容包括：C++语言基础知识、C++语言的顺序结构、选择结构、循环结构、数组、函数、字符串、指针、结构体与联合体、文件、数据结构、算法、编译宏指令及编程小技巧、NOI Linux 操作系统等内容。其中，第1~3章由杨印国编写，第4章由冯新晖编写，第5章由李秀丽编写，第6章由王金艳编写，第7和第8章由康健编写，第9章由陈进编写，第10章由刘树明编写，第11章由张文双编写，第12和第13章由杜柏林编写，第14章由侯启明编写，第15章由蔡英奇编写。全书由张文双、杨印国统稿审定。本书第14章作者侯启明作为2002年第十四届国际青少年信息学奥林匹克竞赛金奖获得者，将个人的编程技巧奉献给读者，希望能为您带来帮助。

由于编者的水平有限，书中若有疏漏之处，恳请各位读者指正。

编　者
2019 年 5 月

目　　录

第 1 章　初识 C++语言 ……………………………………………………………… 1

1.1　集成环境及菜单的使用 ……………………………………………………… 2

1.2　程序的输入和调试 …………………………………………………………… 5

习题 1 ……………………………………………………………………………… 9

第 2 章　C++程序设计语言基础 ………………………………………………… 11

2.1　C++语言简介 ………………………………………………………………… 11

2.2　数据类型 ……………………………………………………………………… 17

2.3　常量和变量 …………………………………………………………………… 18

2.4　函数与表达式 ………………………………………………………………… 22

2.5　数制 …………………………………………………………………………… 31

2.6　ASCII 码 ……………………………………………………………………… 34

习题 2 ……………………………………………………………………………… 35

第 3 章　顺序结构程序设计 ……………………………………………………… 37

3.1　赋值语句 ……………………………………………………………………… 38

3.2　输入语句 ……………………………………………………………………… 39

3.3　输出语句 ……………………………………………………………………… 39

3.4　应用实例 ……………………………………………………………………… 41

习题 3 ……………………………………………………………………………… 44

第 4 章　选择结构程序设计 ……………………………………………………… 46

4.1　逻辑运算及布尔表达式 ……………………………………………………… 46

4.2　条件（if）语句 ……………………………………………………………… 48

4.3　if 语句的嵌套 ………………………………………………………………… 53

4.4　switch 语句 …………………………………………………………………… 55

习题 4 ……………………………………………………………………………… 60

第 5 章　循环语句 ………………………………………………………………… 63

5.1　while 循环语句 ……………………………………………………………… 63

5.2　do-while 循环语句 …………………………………………………………… 68

5.3　for 循环语句 ……………………………………………………………… 73

5.4　多重循环 …………………………………………………………………… 78

习题 5 …………………………………………………………………………… 83

第 6 章　数组 ……………………………………………………………………… 87

6.1　认识数组 …………………………………………………………………… 87

6.2　一维数组 …………………………………………………………………… 88

6.3　二维数组 …………………………………………………………………… 96

6.4　多维数组 …………………………………………………………………… 100

6.5　字符数组 …………………………………………………………………… 101

6.6　数组的综合应用实例 ……………………………………………………… 104

习题 6 …………………………………………………………………………… 107

第 7 章　函数 ……………………………………………………………………… 113

7.1　函数的定义 ………………………………………………………………… 113

7.2　函数的类型和返回值 ……………………………………………………… 115

7.3　函数的调用与参数的传递 ………………………………………………… 116

7.4　变量及其作用域 …………………………………………………………… 120

7.5　函数的应用 ………………………………………………………………… 122

7.6　递归函数 …………………………………………………………………… 124

习题 7 …………………………………………………………………………… 129

第 8 章　字符串 …………………………………………………………………… 132

8.1　string 类型的初始化 ……………………………………………………… 132

8.2　string 类型的基本操作 …………………………………………………… 134

8.3　应用实例 …………………………………………………………………… 138

习题 8 …………………………………………………………………………… 140

第 9 章　指针 ……………………………………………………………………… 143

9.1　指针变量的定义 …………………………………………………………… 143

9.2　指针变量的基本操作 ……………………………………………………… 145

9.3　指针的应用 ………………………………………………………………… 150

习题 9 …………………………………………………………………………… 152

第 10 章　结构与联合体 ………………………………………………………… 154

10.1　结构的定义 ………………………………………………………………… 154

10.2　访问结构成员 ……………………………………………………………… 157

10.3　结构应用举例 ……………………………………………… 160

10.4　结构与链表 …………………………………………………… 164

10.5　联合体 ………………………………………………………… 171

习题 10 ……………………………………………………………… 173

第 11 章　文件 …………………………………………………………… 176

11.1　文件的类型 …………………………………………………… 176

11.2　文本文件的概念 ……………………………………………… 177

11.3　文件类型变量的定义及引用 ………………………………… 177

11.4　文件的重定向 ………………………………………………… 183

习题 11 ……………………………………………………………… 187

第 12 章　数据结构 ……………………………………………………… 189

12.1　线性表 ………………………………………………………… 189

12.2　栈 ……………………………………………………………… 192

12.3　队列 …………………………………………………………… 196

12.4　树 ……………………………………………………………… 197

12.5　二分法 ………………………………………………………… 201

习题 12 ……………………………………………………………… 204

第 13 章　常用算法 ……………………………………………………… 207

13.1　穷举法 ………………………………………………………… 207

13.2　排序算法 ……………………………………………………… 209

13.3　回溯算法 ……………………………………………………… 213

13.4　递推法 ………………………………………………………… 215

13.5　高精度数值处理 ……………………………………………… 219

13.6　动态规划 ……………………………………………………… 224

习题 13 ……………………………………………………………… 227

第 14 章　编译宏指令及编程小技巧 …………………………………… 228

14.1　编译宏指令 …………………………………………………… 228

14.2　编程小技巧 …………………………………………………… 240

习题 14 ……………………………………………………………… 247

第 15 章　NOI Linux 操作系统 ………………………………………… 249

15.1　NOI Linux 系统的介绍和安装 ……………………………… 249

15.2　NOI Linux 的编程操作 ……………………………………… 254

15.3 NOI Linux 系统下评测及注意事项 …………………………………… 262

15.4 对拍 …………………………………………………………………… 269

习题 15 ……………………………………………………………………… 276

习题参考答案 …………………………………………………………… 278

第二十四届全国青少年信息学奥林匹克联赛初赛提高组 C++语言试题 ………… 308

附录 ……………………………………………………………………… 318

附录一 ASCII 码表 ……………………………………………………… 318

附录二 C++常见出错信息 ……………………………………………… 319

附录三 C++常用词汇英汉对照 ………………………………………… 320

附录四 C++程序设计中的常用数学知识 ……………………………… 323

参考文献 ………………………………………………………………… 326

第1章

初识 C++语言

荷兰计算机学家德克斯特拉（E. W. Dijkstra）在 20 世纪 60 年代提出了结构化程序设计思想。如今被广泛应用的结构化程序设计语言 C 语言，是 1972 年由 Dennis Ritchie（C 语言之父）在贝尔实验室设计出来的，由于它不适合大型程序开发等局限性，1980 年，贝尔实验室的 Bjarne Stroustrup 博士（C++之父）对 C 语言进行改进和扩充，于 1983 年研制出 C++。

C++是一种面向对象的程序设计语言，可运行在多种平台上，如 Windows、Mac OS X（苹果机系统）和 Linux 操作系统。

Dev-C++是一个 Windows 环境下的轻量级 C/C++集成开发环境（IDE），它使用信息学奥林匹克竞赛要求的编译器——g++。其最大的优点是功能简捷，是学习 C++的首选开发工具，很适合初学者使用。原开发公司 Bloodshed 在开发完 4.9.9.2 版本后停止开发，Orwell 公司继续更新开发，目前的最新版本为 5.11。

本书将详细介绍 Dev-C++ 5.11 的使用方法。

在 Windows 7 系统里下载安装 Dev-C++ 5.11（大小为 48MB）。

1. 启动方法

双击桌面上的 Dev-C++图标，或者单击"开始"→"所有程序"→Bloodshed Dev-C++→Dev-C++命令。

2. Dev-C++的退出

退出 Dev-C++的方法有以下几种。

（1）选择主菜单文件中的"退出"命令，或者按快捷键 Alt+F4，彻底退出 Dev-C++。若有未保存的程序，系统会提示是否保存。

（2）在输入程序代码后，选择主菜单文件中的"关闭"命令，只关闭当前编辑的程序，然后还可以打开其他项目进行编辑。

1.1 集成环境及菜单的使用

Dev-C++集成开发环境的各个组成部分有：标题栏、主菜单栏、工具栏、代码输入与编辑区、位于窗口底部的编译信息显示区等，程序设计的所有工作基本上都要在该窗口中进行。界面如图1-1所示。

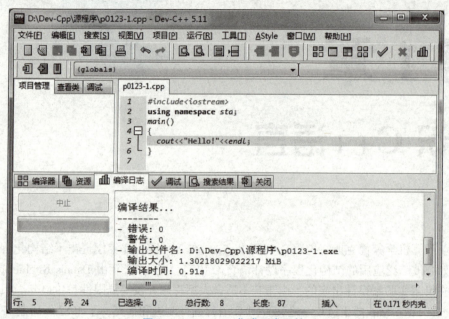

图1-1 Dev-C++集成开发环境

1. 主菜单栏

主菜单栏位于窗口上部，共有10个菜单项：文件、编辑、搜索、视图、项目、运行、工具、AStyle、窗口、帮助。各个菜单又包含若干个下拉子菜单。这里给大家介绍常用的操作。

1）文件菜单

文件菜单是最重要的菜单，主要用于对文件的管理，如新建文件、打开文件、保存文件等，具体功能见表1-1。

表1-1 文件菜单中各子菜单的功能

子菜单	快捷键	功能描述
新建	Ctrl+N	新建源代码，也可以创建新的项目
打开项目或文件		显示"打开文件"对话框，供选择打开已有的文件
保存		将当前的文件存盘
另存为		以用户指定的路径和文件名将当前的文件存盘
全部保存		对所有类型的文件存盘
关闭		关闭当前窗口

续表

子菜单	快捷键	功能描述
关闭项目		关闭当前正在操作的项目
导入		导入 Visual 中的代码
导出		将当前代码以 html、rft、text 文件格式导出
打印		打印当前窗口中的内容
打印设置		对打印机进行简单的设置
退出	Alt+F4	退出 Dev-C++集成开发环境

2）编辑菜单

编辑菜单用于对当前编辑窗口中的内容进行编辑，如代码的输入、修改、复制、粘贴、删除等，具体功能见表 1-2。

表 1-2　编辑菜单中各子菜单的功能

子菜单	快捷键	功能描述
恢复	Ctrl+Z	撤消最近的一次操作
重做	Ctrl+Y	撤消恢复操作
剪切	Ctrl+X	删除选定的文本，并放入剪贴板
拷贝	Ctrl+C	将选定的文本复制到剪贴板中
粘贴	Ctrl+V	将剪贴板中的内容粘贴到当前光标处
选择全部	Ctrl+A	选择全部内容
插入		插入当前日期、时间、常用的程序结构等，如 for( )
注释	Ctrl+.	可以将当前行设定为注释内容，不再编译
缩进	Tab	将光标向右移动，代码实现缩进，增强程序阅读能力
取消缩进	Shift+Tab	将光标向左移动，以实现同级代码对齐，便于阅读

3）运行菜单

运行菜单用来运行 C++程序，如编译程序、运行程序、编译并运行程序、语法检查等，具体功能见表 1-3。

表 1-3　运行菜单中各子菜单的功能

子菜单	快捷键	功能描述
编译	F9	当前程序
运行	F10	运行当前程序
编译运行	F11	编译并运行当前程序
全部重新编译	F12	运行程序到光标所在行
检查语法		检查源代码中的语法错误，光标停在错误处
性能分析		可以对项目进行分析
切换断点		在程序中设置断点
调试		可以对项目进行调试

4）工具菜单

工具菜单用来选择编译器、文件默认存放路径、设置编辑器的工作模式、自定义快捷键等，具体功能见表1-4。

表1-4　工具菜单中各子菜单的功能

子菜单	快捷键	功能描述
编译选项		用来选择编译器
环境选项		文件默认存放路径
编辑器选项		设置编辑器的工作模式，比如输入代码时自动缩进等
快捷键选项		可以自定义快捷键
配置工具		可以选择编辑器

5）窗口菜单

窗口菜单用来管理开发环境窗口，如关闭所有程序设计窗口、切换各个窗口、最大化窗口等，具体功能见表1-5。

表1-5　窗口菜单中各子菜单的功能

子菜单	快捷键	功能描述
全部关闭		关闭所有打开的程序设计窗口
全屏	Ctrl+F11	最大化程序设计窗口
后继		切换到后一个设计窗口
前驱		切换到前一个设计窗口
列表		列出打开的所有设计窗口

6）其他菜单

其他的菜单使用较少，这里只做简单介绍。

（1）搜索菜单：提供了查找字符串的功能。

（2）替换菜单：提供了替换找到的字符串的功能。

（3）项目管理：提供了打开或关闭项目管理窗口的功能。

（4）状态条菜单：提供了显示光标所在行、代码行数和总的字符数的功能。

（5）工具条菜单：提供了显示各种工具栏和所采用的编译器的功能。

（6）格式化选项：提供了设定窗口代码格式化的样式的功能。

（7）格式化当前文件：按格式化选项的设定，整理窗口代码格式，如缩进。

上面介绍的是菜单的功能，有关菜单的操作还需说明几点：

（1）菜单操作可以使用鼠标，也可以使用键盘。

（2）按 Alt 键，光标移到主菜单，移动"→"或"←"键选择主菜单，按 Enter 键打开相应子菜单；再按"↑"或"↓"键选择子菜单，按 Enter 键确认。

（3）同时按下 Alt 键和所需主菜单项括号中的字母（一般为第一个字母），可打开其子菜单，如按快捷键 Alt+F 可打开文件菜单；再按子菜单中所需项括号中的字母，可执行相应操作，如按 S 键可保存文件。

(4) 用快捷键直接操作子菜单，如按 F9 键可以编译源文件。

(5) 子菜单中有"▶"，说明还有下级菜单，单击带"…"的选项会打开对话框。

2. 编辑窗口

1）窗口的组成

编辑窗口主要用于输入和编辑 C++源程序。编辑窗口由标题选项卡（上面有标题）、代码行号、代码折叠/展开按钮、窗口编辑区、水平滚动条和垂直滚动条、光标位置显示（如 5 行 9 列）、总行数和总字符数等组成。

C++可以同时打开多个窗口，但任一时刻只有一个窗口处于活动状态，称为活动窗口，也称为当前窗口，即当前正在工作的窗口。活动窗口的特点是标签突出显示，而非活动窗口的标签下沉。单击某一非活动窗口，就能使其成为活动窗口。代码编辑等所有操作都要在活动窗口中进行。

2）窗口的操作

窗口可以被打开、移动、全屏/常规、关闭。

窗口的新建：通过主菜单文件中的"新建"命令，可以新建一个窗口。

窗口的打开：通过主菜单文件中的"打开项目或文件"命令，可以打开一个已有的文件。

窗口的移动：通过鼠标拖动标题标签，可以移动活动窗口。

窗口的全屏/常规：选择主菜单窗口中的全屏命令后，可以最大化编辑窗口。可以利用快捷键 Ctrl+F11 实现窗口的全屏和常规切换。

窗口的关闭：通过主菜单文件中的"关闭"命令，或者右击标题，选择"关闭"，也可以关闭活动窗口。通过主菜单文件中的"全部关闭"命令，可以关闭所有窗口。

3. 状态栏

通过位于窗口底部的状态栏，可以查看光标所在的行列、选择的字符数量、代码总行数、代码的字符总数。

4. 编译信息区

对代码编译后，可以给出如下样式的编译信息，便于程序的调试。

错误：0

警告：0

输出文件名：D：\ Dev-Cpp \ p0123-1. exe

输出大小：1. 30218029022217 MiB

编译时间：1. 20s

1.2 程序的输入和调试

下面通过一个简单的例子来说明 C++程序的输入、编辑、保存、编译、运行等操作。

 例 1-1 字符串的输出。

程序如下：

```
#include<iostream>
using namespace std;
main()
{
    cout<<"Hello!"<<endl;
    cout<<"This is a simple C++ program!"<<endl;
}
```

运行结果为：

Hello!
This is a simple C++ program!

1. 输入源程序

Dev-C++集成开发环境启动后，单击"文件"→"新建"→"源代码"命令就可以在窗口中编写代码了，用C++语言编写的程序叫C++源程序。

在输入过程中，每输完一行按一下 Enter 键。可随时使用编辑命令快捷键进行编辑操作，常用的编辑命令见表1-6。

表1-6　常用的编辑命令

命令	编辑操作
←	光标左移一个字符
→	光标右移一个字符
↑	光标上移一行
↓	光标下移一行
Home	光标移至行首
End	光标移至行尾
Page Up	光标上移一页
Page Down	光标下移一页
Backspace	删除光标左边的字符
Delete	删除光标所在处的字符

如果窗口中已有程序，那么要输入新的程序，就要单击菜单"文件"→"新建"→"源代码"命令，打开一个新窗口，再输入新程序。当然也可以直接按快捷键 Ctrl+N。

2. 调试源程序

程序代码输入完毕，在编译前要进行以下的调试工作。

（1）静态查错：为了减少无谓的调试，这一步很重要。

（2）很小的数据可以手工运算，不必什么都要靠调试来完成。

（3）把数组定义得小一点，可以减少系统资源占用，从而优化程序。

（4）在编程过程中要注意存盘，以防止程序意外丢失。

（5）模块调试。这种分治策略，可以降低调试难度。

（6）使用"运行"菜单中的"语法检查"或"检查当前文件语法"命令，可以自动检查代码中的语法错误。存在错误的行，在行号处会出现一个×。

3. 保存程序

选择主菜单"文件"→"保存"命令，或按快捷键 Ctrl+S，保存当前程序。

如果想另存，可以选择菜单"文件"→"另存为"命令，会出现"另存为"对话框，在其中输入文件名（例如：ytr），单击"保存"按钮，则程序会以"ytr.cpp"为文件名保存在默认目录中。若要保存到其他地方，在输入文件名时指明路径就可以了。

4. 编译源程序

程序调试完毕，即可开始编译，编译就是把源程序一次性翻译成目标程序，以便计算机执行。选择菜单"运行"→"编译"命令，或者按快捷键 F9，就可以对程序进行编译，此时屏幕下方会出现编译信息。如果程序中存在语法错误，在编译时，系统会给出错误信息代码，以便于我们进行修改。如，expected' ;' 提示缺少分号；expected')' 提示缺少右括号。同时，也会指出错误所在的行列，如行 9，列 11。此时可利用表 1-6 中的编辑命令快捷键修改，再进行编译，直到成功。

在文件编译时，会自动在当前目录中产生一个与源文件同名的可执行文件，如 ytr.exe。该文件不需要在 C++ 环境中运行，而是要在操作系统环境下运行，如在 Windows 中双击文件名图标即可运行。

注意：编译前，在窗口右上角的编译器要选择"TDM-GCC 4.9.2 32-bit Release"。

5. 运行程序

程序编译通过后，就可以运行了。步骤如下。

（1）运行程序：选择菜单"运行"→"运行"命令，或按快捷键 F10，实现程序的运行。

（2）查看结果：运行完毕，自动产生一个窗口，显示运行结果。

注意：程序修改后，必须重新编译，再运行。否则运行结果还是未修改时的结果。

6. 常见错误信息

expected '('	缺少左括号
expected ')'	缺少右括号
expected ';'	缺少分号
expected ';' before'cout'	cout 前面的语句缺少分号
expected ','	缺少逗号
expected '='	缺少赋值号
missing terminating " character	缺少终止字符"
'p' was not declared in this scope	标识符未定义
invalid operands of types'int'	int 类型变量的操作数无效
expression syntax error	表达式语法错误

 **操作技巧**

在输入 C++ 源代码时，先要输入头文件、名字空间和函数名这三行，是不是很麻烦？

下面介绍一个工具，它能帮助我们简化这个操作。步骤如下。

（1）单击"工具"菜单的"编辑器选项"命令，打开"编辑器属性"窗口，如图1-2所示。

（2）单击"代码"按钮，在第2行标签中出现"缺省源"标签，如图1-3所示。

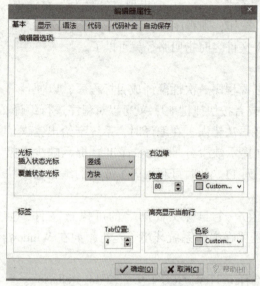

图1-2 编辑器属性界面

图1-3 代码—缺省源界面

（3）单击"缺省源"标签，显示如图1-4所示界面。

图1-4 缺省源界面

（4）在窗口的编辑区里输入C++程序的头文件、命名空间和函数名。选中"向项目初始源文件插入代码"选项。然后单击"确定"按钮，完成缺省源代码的设置。

当再新建源代码文件时，C++窗口如图1-5所示。

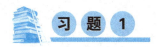

```
#include<iostream>
using namespace std;
int main()
{

    return 0;
}
```

图1-5　设置缺省源后，新建源代码窗口

窗口的编辑区里果然出现了C++程序的头文件、命名空间和主函数的框架，输入程序代码时节省了输入的工作量，很方便。

习 题 1

一、简答题

1. C++语言是谁研究出来的？
2. 如何编译C++源程序？要注意什么问题？
3. 在C++中，如何打开多个窗口？它们之间怎么切换？
4. C++程序需要编译，请说明编译的含义。
5. 试说明怎样由键盘来操作主菜单？

二、分析题

完成下面程序的输入、保存、编译、运行，分析并观察运行结果。

程序如下：

```
#include<iostream>
using namespace std;
main()
{
    int x;
    x=1+2;
    cout<<"the sum is";
    cout<<x;
    cout<<endl;
    cout<<"all done!"<<endl;
```

}

三、释义题

指出下列错误信息的含义：

1. expected ')'

2. expected';'

3. 'p' was not declared in this scope

4. expected ';' before 'cout'

5. missing terminating " character

第 2 章
C++程序设计语言基础

C++语言属于编译型的高级语言，是在 C 语言的基础上发展起来的，是一种面向对象的程序设计语言。C++是 "C Plus Plus" 的简写。

2.1　C++语言简介

2.1.1　C++语言的特点

编写一个程序，就是以一种程序设计语言所要求的规范在表达思想，这和人与人之间使用自然语言交流一样，程序员和计算机使用程序设计语言交流。用 C++编写的程序叫源程序，并以 ".cpp" 文件的形式保存在计算机中。C++源程序必须经过编译器这个软件进行编译，翻译成目标文件，格式为 ".obj"。目标文件也不能直接执行，必须通过连接器与C++系统库连接在一起，形成一个 ".exe" 格式的可执行文件，才能执行。

C++语言具有如下特点。

（1）全面兼容 C 语言，绝大多数 C 程序可以在 C++中直接运行。

（2）程序结构紧凑、语句灵活、运行可靠。语法要求严格，不易出现编写错误。

（3）运行效率比其他任何高级语言都要高，仅次于汇编语言（低级语言）。

（4）支持面向对象程序设计。

（5）可扩充性、可维护性强，适合开发大中型软件，可以编写系统软件，驱动程序和游戏底层的开发。

2.1.2　C++程序的组成

为了使初学者对 C++程序建立一个整体概念，更清楚地了解程序的构成，我们先介绍一个 C++源程序的书写方法。

例2-1　已知长方形的长和宽，求长方形的面积。

设长方形的长为 a，宽为 b，面积为 s，则长方形的面积为：$s=a×b$。

程序如下：

```cpp
#include<iostream>
using namespace std;
main()
{
    double a, b, s;
    cout<<"长: "<<"宽:";
    cin>>a>>b;    //输入长方形的长和宽
    s=a*b;
    cout<<"面积为"<<s<<endl;
}
```

从上面的程序中可以看出，C++源程序由以下 6 部分组成。

1. 头文件

在 C++程序开始部分以"#"开头的命令，表示预处理命令，称为预处理器。"include"是关键字，"iostream"是一个头文件，该文件包含输入/输出操作所必需的标准输入/输出流对象。"#include<iostream>"的作用是在程序中可以使用输入/输出操作。注意：它不是 C++语句，是一个编译命令，末尾不能加分号。

C++语言包含头文件的格式有以下两种。

1）#include<头文件>

此时编译器并不是在用户编写程序的当前目录查找文件，而是在 C++系统目录中查找。这种包含方法常用于标准头文件，如 iostream、string 等。

2）#include "头文件"

此时编译器首先在用户编写程序的当前目录中查找文件，然后再在 C++系统中查找。

2. 命名空间

对于一个存在着标准输入/输出的 C++控制台程序，一般在"#include<iostream>"的下面有一行语句"using namespace std;"这条语句就是告诉编译器，这行代码之后用到的 cin、cout 等标准输入/输出，都是在 std 这个命名空间内定义的，其实所有的标准库函数都在标准命名空间 std 中进行了定义，或者说所有的标准库函数都属于 std 命名空间。C++语言引入命名空间 namespace，就是为了解决多个程序员在编写同一个项目时，可能出现的函数重命名问题。

命名空间实际上是由程序设计者命名的内存区域，程序员也可以根据需要自己指定。

3. 主函数

在组成 C++程序的若干个函数中，必须有且仅有一个主函数 main ( )。它是 C++程序的入口，在执行程序时，系统先从主函数开始运行，其他函数只能被主函数调用，或通过主函数被其他函数调用，函数还可以嵌套使用。

主函数是程序开始执行的地方，即在程序生成可执行文件后，将从此处开始运行程序。主函数可以带参数，也可以不带参数。由 ｛｝ 括起来的内容是主函数 main ( ) 的函数体，其中左大括号 "｛" 表示函数的开始，右大括号 "｝" 表示函数的结束。函数体部分由许多 C++语句组成，这些语句描述了函数实现的具体功能。

4. 注释

恰当的注释可以大大提高程序的可读性。注释只是为了阅读方便，并不执行，也不增加执行代码的长度。在编译时，注释被当作空白行跳过。C++程序中的注释有以下两种格式。

（1）以 "//" 表示注释开始，本行中 "//" 后面的字符都会被作为注释处理，这种注释方式多用于较短的程序注释。

（2）以 "/*" 开始，以 "*/" 结束，二者之间的所有字符都会被作为注释处理，此时的注释可以是一行，也可以是多行，适合于大块的注释。

在例 2-1 的第 7 行中，"//输入长方形的长和宽" 就是注释部分，说明语句的功能。

注释对于较复杂的 C++程序是非常必要的，可以解释一行语句或几行语句的作用或功能，提高程序的可读性。

5. 输入/输出

输入/输出语句是 C++最基本的语句。例 2-1 中的 cout<<" 面积为" <<s<<endl; 就是输出语句。

这里的 "cout" 是标准输出流对象，实际上指定显示器为输出设备。"<<" 是输出运算符，表示把它后面的数据在输出设备上显示出来，双引号表示要显示的内容是一个字符串，最后的 "endl" 表示换行，即后面的输出语句的结果将在下一行显示。分号 ";" 表示语句结束，C++规定语句必须要用分号结尾。

"cin" 是 C++语言中的标准输入流对象，就是从键盘输入数据。">>" 是输入运算符，表示从键盘读入数据，存放在它后面的变量中。例 2-1 中的 cin>>a>>b; 表示从键盘输入的数据，第一个存入 a 中，在第二个存入 b 中。在输入数据时，要以空格分隔。

6. C++程序的书写格式

（1）一般情况下一行只写一条语句，这样清晰易读。当然也可以一行写多条语句，或者一条语句写多行，注意：有的编译器要求在行尾加上 "＼"，再写下一行。

（2）采用缩进格式，同一层次的语句要对齐，提高程序的可读性。

（3）除了汉字、字符串提示信息，其他内容都要在英文半角状态下输入。

2.1.3 程序基本结构及流程图

1. 流程图

在学习流程图之前，先介绍算法的概念。算法就是解决实际问题的步骤与方法，它是编写程序的基础。流程图就是用来描述算法的，它可以更直观、更形象地体现算法思路。

流程图（或称框图）采用一些图框及文字说明等来描述算法。如图 2-1 所示为常用的流程图符号。

用流程图描述算法形象、直观，逻辑清晰，容易理解。但是流程图画起来比较麻烦，占用版面较大。下面介绍目前广泛使用的 N-S 图。

N-S 图是美国学者 Nassi I 和 Shneiderman 1973 年提出的，并以发明者的名字命名。它是一种新型的流程图形式，在 N-S 图中，完全去掉了传统流程图中的流程线，全部算法都写在一个大矩形框中，在该框内还可以包含一些从属于它的小矩形框。因为每一个框都像一个方盒，所以 N-S 图又被称为盒图。

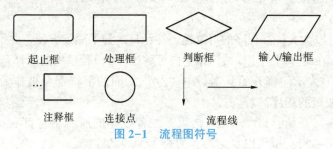

图 2-1　流程图符号

例 2-2　求 1+2+…+100 的和，用 N-S 图表示如图 2-2 所示内容。

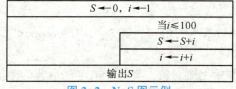

图 2-2　N-S 图示例

可见，用 N-S 图描述算法明确简练，而且容易改写成计算机程序，所以在程序设计中会大量使用 N-S 图。

应当指出，流程图是给人看的，而不是输入到计算机中的，因此各框中的表示及文字说明并无统一标准和规范，只要能看懂、不出现二义性即可。

2. 程序基本结构

1966 年，Bohra 和 Jacopini 提出了程序的三种基本结构。

1）顺序结构

按照程序的书写顺序来执行的结构叫顺序结构。它是一种最简单最常用的结构，如图 2-3 所示。

2）选择结构

根据给定条件是否满足而选择执行多种情况中的一种，这种结构叫选择结构，又叫分支结构。在选择结构中，必须有一个条件判断框，不论有几个分支，每次最多执行一个，如图 2-4 所示。

3）循环结构

能重复执行某一操作的结构叫循环结构，又叫重复结构。循环结构分为两类：当型循环和直到型循环。

（1）当型循环，也叫 whilt 型循环。当指定条件满足时，就执行循环体，直到条件不满足，才退出循环。若一开始条件就不满足，则一次循环也不执行，如图 2-5 所示。

（2）直到型循环，也叫 until 循环。执行循环体直到指定的条件满足，就退出循环。由于它先执行循环体，后判断条件，所以至少执行一次循环，如图 2-6 所示。

图 2-3　顺序结构

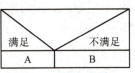
图 2-4　选择结构

图 2-5　当型循环

图 2-6　直到型循环

例 2-3　从键盘输入三个数，将最大数输出。

分析：已知三个数，可以用三个变量 a、b、c 来表示，所求的最大数可以用 max 来表示。

算法分析：

（1）输入 a、b、c 三个数。

（2）先将 a 给最大数，即 $max \leftarrow a$。

（3）比较 max 和 b 的大小，如果 b 大，则 $max \leftarrow b$。

（4）比较 max 和 c 的大小，如果 c 大，则 $max \leftarrow c$。

（5）输出 max 的值。

N-S 图如图 2-7 所示。

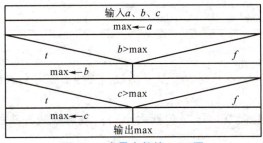
图 2-7　求最大数的 N-S 图

2.1.4　词法符号

每种程序设计语言都会使用一些确定的单词和符号，称为词法符号。它是由若干个字符组成的具有一定意义的最小词法单位。C++语言中共有 4 种词法符号：关键字、标识符、运算符、分隔符。

在介绍词法符号之前，先来了解一下 C++语言可以使用的字符。它们是构成 C++语言的基本要素，所有可用的字符构成了字符集。

C++的字符集由三部分组成：

（1）字母：A~Z，a~z

（2）数字：0~9

（3）特殊符号：+-＊/=<>()［］｛｝:,; .'" ~ ! # % ^ & _ （下划线）空格

如果使用基本符号以外的字符或不按规则书写，都视为非法，C++语言将不能识别。

1. 关键字

在C++中，关键字是一种具有特殊用途的词法符号，是预定的保留字，不能用于其他用途。保留字的含义就是保留给C++本身使用的单词。

C++语言中的关键字如表2-1所列。

表2-1　C++语言中的关键字

asm	do	if	return	typedef
auto	double	inline	short	typeid
bool	dynamic_cast	int	signed	typename
break	else	long	sizeof	union
case	enum	mutable	static	unsigned
	explicit	namespace	static_cast	using
char	export	new	struct	virtual
class	extern	operator	switch	void
const	false	private	template	volatile
const_cast	float	protected	this	wchar_t
continue	for	public	throw	while
default	friend	register	true	
delete	goto	reinterpret_cast	try	

2. 标识符

标识符是程序员用来表示常量、变量、函数、类和对象等名称的符号。C++语言中标识符的命名规则如下：

（1）标识符必须是以英文字母（包括大小写）或下划线开头的字母、数字、下划线序列。

（2）标识符区分大写和小写英文字母。例如，"A1"和"a1"是两个不同的标识符。

（3）标识符的长度是任意的，但有的编译系统只识别前32个字符。

（4）标识符不能和C++语言的关键字同名。

（5）标识符不能以数字开始，如"123"是非法的标识符。

（6）标识符最好使用有一定含义的英文单词或拼音，以便于阅读理解。

3. 运算符

运算符是C++语言实现各种运算的符号，如加法运算符"+"、赋值运算符"="等。运算符根据操作对象个数的不同，可以分为单目运算符、双目运算符、三目运算符。

单目运算符又称作一元运算符，只对一个操作数进行运算，一般位于操作数的前面，例如求负运算符"-"、逻辑非运算符"!"等。

双目运算符又称作二元运算符，它可以对两个操作数进行运算，一般位于两个操作数中间，例如乘法运算符"＊"、除法运算符"/"等。

三目运算符又称作三元运算符，它可以对三个操作数进行运算。C++语言中只有一个三目运算符，就是条件运算符"?:"。

4. 分隔符

分隔符是用来在程序中分隔词法符号或程序正文的，它们不表示任何实际的操作，仅用于构造程序。在 C++语言中，常用的分隔符如下。

（1）空格：常用来作为单词与单词之间的分隔符。

（2）逗号：用来作为多个变量之间的分隔符，或用来作为函数的多个参数之间的分隔符。

（3）分号：用来作为语句结束的标志，或 for 循环语句中多个表达式间的分隔符。

（4）冒号：用来作为语句标号和语句之间的分隔符，或 switch 语句中关键字 case<整型常量>与语句序列之间的分隔符。

（5）其他分隔符：（）和 ⌊⌋ 也可以作为分隔符。由于 C++编译器将注释当做空格对待，所以注释也可以用做分隔符。

2.2　数据类型

数据类型不仅确定数据的表示和取值范围，而且还确定了它所能参加的各种运算。在 C++语言中，无论常量还是变量都必须属于一个确定的数据类型。C++提供了丰富的数据类型，大致可分为基本数据类型和非基本数据类型。基本数据类型包括整型、字符型、浮点型和布尔型；非基本数据类型包括数组类型、结构体类型、共用体类型、指针类型、空类型等。本节主要讨论基本数据类型，非基本数据类型的有关知识将在后续章节中介绍。

C++语言还提供了 4 个类型修饰符作为前缀，用来改变基本数据类型的含义，以满足各种不同情况的需要。它们分别是：long（表示长型）、signed（表示有符号）、unsigned（表示无符号）、short（表示短型）。其中 long、short 在修饰基本整型 int 时可以省略 int，signed 在修饰有符号数时可以省略 signed。

数据类型不同，能表示的数据范围和精度以及进行的运算都不相同，数据在内存中所占用的存储空间也不同。在 32 位机器环境下，各种基本数据类型的长度和取值范围如表 2-2 所列。

表 2-2　基本数据类型的长度和取值范围

数据类型	说明	字节	数值范围
bool	布尔型	1	true false
char/signed char	有符号字符型	1	−128～127
unsigned char	无符号字符型	1	0～255
short［int］/signed short［int］	有符号短整型	2	−32 768～32 767
unsigned short［int］	无符号短整型	2	0～65 535

续表

数据类型	说明	字节	数值范围
int / signed［int］	有符号整型	4	−2 147 483 648～2 147 483 647
unsigned［int］	无符号整型	4	0～4 294 967 295
long［int］/signed long［int］	有符号长整型	4	−2 147 483 648～2 147 483 647
unsigned long［int］	无符号长整型	4	0～4 294 967 295
float	单精度浮点型	4	−3.4E−38～3.4E+38
double	双精度浮点型	8	1.7E−308～1.7E+308

说明：

（1）单精度型（float）和双精度型（double）都属于浮点型。

（2）char 型和各种 int 型有时又统称为整数类型。因为字符型数据在计算机中是以 ASCII 码形式表示的，所以其本质是整数类型的一部分，也可以当做整数来运算。

（3）各种数据类型的长度以字节为单位，1 字节等于 8 位二进制数。

（4）整数类型的取值范围为：$-\text{maxint}-1 \leqslant N \leqslant \text{maxint}$

其中 $\text{maxint} = 2^{w-1}-1$，$w$ 为计算机字长，这里为 32 位机器，所以 N 的大小为：

$$-2\ 147\ 483\ 648 \leqslant N \leqslant 2\ 147\ 483\ 647$$

（5）C++还提供了一种字符串型，即 string 类型。严格地说，它并不是 C++语言本身的基本数据类型，而是 C++标准库中提供的一个字符串类型，包含在头文件 string 中，它能更方便快捷地定义和操作字符串。有关字符串的知识，将在后续章节中介绍。这里读者只需要知道可以使用 string 类型定义一个字符串变量，用来存储和操作字符串就可以了。

2.3　常量和变量

在程序运行过程中，其值不能被改变的量称为常量，值可以改变的量称为变量。在 C++程序中，数据都以常量或变量的形式表示，每个常量或变量都有确定的数据类型。

2.3.1　常量

1. 整型常量

整型常量即整型常数，只有整数部分而没有小数部分，可以用十进制、八进制和十六进制 3 种形式来表示。

（1）十进制整型常量与日常的整数表示形式相同，由 0～9 的数字组成，没有前缀，不能以 0 开始。例如：806、−16 都是合法的十进制整型常量。

（2）八进制整型常量以数字 0 为前缀，后跟 0～7 间的数字。例如：021、−017 都是合法的八进制整型常量。

（3）十六进制整型常量以 0X 或 0x 为前缀，后跟 0~9 的数字和 A~F（大小写都行）的字母。例如：0X71、0x9F 都是合法的十六进制整型常量。

整型常量中的长整型用 L 或 l 作为后缀表示。例如：79L、026l 等。

整型常量中的无符号型用 U 或 u 作为后缀表示。例如：81U、0x823u 等。

2. 浮点型常量

浮点型常量又称为实型常量，是由整数部分和小数部分组成的，只能用十进制表示。浮点型常量有两种表示方法：小数表示法和科学记数法。

（1）小数表示法：由数字、符号和小数点组成。如 10.14、10.、.14 等。

（2）科学记数法：用指数形式表示浮点常量，即在小数表示法后面加上 E 或 e 表示指数部分。如 1.28E2、−6.1e−2 等。

注意：E 或 e 前后都必须有数字，而且后面的指数必须为整数。1.5E、e6 是非法的。

3. 字符常量

C++语言中有两种字符常量：一般字符常量和转义字符常量。

（1）一般字符常量：通常是用一对单引号括起来的一个字符，其值为 ASCII 码值，数据类型为 char。例如，'f'、'Y' 等都是合法的字符常量，其中单引号只是说明被它括起来的字符是字符常量，它本身并不是字符常量的内容。

在内存中，字符常量是以 ASCII 码存储的，以整数表示，占据一个字节的长度。

说明：

①字符常量区分大小写，如'E'和'e'是两个不同的字符常量。

②一个常量只能包含一个字符，如'XY'就错误的。

③字符常量具有数值属性，因为在 ASCII 码表中，每个字符的 ASCII 码都是一个整数。

（2）转义字符：在编写程序时，经常会用到一些不可显示的字符，以及不能用键盘输入的字符，如回车字符。这时就要用转义字符来表示它们。

转义字符是用转义符号"\"后跟一个字符或一个 ASCII 码，来表示一个具有特殊意义的字符。例如：'\n' 表示回车换行，并不表示字母 n。常用的转义字符如表 2-3 所列。

表 2-3　C++常用的转义字符

字符形式	ASCII 值	功能
\0	0x00	空字符（NULL）
\a	0x07	响铃
\b	0x08	退格（Backspace）
\f	0x0c	走纸换页
\n	0x0a	回车换行（LF）
\r	0x0d	回车不换行（CR）
\t	0x09	水平制表（Tab 键）
\v	0x0b	垂直制表
\\	0x5c	输出反斜杠"\"

续表

字符形式	ASCII 值	功能
\?	0x3f	问号字符
\'	0x27	单引号字符
\"	0x22	双引号字符
\ddd	0ddd	1~3 位八进制数所代表的字符
\xhh	0xhh	1~2 位十六进制数所代表的字符

说明：

①反斜杠"\"可以和八进制数或十六进制数一起使用，用来表示该字符常量的 ASCII 值。例如，\a 和 \x07 含义一样，代表的都是响铃。

②转义字符用八进制数表示时，表示的范围是 \000~\777。如 \101 表示字符'A'。

转义字符用十六进制数表示时，表示的范围是 \x00~\xff。如 \x61 表示字符'a'。

注意：在输出时要用""括起来，cout<<"\101" <<"\x61"；将输出'A'和'a'。

③对于 \ 、' 、" 这 3 个字符，因为在 C++中赋予了它们特定的含义，\ 表示转义字符，' 表示字符常量，" 表示字符串常量。所以要把它们作为字符常量使用或输出时，必须采用转义字符来实现。例如，要输出 Please enter " good"，就要采用以下的输出语句：

```
cout<<"Please enter \"good\""
```

4. 字符串常量

字符串常量又称为字符串，是用一对双引号括起来的字符序列。例如:" C++"、" This is a program. " 等都是字符串常量，字符串在内存中是连续存储的，并在最后加上字符 " \0" 作为字符串结束的标志。

例如：字符串 "NOIP" 在内存中连续占 5 个单元，如图 2-8 所示。

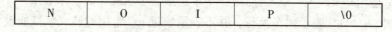

N	O	I	P	\0

图 2-8　字符串在内存中的存储方式

说明：

在 C++语言中，字符常量和字符串常量不仅表示方法不同，而且存储方式也不同。字符常量在内存中只占一个存储单元，而字符串常量则要占多个连续的存储单元，并用字符 " \0" 作为结束标志。所以'a' 和" a" 的含义是不同的，'a' 是字符常量，占一个存储单元;"a" 是字符串常量，占两个存储单元。这一点一定要注意！另外，字符和字符串之间也不能相互赋值。

5. 逻辑常量

逻辑常量又称为布尔常量，取值仅有两个：0 和 1，其数据类型为 bool。在 C++程序编写中，逻辑常量经常用到，逻辑值 0 代表 false 或假，逻辑值 1 代表 true 或真。

由于逻辑常量的取值为整数，所以它也具有整数性质，也能像其他整数一样，在表达式中参与各种整数运算。

操作技巧

乔治·布尔（George Boole）：19 世纪最伟大的数学家之一，《思维规律的研究》是他最著名的著作。C++语言数据类型中的布尔型的关键字 bool，用的就是他的名字。

6. 符号常量

在数学计算中，经常要用到圆周率，而 π 在 C++中属于非法字符，无法使用。为了解决这类问题，在 C++中引入了符号常量的概念，即用一个标识符来表示一个常数，这个标识符就叫作符号常量。例如，定义 pi = 3.14159265359，则以后凡是用到圆周率的地方，直接使用 pi 来代替就可以了，既方便又不易出错。

符号常量要先定义后使用，而且要赋初值，否则会出现编译错误。C++语言提供了以下两种定义符号常量的方法。

1）用 const 语句定义符号常量

这种方法是 C++中最常用的定义方法，格式如下：

```
const 数据类型 符号常量=表达式;            //const 是关键字
```

例如：

```
const double pi=3.14159265359;          //定义一个符号常量 pi
```

2）用#define 语句定义符号常量

这是 C 语言中定义符号常量的方法，#define 是预处理命令，这种方法不用指明符号常量的类型，格式如下：

```
#define 符号常量 常量值              //define 是关键字
```

例如：

```
#define  pi  3.14159265359          //最后不能加分号,因为该行不是语句
```

说明：

（1）符号常量在声明时进行定义，在程序中不能修改其值。

（2）不允许重复定义或一次定义多个符号常量。

例如：

```
const  int  a, b = 1;        //a 不能被定义
       int  c = 1 || 2;      //c 不能取两个值
```

以上定义是错误的。

2.3.2 变量

变量是指在程序执行过程中其值可以改变的数据。变量对应着计算机的一组存储单元，在 C++语言中，这些单元用一个标识符来表示，这个标识符叫变量名。在使用变量名时，并不必关心具体的存储地址。

变量要先定义后使用，以便编译器为其分配相应的存储单元。

1. 变量的命名

变量名是一种标识符，要遵循 C++ 中标识符的命名规则。

（1）变量名区分大小写，例如：$X1$ 和 $x1$ 是两个不同的变量。变量名一般使用小写字母。

（2）不能使用系统中的关键字。

例如：*zhe*、*rui*86 都是合法的变量名，而且好记。

2. 变量的定义

变量定义的一般格式为：

数据类型 变量1，变量2，…，变量 *n*；

其中，数据类型可以是 C++ 语言中任一类型，它决定了编译器为其分配的内存单元大小。

例如：

```
int    a, b, c;              //定义3个整型变量a、b、c
float  x, y;                 //定义2个浮点型变量x、y
```

在定义变量时，数据类型的选择要合适。如果数据超过变量的取值范围，将出现溢出。相反，如果数据类型定义的范围过大，会造成内存空间的浪费，运行速度也会变慢。

3. 变量的初始化

在定义变量的同时，可以对其赋初值，称为变量的初始化。一般格式为：

数据类型 变量名=初值；

其中的初值，可以是一个常量，也可以是一个表达式。

例如：

```
(1)int   a=6, b=a+2;       //定义两个整型变量,并赋初值6和8
(2)int   x;
        x=9;               //先定义,后赋初值也可以
(3)int   y(1);             //变量 y 的初值为1
```

以上3种初始化方式都是合法的

注意：在给变量赋初值时，赋值号不能连用。例如 *int a=b=c=1*；是错误的。

程序中使用变量时，就要对其相应的内存单元进行读/写，一般称为变量的访问。

2.4　函数与表达式

2.4.1　函数

在 C++ 语言中，函数是具有独立功能的一段程序，它由两部分组成：自变量（也叫参数）和函数名。自变量可以是常量、变量或表达式；函数名要用标识符表示。通常使用函

数就是调用函数名，并将原始数据代入，以求得一个函数值。在使用函数时，用户不必关心函数的功能是如何实现的。

函数是 C++程序的主要组成部分。一个函数能够完成一个功能，各个函数之间可以相互调用，这样就可以把一个大型程序分成若干个独立的模块，然后分别由各个函数实现。这样，复杂的问题简单化，提高了程序的可读性、可维护性和可移植性。

一个 C++程序由一个主函数和其他函数组成，主函数是程序的入口，必须有且只能有一个。其他函数可有可无，可多可少。

函数的一般形式为：函数名（形式参数表）

函数的调用形式为：函数名（实际参数表）

在 C++标准库中，包含了许多常用的数学函数，为用户设计程序提供了方便。在使用这些函数之前，必须在程序头部进行预编译#include<cmath>。

1. 开平方

格式：

```
double sqrt(double x)
```

例如：

```
int x;
  x=sqrt(9);
  cout<<x<<endl;
```

运行结果为3。

2. 求常数 e 的 x 次方

格式：

```
double exp(double x)
```

例如：

```
cout<<exp(2.1)<<endl;
```

运行结果为 8.16617。

3. 求 x 的 y 次方

格式：

```
double pow(double x,double y)
```

例如：

```
cout<<pow(3,4)<<endl;
```

运行结果为 81。

4. 求对数 ln（x）

1）求自然对数 ln（x）

格式：

```
double log(double x)
```

2）求常用对数 lg（x）

格式：

```
double log10(double x)
```

例如：

```
cout<< log10(100)<<endl;
```

运行结果为2。

其他任意对数的运算，先用换底公式，再利用上面的两个函数即可。

5. 求 x 绝对值

格式：

```
int abs(x)
long int abs(long int x)
double fabs(double x)
```

例如：

```
cout<<abs(-7)<<endl;
```

运行结果为7。

6. 取整函数

1）向上取整

格式：

```
double ceil(double x)
```

2）向下取整

格式：

```
double floor(double x)
```

例如：

```
cout<< ceil(5.1) <<endl;
cout<< floor(6.9)<<endl;
```

运行结果：6

　　　　　　6

7. 产生随机数 0~32767

格式：

```
int rand(void)
```

例如：

```
cout<< rand()<<endl;
```

运行结果为41。

注意：在使用随机函数时，必须在程序开头添加预编译#include<cstdio>。

8. 产生种子

格式：

```
void srand(unsigned  int  seed)
```

该语句也叫随机数发生器，用来设置 rand( ) 产生随机数时的种子，这样，rand( ) 每次才能产生不同的随机数。

注意：

（1）在使用 srand( ) 函数时，必须在程序开头添加预编译#include<ctime>。

（2）srand( ) 函数的返回值为空，所以不能赋值。下面的写法是错误的。

```
x=srand((unsigned)time(NULL));
```

例如：

```
srand((unsigned)time(NULL));    //也可以用不用 time(NULL)
cout<< rand()<<endl;
```

运行结果为 19180。

9. 求正弦

格式：

```
double sin(double x)
```

例如：

```
cout<<sin(3.14/2)<<endl;
```

运行结果为 1。

10. 求余弦

格式：

```
double cos(double x)
```

例如：

```
cout<< cos(3.14/2)<<endl;
```

运行结果为 0。

注意：正弦和余弦函数中的 x 要用弧度。

除了标准函数外，用户还可以根据需要自定义函数，相关内容参见第 7 章。

2.4.2　运算符与表达式

运算符用来给出计算的类型，参与运算的数据称为操作数。C++中的运算符分为算术运算符、关系运算符、逻辑运算符、赋值运算符、位运算符和其他运算符等。

C++语言提供了丰富的运算符，在使用运算符时，要注意以下几点。

（1）运算符对操作数的要求。例如：取余运算符%要求参与运算的两个数必须是整型。

（2）运算符的优先级。每个运算符都有优先级，用来决定在表达式中的运算次序。表达式要按照优先级从高到低的顺序进行运算。

（3）对于优先级相同的运算符，运算顺序要按运算符的结合性来确定是自左向右还是自右向左。例如：5*6/7，要按左结合性就是先算乘法，要按右结合性就是先算除法。

C++中常用运算符的功能、优先级和结合性如表2-4所列。

表2-4   C++语言中运算符的功能、优先级和结合性

优先级	运算符	名称或含义	使用形式	结合方向	说明
1	[ ]	数组下标	数组名［常量表达式］	左到右	
	( )	圆括号	（表达式）/函数名（形参表）		
	.	成员选择（对象）	对象.成员名		
	->	成员选择（指针）	对象指针->成员名		
2	-	负号运算符	-表达式	右到左	单目运算符
	（类型）	强制类型转换	（数据类型）表达式		
	++	自增运算符	++变量名/变量名++		单目运算符
	--	自减运算符	--变量名/变量名--		单目运算符
	*	取值运算符	*指针变量		单目运算符
	&	取地址运算符	&变量名		单目运算符
	!	逻辑非运算符	!表达式		单目运算符
	~	按位取反运算符	~表达式		单目运算符
	sizeof	长度运算符	sizeof（表达式）		
3	/	除	表达式/表达式	左到右	双目运算符
	*	乘	表达式*表达式		双目运算符
	%	余数（取模）	整型表达式/整型表达式		双目运算符
4	+	加	表达式+表达式	左到右	双目运算符
	-	减	表达式-表达式		双目运算符
5	<<	左移	变量<<表达式	左到右	双目运算符
	>>	右移	变量>>表达式		双目运算符
6	>	大于	表达式>表达式	左到右	双目运算符
	>=	大于等于	表达式>=表达式		双目运算符
	<	小于	表达式<表达式		双目运算符
	<=	小于等于	表达式<=表达式		双目运算符
7	==	等于	表达式==表达式	左到右	双目运算符
	!=	不等于	表达式!=表达式		双目运算符
8	&	按位与	表达式&表达式	左到右	双目运算符

续表

优先级	运算符	名称或含义	使用形式	结合方向	说明
9	^	按位异或	表达式^表达式	左到右	双目运算符
10	|	按位或	表达式|表达式	左到右	双目运算符
11	&&	逻辑与	表达式 && 表达式	左到右	双目运算符
12	||	逻辑或	表达式||表达式	左到右	双目运算符
13	?:	条件运算符	表达式1? 表达式2：表达式3	右到左	三目运算符
14	=	赋值运算符	变量=表达式	右到左	
	/=	除后赋值	变量/=表达式		
	*=	乘后赋值	变量*=表达式		
	%=	取模后赋值	变量%=表达式		
	+=	加后赋值	变量+=表达式		
	-=	减后赋值	变量-=表达式		
	<<=	左移后赋值	变量<<=表达式		
	>>=	右移后赋值	变量>>=表达式		
	&=	按位与后赋值	变量 &=表达式		
	^=	按位异或后赋值	变量^=表达式		
	|=	按位或后赋值	变量|=表达式		
15	,	逗号运算符	表达式，表达式，…	左到右	从左向右顺序运算

C++程序中的表达式是由运算符和操作数构成的，表达式的运算结果叫作表达式的值。在书写表达式时，一定要注意运算符的优先级与结合性，确保表达式的实际运算次序与用户所要求的一致，从而保证运算结果的正确性。必要时可以使用（ ）来改变优先级，圆括号嵌套使用时，先计算内括号的值。

C++语言中的表达式包括算术表达式、关系表达式、条件表达式、赋值表达式、逗号表达式等。

1. 算术运算符和算术表达式

C++中的算术运算符包括基本算术运算符和自增、自减运算符。

1）基本算术运算符和表达式

基本算术运算符有：+（正或加号）、-（负或减号）、*、/、%（取余）。其中，取正、取负是单目运算符，其余为双目运算符。

加法、减法的优先级相同，乘法、除法、取余的优先级相同。

/：当两个操作数都是整数时，其结果是所得商的整数部分。例如：5/2 的结果是 2。当两个操作数有一个不是整数时，其结果也不是整数。例如：5/2.0 的结果是 2.5。

%：可以求得两数相除后的余数。例如：11%2=1，-16%5=-1。

注意：%运算结果的符号总是和被除数相同。例如：15%-6=3。

2）自增、自减运算符和表达式。

自增、自减运算符都是单目运算符，它们都有前置和后置两种形式。前置是指运算符在变量的前面，后置是指运算符在变量的后面。例如：

```
++i;            //++运算符前置
k--;            //--运算符后置
```

前置形式是先计算变量的值（增 1 或减 1），然后用变量的值作为表达式结果参与运算，即先计算变量再使用变量。后置形式是先将变量的值作为表达式结果参与运算，然后再计算变量的值（增 1 或减 1），即先使用变量再计算变量。

无论是前置还是后置形式，当两个运算符单独使用时，都只是使变量的值增 1 或减 1。例如：假设 $x=8$，分别计算下面两个表达式的结果。

```
y=++x;
```
或
```
y=x++;
```

执行两个表达式后，x 的值都变为 9，但 y 的值却不一样。

第一个表达式 y 的值变为 9，因为 x 要先加 1 再赋给 y。

第二个表达式 y 的值仍为 8，因为 x 要先赋给 y 再加 1。

说明：

（1）自增、自减运算符只能用于变量，不能用于常量和表达式。结合方向是自右向左。例如：表达式-k++的运算顺序可以理解为-（k++）。

（2）自增、自减运算符都很容易出错，使用时要特别注意。例如：

```
int  k=8;
cout<<k++<<"  "<<k++<<endl;
```

运行结果：

```
9  8
```

大多数编译系统都是按照自右向左的顺序输出各项的。

在进行算术运算时，要注意溢出问题，因为基本数据类型都有一定的取值范围。对于浮点型数据，在运算结果超出范围时，程序将异常中止，但 C++语言并不认为溢出是一个错误。另外，除数为零时，程序也会异常中止。

2. 关系运算符与关系表达式

1）关系运算符

关系运算符用于比较两个数的大小，其结果是一个布尔值，true（真）或 false（假）。在 C++语言中，关系运算符都是双目运算符，共有 6 个，分别是：<、>、<=、>=、==（等于）、!=（不等于）。其中，前四个优先级高于后两个。

说明：

（1）关系运算的结果也可以是整数，1 等价于 true，0 等价于 false。例如，6<5 的结果为 0。

（2）不要把运算符"=="误用为赋值运算符"="。例如，判断变量 x 的值是否等于 2，应该写成 x==2，不要写成 x=2，那样结果永远为真。

（3）数学上的 $5 \leqslant x \leqslant 20$，在 C++中要写成 5<=x && x<=20，不能写成 5<=x<=20。

2）关系表达式

关系表达式由关系运算符和操作数组成，表达式的值为 1（true）或 0（false）。关系表达式经常出现在条件语句或循环语句中，用于决定条件是否满足，或是否继续循环。

 例 2-4 关系表达式的计算。

```cpp
#include<iostream>
using namespace std;
main()
{
    int i,j;
    i=5;
    j=6;
    cout<<(i>j)<<endl;
    cout<<(i==j)<<endl;
    cout<<(i!=j)<<endl;
    cout<<('A'>=65)<<endl;        //比较'A'的 ASCII 码值是否大于等于65
}
```

程序执行结果如下：

```
0
0
1
1
```

3. 赋值运算符和赋值表达式

C++中的赋值运算符分为两种：简单赋值运算符和复合赋值运算符。

1）简单赋值运算符

简单赋值运算符为"="，其表达式的一般形式为：

变量=表达式

执行时，先计算表达式的值，然后赋给左边的变量。如果两边的类型不一致，系统会自动进行类型转换。

2）复合赋值运算符

复合赋值运算符是由一个数值型运算符和基本赋值运算符组成，共有 10 个，分别为 +=、-=、*=、/=、%=、<=、>=、&=、^=、|=。其表达式的一般形式为：

变量 复合赋值运算符 表达式

执行时，先用左边变量和右边表达式做数值运算，然后将运算结果赋给左边变量。

例如：

```
a+=5      等价于     a=a+5
b%=6      等价于     b=b%6
```

使用复合赋值运算符，不仅书写简单，而且经过编译以后生成的代码少。

3）赋值表达式

赋值表达式由赋值运算符和操作数组成。其作用是把赋值运算符右边表达式的值赋给左边的变量。例如：

```
x=6.26
x=y=z=8.6       //赋值运算符为右结合性,所以首先将8.6赋给z,再赋给y和x.
```

4. 位运算符

位运算符共6个，分别为：~（按位求反）、&（按位与）、|（按位或）、^（按位异或）、<<（左移位）、>>（右移位）。其中，"~"为单目运算符。

位运算符用来对二进制整数进行逐位运算。因应用较少，不再详述。

5. 其他运算符

1）条件运算符

条件运算符"?:"是一个三目运算符，一般形式为：

表达式1? 表达式2：表达式3

执行时，先分析表达式1，当其值为真时，则整个条件表达式的结果即为表达式2的值，否则为表达式3的值。条件运算符的优先级低于算术运算符、关系运算符和逻辑运算符，但高于赋值运算符，结合性为从右到左。

例如：求 x 和 y 中较大者，并将其存入变量 max 中，可以写成：

```
max=x>y ? x : y;
```

2）逗号运算符

由逗号运算符","构成的表达式称为逗号表达式，一般形式为：

表达式1，表达式2，…，表达式 n

逗号表达式的执行顺序是从左到右，逐个执行，最后一个表达式的值为整个逗号表达式的结果。逗号运算符的优先级最低。

例如：表达式 $a=1$，$a+2$，$a*3$ 的结果为3。这里 $a=2$ 并没有改变 a 的值。

6. 表达式中数据类型的转换

表达式的值和类型，由运算符和参与运算的操作数决定。当各操作数的类型相同时，表达式的类型就是操作数的类型。但是，当参与运算的操作数类型不同时，就需要对不同类型的操作数进行类型转换。转换的方法有两种：隐式转换和强制转换。

1）隐式转换

当操作数类型不同时，系统将自动转换成类型最高的操作数类型。

整个类型转换的方向表示如下：

```
{char, uchar, short, ushort}->int->uint->long->ulong->float->double
```

可以看出，隐式转换是由取值范围小的类型，向取值范围大的类型转换，以确保在转换过程中，不会降低计算精度和造成数据丢失。隐式转换是编译系统自动完成的，它并不改变操作数的类型，只是在计算表达式的值时，临时改变操作数的数据类型。计算完成后，操作数仍保持原有的数据类型。

2）强制转换

强制转换是将表达式的类型，强制转换成指定的数据类型，其一般形式为：

数据类型（表达式）

或

（数据类型）表达式

例如：

```
double(a)      //将变量 a 强制转换成 double 类型
float(9%2)     //将表达式9% 2的值转换成 float 类型
```

如果利用强制类型转换，将高类型转换成低类型，会造成数据精度的损失。C++虽然允许不同类型的数据混合运算，但带来了很多副作用，所以尽量使用同类型的数值进行运算。

在类型转换中，赋值表达式比较特殊。它是将右边操作数据的类型，转换成左边操作数据的类型，并用转换后的值给左边赋值。

2.5　数　　制

人们日常使用的计数方法是由 0、1、2、3、4、5、6、7、8、9 这 10 个符号（称为基数）组成各个数字，执行"逢十进一，退一还十"的运算规则，称为十进制数。

计算机中含有大量的电子元件。电子元件很难有 10 种不同的稳定状态，但是常具有两种状态，如：电灯的开与关、电路的通与断等，可以用 1 和 0 来表示这两种状态。因此，计算机对信息的处理都是用二进制代码进行的。

2.5.1　常用的进位计数制

常用的进位计数制有：十进制、二进制、八进制和十六进制。如表 2-5 所列。

表 2-5　常用的进位计数制

名　　称	基　　数	标志符	进位规则
十进制	0，1，2，3，4，5，6，7，8，9	D	逢十进一
二进制	0，1	B	逢二进一
八进制	0，1，2，3，4，5，6，7	Q	逢八进一
十六进制	0，1，2，3，4，5，6，7，8，9，A，B，C，D，E，F	H	逢十六进一

例2-5　十进制数 369 可表示为 369D 或（369）$_{10}$；

二进制数 1101 可表示为 1101B 或（1101）$_2$；

八进制数 211 可表示为 211Q 或（211）$_8$；

十六进制数 985 可表示为 985H 或（985）$_{16}$。

当出现不同进位制数时，需要用规定的标志符加以区分。

例2-6　以下 4 个数：（111）$_{10}$、（111）$_2$、（111）$_8$ 与（111）$_{16}$是否相等？

因为：（111）$_{10}$ = 1×100+1×10+1 = 1×10^2+1×10^1+1×10^0　（注：10^0 = 1）

（111）$_2$ = 1×2^2+1×2^1+1×2^0 =（7）$_{10}$

（111）$_8$ = 1×8^2+1×8^1+1×8^0 =（73）$_{10}$

（111）$_{16}$ = 1×16^2+1×16^1+1×16^0 =（273）$_{10}$

所以（111）$_{10}$≠（111）$_2$≠（111）$_8$≠（111）$_{16}$

对于十进制数 0，1，2，…，15，表 2-6 表示了四种不同进制数之间的转换。

表 2-6　常用进制数对照

十进制（D）	二进制（B）	八进制（Q）	十六进制（H）
0	0000	0	0
1	0001	1	1
2	0010	2	2
3	0011	3	3
4	0100	4	4
5	0101	5	5
6	0110	6	6
7	0111	7	7
8	1000	10	8
9	1001	11	9
10	1010	12	A
11	1011	13	B
12	1100	14	C
13	1101	15	D
14	1110	16	E
15	1111	17	F

2.5.2　十进制数与二进制数的相互转换

在不同进制数之间进行转换时，整数部分和小数部分的转换方法是不同的。

1. 十进制数转换成二进制数

1）整数部分的转换

十进制整数转换成二进制整数的方法是"除以 2 倒取余法"，即把十进制整数除以 2，记下余数（0 或 1），再把所得的商除以 2，记下余数，……，直到商为 0 时为止，然后从最后一次的余数开始倒序写出所有的余数，就是所得的二进制数。

 例 2-7　将十进制数 20 转换成二进制数。

做除法

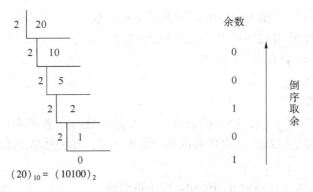

$(20)_{10} = (10100)_2$

2）小数部分的转换

十进制小数转换成二进制小数的方法是"乘 2 取整法"，即将十进制小数乘以 2，取出乘积中的整数部分，再用余下的小数乘以 2，再取其乘积的整数部分，直到乘积为 0 或达到小数点后某一位精度要求为止。从第一个所取整数开始，写出所有整数，即为所求的二进制小数。

 例 2-8　将十进制数 0.6875 转换成二进制数。

```
                    0.6875              整数
              ×        2
             ─────────────────
                    1.3750              1
取出整数1后 ──→      0.3750
              ×        2
             ─────────────────
                    0.7500              0
              ×        2
             ─────────────────
                    1.5000              1
取出整数1后 ──→      0.5000
              ×        2
             ─────────────────
                    1.0000              1
```

正序取整

$(0.6875)_{10} = (0.1011)_2$

对于同时含有整数和小数部分的十进制数，将整数部分和小数部分分别按上面的方法进行转换，再把结果合在一起，得到一个既有整数部分又有小数部分的二进制数。

 例 2-9　将十进制数 20.6875 转换成二进制数。

整数部分转换：$(20)_{10} = (10100)_2$

小数部分转换：$(0.6875)_{10} = (0.1011)_2$

合在一起得：$(20.6875)_{10} = (10100.1011)_2$

2. 二进制数转换成十进制数

1）整数部分的转换

设二进制整数共有 n 位，转换的方法是：将它的最高位乘以 2^{n-1}，次高位乘以 2^{n-2}，……，最后一位乘以 2^0，这些乘积的和就是所求的十进制整数。

例 2-10 将二进制数 1010101 转换成十进制数。

$$(1010101)_2 = 1×2^6+0×2^5+1×2^4+0×2^3+1×2^2+0×2^1+1×2^0$$
$$=64+0+16+0+4+0+1$$
$$=(85)_{10}$$

2）小数部分的转换

设二进制小数共有 n 位，转换的方法是：将它的最高小数位乘以 2^{-1}，次高位乘以 2^{-2}，……，最后一位乘以 2^{-n}，将所有的乘积加到一起，其和就是所求的十进制小数。

例 2-11 将二进制数 0.101 转换成十进制数。

$$(0.101)_2 = 1×2^{-1}+0×2^{-2}+1×2^{-3}$$
$$=0.5+0+0.125$$
$$=(0.625)_{10}$$

对于同时含有整数和小数部分的二进制数，可以按照例 2-12 的方法进行转换。

例 2-12 将 $(11001.0101)_2$ 转换成十进制数。

$$(11001.0101)_2 = 1×2^4+1×2^3+0×2^2+0×2^1+1×2^0+0×2^{-1}+$$
$$1×2^{-2}+0×2^{-3}+1×2^{-4}$$
$$=16+8+1+0.5+0.25+0.0625$$
$$=(25.8125)_{10}$$

十进制数和二进制数之间的转换方法，可以推广到十进制与八进制、十进制与十六进制数的转换上。例如：十进制整数转换成八进制整数的方法是"除以 8 倒取余法"；十进制小数转换成八进制小数的方法是"乘 8 取整法"。

2.6 ASCII 码

人们操作计算机时，经常会用到字符，比如：英文字符、数字运算符号等。为了对大量的字符进行管理，不同的计算机系统采用不同的编码方法。ASCII 码是一种常用的字符编码。

ASCII 码是美国标准信息交换代码，每一个编码对应一个字符。ASCII 码用 8 个二进制位表示，通常用右面的 7 位表示字符，第 8 位用于检验错误或空闲不用。

第 1~第 128 个字符是标准 ASCII 码字符，这些字符在不同的计算机上几乎是相同的。本书附录一是标准 ASCII 码表。

在 ASCII 码表中，数字 0 的 ASCII 码是 48，数字 1 的 ASCII 码是 49，以此类推。英文大写字母 A~Z 的 ASCII 码分布在 65~90，英文小写字母 a~z 的 ASCII 码分布在 97~122。

例如：数字 5 的 ASCII 码是 53，字符'C'的 ASCII 码是 67，ASCII 码 107 代表字符'K'。

在 C++语言中，用 ASCII 码的大小来定义相应字符之间的大小关系。因此，所有的字符都可以进行比较。常用的是数字字符之间或字母之间的比较，比较结果是布尔类型。

如 '2' < '6' 结果为 true，'a' > 'b' 结果为 false。

一、简答题

1. C++源程序由哪几部分组成？

2. 叙述一下头文件的作用。

3. 程序开头的语句 using namespace std; 有什么用处？

4. 在程序中如何使用注释？

5. 说明标识符的命名规则，并举例。

二、选择题

1. 以下正确的 C++语言标识符是 (   )。

　　A. %k　　　　　　B. a+b　　　　　　C. a123　　　　　　D. test！

2. 一个 C++程序的执行是从 (   )。

　　A. main( ) 函数开始，直到 main( ) 函数结束

　　B. 第一个函数开始，直到最后一个函数结束

　　C. 第一个语句开始，直到最后一个语句结束

　　D. main( ) 函数开始，直到最后一个函数结束

3. 在 C++程序中，main( ) 函数的位置是 (   )。

　　A. 必须作为第一个函数　　　　　　B. 必须作为最后一个函数

　　C. 可以任意　　　　　　　　　　　D. 放在它所调用的函数之后

4. 表达式 sqrt(abs(-2.56) * ceil ((99.1))) 的值为 (   )。

　　A. 15　　　　　B. 16　　　　　C. 17　　　　　D. 18

5. 表达式 5>6？7：8 的值为 (   )。

　　A. 5　　　　　B. 6　　　　　C. 7　　　　　D. 8

三、填空题

1. 设 int n = 5；则执行++n = = 8 后，n 的值为_____。

2. 一元二次方程的根的 C++表达式为_____。

3. 已知 b1、b2、b3 的布尔值分别为 true、false、false。

(1)! b1&&! b2 =_____。

(2) b1 | | b2&&b3 =_____。

(3) (! b1 | | b2) && (b2 | | b3) =_____。

4. C++语言源程序的基本单位是_____。

5. 一个 C++源程序有_____个 main( ) 函数和_____个其他函数。

四、判断题

1. C++预编译命令后面应该加分号。（　　）

2. 表达式 1，2，3，4，5 的值为 15。（　　）

3. 程序中一行可以写多个语句，一个语句也可以写成多行。（　　）

4. 0x61 的十进制数为 97。（　　）

5. 在调用函数时，必然能得到一个值。（　　）

五、求表达式的值，并指出运算次序

1. 已知 a、b、c、d、e、f 都是整型变量，它们的值分别为 6、4、9、8、5、5，计算下列表达式：a+b＊c＊（d div e）−f

2. （（3>2）&&（8<2））‖！(2>1)

六、将下列代数式写成 C++表达式

1. （a+b）（a−b）

2. $\dfrac{\sin(x)}{x-1}$

3. $\sqrt{s\,(s-a)\,(s-b)\,(s-c)}$

4. $\dfrac{a+b+c}{2}$

5. ln（x+y）

6. xy^3

七、分析程序的运行结果

```cpp
#include<iostream>
using namespace std;
main()
{
    int a,b,c,x,y,z;
    a=6;
    b=9;
    c=++a;
    x=b++;
    y=a--;
    z=--b;
    cout<<a<<"\t"<<b<<"\t"<<c<<"\n"<<x<<"\t"<<y<<"\t"<<z<<endl;
}
```

第3章

顺序结构程序设计

用计算机解决问题和日常生活中一样。要事先制定一个计划，并设计好具体方法，然后把这个方法翻译成计算机能执行的具体步骤和指令，输入计算机执行，这个过程就是程序设计。因此，程序设计就是分析问题、设计算法、编写程序、调试程序的过程。

结构化程序有三种基本结构：顺序结构、选择结构和循环结构，它们都是由语句构成的。结构化程序设计是指：

（1）程序由三种控制结构组成，每个结构只有一个入口和一个出口，是一个独立的模块。

（2）自顶向下、逐步求精的设计步骤。即先把问题分成几个子问题，然后对子问题再细化，直到能直接用语句编程为止。

（3）对数据进行抽象处理，把数据分成不同的数据类型，以便准确地描述数据。

顺序结构是程序设计中最简单、最常用的结构，各个程序段按照先后顺序依次执行，中间没有转移语句，执行顺序不会改变。顺序结构是任何程序的基本结构，应用非常广泛，即使在选择和循环结构中，也经常用到顺序结构。

顺序结构中使用的语句包括赋值语句、数据输入/输出语句等，主要用于描述简单的操作，不能控制程序的执行顺序。

语句是表达算法命令或编译指示的基本语言单位，用来描述要实现的操作，可用于计算表达式的值，控制程序的执行顺序等。语句包含两个重要内容：语法和语义。语法就是语句的书写规则，语义就是语句的含义和作用。

在 C++语言中，提供了丰富的语句，包括表达式语句、复合语句、控制语句和空语句等。

1. 表达式语句

表达式语句是由一个表达式加上分号组成的，例如：

```
int i;    //声明变量类型语句
```

```
x=6;        //赋值语句
```

2. 复合语句

复合语句也被称为块语句，由两条或两条以上的语句组成，并用"{}"括起来，在语法上相当于一条语句。常用在条件语句和循环语句中，复合语句也可以嵌套。注意：在"}"后面不能加分号。

3. 控制语句

控制语句包括选择语句、循环语句和转移语句。

4. 空语句

空语句只有一个分号，不做任何操作，常用在空循环当中。

本章将介绍顺序结构中最常用的几个简单语句。

3.1 赋值语句

赋值语句是最基本的语句之一，它用来给变量提供数据，程序中所进行的各种运算大多由赋值语句来完成。

赋值语句是由赋值表达式构成的，其一般形式为：

变量=表达式；

在执行时，先计算右边表达式的值，然后将其赋给左边的变量。

说明：

（1）"="称为赋值号，不要与等号混淆。赋值号有方向性，左边只能是变量，如-x=1是非法的。

（2）赋值号右边的表达式也可以是一个表达式，所以下面的写法是正确的。

变量=（变量=表达式；）   或写成：变量=变量=…=表达式；

例如：a=b=c=5；是合法的。

因为赋值号为右结合性，实际等效为：

```
c=5;
b=5;
a=5;
```

注意：在变量说明中，不允许给多个变量连续赋初值。

例如：

```
int a=b=c=5;是错误的.此时只能写成 int a=5,b=5,c=5;
```

（3）赋值表达式和赋值语句不同。

例如：

```
if((x=y+5)>0) z=x;    是正确的.
if((x=y+5;)>0) z=x;   是错误的.
```

对变量赋值，实际是对变量的存入，即将数据存入变量相应的内存单元中。而表达式中的变量，是对变量的取出，即从变量相应的内存单元中取出数据，再参与表达式运算。

在程序中，经常用 a＝a+1（或 a+＝1）作计数器，a＝a+x（a+＝x）作累加器，a＝a＊x（a＊＝x）作累乘器。

3.2　输入语句

在实际操作中，如果变量的值事先未知，并且需要经常发生改变，此时不宜使用赋值语句，而需要一个灵活的提供数据的语句。在程序运行后，能从键盘输入变量的值。这就是本节要介绍的输入语句。

当在程序开头包含了头文件 iostream 时，就可以在程序中直接使用输入语句 cin 了。

输入语句的一般形式为：

cin>>变量1>>变量2>>...>>变量 n;

cin 从标准输入设备（键盘）获取数据，只有在输入完数据并按 Enter 键后，该行数据才被送入变量当中。

说明：

（1）在输入数据时，要用空格或 Enter 键分隔，并以回车结束。

（2）从键盘输入数据时，数据个数不能少于变量个数，否则系统处于等待状态。

（3）从键盘输入的数据必须是常量，且与变量的类型要一致。

例3-1　将 1、2、3 分别赋给 3 个整型变量 i、j、k，给出正确的数据输入格式。

正确的输入格式有以下几种：（其中⌴表示空格，↙表示"回车"）

（1）1⌴2⌴3↙

（2）1⌴2↙
　　 3↙

（3）1↙
　　 2⌴3↙

（4）1↙
　　 2↙
　　 3↙

3.3　输出语句

赋值语句、输入语句是向程序提供数据的语句，当程序运行完毕，又如何查看运行结果呢？这就需要输出语句。一个能解决实际问题的程序是不可能没有输出语句的。

当用户在程序开头包含了头文件 iostream 时，就可以在程序中直接使用输出语句 cout 了。

输出语句的一般形式为

cout<<表达式1 <<表达式2<<...<<表达式 n;

cout 向标准输出设备（显示器）输出数据。

说明：

（1）利用 cout 语句可以输出常量值，直接将要输出的内容放在"<<"之后即可。例如：

```
cout<< 6 <<endl;
cout<< 'c' <<endl;
cout<<"C++"<<endl;
```

（2）可以输出变量的值，"<<"运算符会根据变量的数据类型，自动指定输出格式。例如：

```
int a=9;
char ch='c';
cout<<a<<endl;      //输出整型变量的值
cout<<ch<<endl;     //输出字符型变量的值
```

（3）利用 cout 语句可以输出指针和引用类型的数据，输出格式自动指定。例如：

```
int a=9, *p;
p=&a;
cout<<p<<endl;      //输出结果是指针 p 的值,即变量 a 的地址.
cout<<*p<<endl;     //输出结果是指针 p 指向的变量 a 的值9.
```

例 3-2　写出程序的输出结果。

```
#include<iostream>
using namespace std;
main()
{
    int  a=1;
    float b=2.1;
    char c='A';
    string s="zhe";
    cout<<a<<" \ t"<<b<<" \ n"<<c<<" \ t"<<s<<endl;
}
```

输出结果如图 3-1 所示。

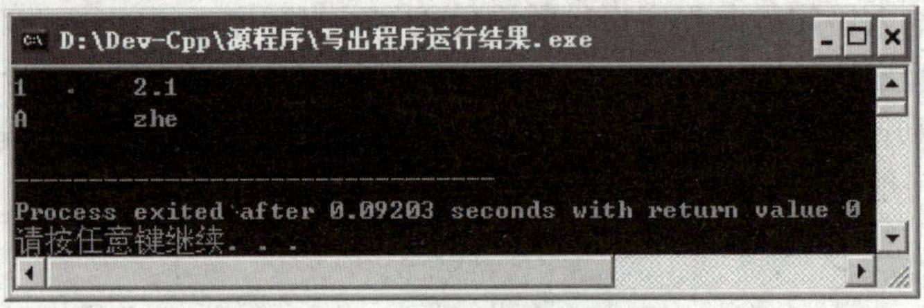

图 3-1　运行结果的输出界面

3.4　应用实例

程序是用来解决实际问题的，要解决问题就必须有数据，所以实际上是数据处理的过程。这必然涉及数据的输入与输出、数据的传递等，因此，赋值语句、输入/输出语句是程序设计最基本最重要的语句。

下面通过一些实例进一步说明它们的应用。

例3-3　鸡兔同笼问题。已知鸡和兔的总数量是 head，鸡兔腿的总数量为 feet，求鸡和兔各多少只？

分析：设鸡为 click 只，兔为 rabbit 只，则

$$click+rabbit=head$$
$$2*click+4*rabbit=feet$$

解得$click=(4*head-feet)/2$
$$rabbit=head-click$$

程序如下：

```cpp
#include<iostream>
using namespace std;
main()
{
    int head, feet, click, rabbit;
    cout<<"Please enter the total number of heads and feet. "<<endl;
    cin>>head>>feet;
    click=(4*head-feet)/2;
    rabbit=head-click;
    cout<<"The number of click is"<<click<<endl;
    cout<<"The number of rabbit is"<<rabbit<<endl;
}
```

运行结果：

输入：20␣62↙

输出：The number of chick is 9
　　　The number of rabbit is 11

例3-4　交换变量 a 和 b 的值。

分析：编写程序时，经常要交换两个变量的值，交换的方法也很多，这里给出其中两种。

（1）先设定变量 c 作为中间变量，将 a 的值放入 c，再将 b 的值放入 a，最后将 c 的值放入 b，就像交换一杯茶水和一杯白水一样。

程序如下：

```
#include<iostream>
using namespace std;
main()
{
    int   a,b,t;
    cout<<"Please enter the values of two variables"<<endl;
    cin>>a>>b;
    t=a;
    a=b;
    b=t;
    cout<<"a="<<a<<" \t"<<"b="<<b<<endl; //\t 是转义字符,使 a,b 间有间距
}
```

输入：1⊔2↙

输出：a=2　　b=1

（2）先求出 a、b 的和放入 a 中，再从 a 中减去 b，其差放于 b 中，此时 b 中放的是原来 a 的值。最后再用 a 减 b，差放于 a 中，此时 a 中存放的就是原来 b 的值。

程序如下：

```
#include<iostream>
using namespace std;
main()
{
    int a,b,t;
    a=1;
    b=2;
    a=a+b;
    b=a-b;
    a=a-b;
    cout<<"a="<<a<<" \t"<<"b="<<b<<endl;
}
```

运行结果：2　　1

例3-5　随机产生一个三位自然数，找出其百位、十位、个位上的数字。

分析：要产生随机数，必须用随机函数。要产生一个三位自然数，可以用下式求得：

```
x=100+rand()% 900
```

该式可产生 100~999 之间的随机整数。

假设三位数为 x，百位、十位、个位的数字为 a、b、c。

程序如下：

```
#include<iostream>
using namespace std;
#include<ctime>
#include<cstdio>
#include<cstdlib>
int  main()
{
int a,b,c,x;
    srand(time(0));          /*随机种子,使得每次运行时,rand()产生不同的随机
                               数*/
    x=100+rand()%900;        //随机产生一个三位数
    cout<<"随机产生的三位数为"<<x<<endl;
    a=x/100;                 //取出百位
    b=x/10%10;               //取出十位
    c=x%10;                  //取出个位
    cout<<"百位="<<a<<endl;
    cout<<"十位="<<b<<endl;
    cout<<"个位="<<c<<endl;
}
```

运行结果为:

随机产生的三位数为806
百位=8
十位=0
个位=6

 操作技巧

C 语言中的输入/输出函数,在 C++中也可以使用,并且效率高、速度快。

1. scanf( ) 函数

scanf( ) 函数是格式化输入函数,它从标准输入设备(键盘)读取数据。格式为:

scanf("<格式化字符串>",<地址表>);

(1)格式化字符串:以"%"开始,后跟一个或几个控制字符,用以确定输入内容格式。

(2)地址表是需要读入的所有变量的地址,而不是变量本身。

2. printf( ) 函数

printf( ) 函数是格式化输出函数,它向标准输出设备(屏幕)按格式输出数据。格式为:

printf("<格式化字符串>",<参数表>);

其中,格式化字符串包括以下两部分内容。

（1）格式控制字符：以"%"开始，后跟一个或几个控制字符，用以确定输出内容格式。

（2）正常字符：按原样输出，用来使输出效果更清晰。

需要指出的是，scanf( ) 和 printf( ) 在 C++中使用时，它们都包含在头文件 cstdio 中，所以在程序开头要使用#include<cstdio>。

例如：

```cpp
#include <cstdio>
int main()
{
    int x, y;
    scanf("%d%d", &x, &y);              //从键盘输入 x 和 y 的值
    printf("x=%d\ty=%d\n", x, y);
    return 0;
}
```

输入：8　6↙

运行结果：

x=8　　y=6

本例中，%d 表示按十进制整型数据的实际长度输出，\t 表示间隔一个制表符，\n 表示输出 y 以后换行。"x=" 和 "y=" 按字符串原样输出。

习 题 3

一、简答题

1. 简述结构化程序设计的特点。

2. 使用赋值语句的注意事项有哪些？

二、写出程序运行结果

1.

```cpp
#include<iostream>
using namespace std;
main()
{
    int a, b, h, s;
    a=5;
    b=6;
    h=2;
    s=(a+b)*h/2;
    cout<<"s="<<s<<endl;
```

```
}
```

2.

```
#include<iostream>
using namespace std;
main()
{
    double a,b;
    a=6;
    b=9;
    cout<<"a="<<a<<"\t"<<"b="<<b<<endl;
    a=a*b;
    b=a/b;
    a=a/b;
    cout<<"a="<<a<<"\t"<<"b="<<b<<endl;
}
```

三、编写程序

1. 输入一个四位数 1 989，将其各位数字倒序打印，即输出 9 891。

2. 输入一个时间的秒数，将其转换成几小时、几分钟、几秒钟的形式。

第4章

选择结构程序设计

　　人工智能已经走进了千家万户，要设计拥有智能的程序，一个关键的因素就是要有决策的能力。接下来两章的内容就展示了 C++程序设计语言的决策能力。这一章先介绍怎样做出正确的选择。

　　C++提供了两种选择结构语句：if 语句和 switch 语句。这两种语句都是首先对给定条件进行判断（计算表达式的值），再根据判断结果来选择要执行什么样的操作。而给定条件通常用布尔表达式来表示，所以读者首先要熟悉逻辑运算及布尔表达式。

4.1　逻辑运算及布尔表达式

　　布尔表达式是能够判断真、假的逻辑表达式，是进行选择的依据。比如我们经常要判断用户输入的字符 a 是不是数字，写成表达式就是（a>='0' && a<='9'）。当 a 是 0 到 9 之间的数字时，这个表达式的值是 true，否则为 false。

　　（a>='0' && a<='9'）就是一个布尔表达式。这个布尔表达式包括 3 个部分：（a>='0'），&&，（a<='9'）。其中（a>='0'）和（a<='9'）是关系表达式，&& 是逻辑运算符。

　　当我们面临选择时，可供判断的条件往往不止一个，这就要综合各个条件做出全面的分析，从而做出准确的判断。C++中用逻辑运算符可以把两个或多个关系表达式连接起来，形成布尔表达式，进行比较复杂的判断。

　　逻辑运算符有 3 个：&&（and），||（or），!（not）。其中，"!（not）"的优先级最高，

其次是"&&(and)"，最后是"||(or)"。

1. 逻辑与：&&(and)

学校里期末要评选三好学生，要当选三好学生必须同时满足三个条件：学习成绩好、身体好、品德好。C++中就可以写成：（学习成绩好）&&（身体好）&&（品德好）。

用 && 连接两个关系表达式时，&& 左右两个表达式的值必须都为 true，整个表达式的值才为 true，否则为 false。

例如：

3>1 && 8>5 值为 true，因为两个表达式的值都为 true。

3>9 && 7>3 值为 false，因为第一个表达式的值为 false。

12<9 && 0>1 值为 false，因为两个表达式的值都为 false。

12>1 && 8>9 值为 false，因为第二个表达式的值为 false。

书写上述表达式时，由于 && 的优先级比关系运算符的优先级低，所以不需要加括号。

注意：&& 常用来设定取值范围，比如 x>0 && x<10，此时要避免写成 0<x<10。如写成 0<x<10，编译器不会报错，但是 0<x<10 相当于（0<x）<10，0<x 的值不是 1 就是 0，永远小于 10，所以 0<x<10 的值永远为 true。

2. 逻辑或：||（or）

Internet 改变了人们的学习方式，人们经常在网上查资料，但有时所要的网上资料不是免费的，需要有下载券，或者是 VIP。也就是说，是 VIP 可以下载，有下载券也可以下载，如果二者都不是，就不能下载了。用 C++语言可以写成：（是 VIP）||（有下载券）。

用"||"连接两个关系表达式时，"||"左右两个表达式只要有一个值为 true，整个表达式的值就为 true。只有当两个表达式的值都为 false 时，整个表达式的值才为 false。

例如：

3>1 || 8>5 值为 true，因为两个表达式的值都为 true。

3>9 || 7>3 值为 true，因为第二个表达式的值为 true。

12>1 || 8>9 值为 true，因为第一个表达式的值为 true。

12<9 || 0>1 值为 false，因为两个表达式的值都为 false。

在书写上述表达式时，由于"||"的优先级也比关系运算符的优先级低，所以不需要加括号。

3. 逻辑非：!（not）

小明不喜欢下雨天，因为下雨天不能出去玩。而只要天不下雨，爷爷就带他去野外尽情地玩。"天不下雨"这个条件用 C++语言可以写成：!（下雨）。

!（关系表达式）相当于对关系表达式取反：当关系表达式的值为 true 时，!（关系表达式）的值为 false，当关系表达式的值为 false 时，!（关系表达式）的值为 true。

例如：

!（5>6）的值为 true，因为（5>6）的值为 false。

!（0<5）的值为 false，因为（0<5）的值为 true。

在书写上述表达式时，由于"!"的优先级高于所有关系运算符和算术运算符，所以对关系表达式取反，表达式必须用括号括起来。如果写成（!x>9），则先算"!x"的值为 true 或 false，转换为整数是 1 或 0，所以（!x>9）的值永远为 false。

在解决实际问题时，经常需要用上述 3 种逻辑运算符把多个关系表达式连接起来，写成复杂的布尔表达式作为条件表达式。

例如：

（1）适宜早起晨练的温度是 25℃到 30℃之间，判断输入温度 t 是否适合晨练的表达式要写成：t>=25 && t<=30。

（2）判断输入的年份 y 是不是闰年。闰年的条件是：①普通年能被 4 整除且不能被 100 整除的为闰年（如 2004 年就是闰年，2019 年不是闰年）。②世纪年能被 400 整除的是闰年（如 2000 年是闰年，1900 年不是闰年）。

上述条件写成布尔表达式就是：（y%4==0 && y%100!=0）||（y%400==0）

4.2 条件（if）语句

if 语句有两种结构：if 结构，if-else 结构。

1. if 结构

英文里 if 是如果的意思。这个结构就像小学生用"如果……就……"造句。比如妈妈对小明说：如果你期末考试考第一名，妈妈就带你去迪士尼玩。这个句子用 if 结构来写就是：

```
if(小明期末考试考第一名)
    妈妈带小明去迪士尼玩
```

if 结构的格式：

```
if(条件表达式)
    语句1
```

说明：

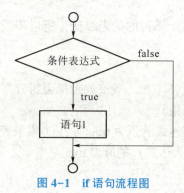

图 4-1 if 语句流程图

（1）if 是关键字，条件表达式必须用（）括起来。

（2）if（条件表达式）和语句 1 也可以写在一行：

```
if(条件表达式)  语句1
```

if 结构的执行过程可用如图 4-1 所示的流程图表示，该图解释为：

（1）求条件表达式的值。

（2）根据表达式的值进行选择，若它的值为 true（非 0），则执行语句 1；若它的值为 false（0），则忽略语句 1，按顺序执行条件语句后面的语句。

例4-1　输入 1 个数，如果是正数，则输出 Yes。

思路分析：

使用 if 结构，只需要解决两个问题。

（1）条件表达式怎么写？本题要判断输入的数 x 是否为正数，表达式为：x>0；

（2）当条件表达式成立时，要执行什么语句？本题要执行语句：cout<<"Yes"；。

程序清单：

```
#include<iostream>
using namespace std;
int main(){
    float x;cin>>x;
    if(x>0) cout<<"Yes";
    return 0;
}
```

 例4-2　输入一个整数 x，判断是不是 100 以内（包含 100）的正整数，如果是，输出"Yes!"。

思路分析：

（1）条件表达式：x>0 && x<=100。（2）要执行的语句：cout<<"Yes"；

程序清单：

```
#include<iostream>
using namespace std;
int main()
{
    int x;cin>>x;
    if(x>0 && x<=100) cout<<"Yes!";
    return 0;
}
```

在 if 结构中，很多时候当条件成立时，不只要执行一条语句，来看下面的例子。

 例4-3　输入两个整数 a、b，按由小到大的顺序输出。

思路分析：

（1）这里需要比较 a、b，当 a>b 时，把 a 和 b 的值交换一下，保证其顺序由小到大，然后再输出。

（2）交换 a、b，需要借助一个临时变量 t 把 a 的值先存储起来（t=a；），再把 b 的值赋给 a（a=b；），最后再把 t 里的值赋给 b（b=t；）。这样，语句就不只 1 条，而是 3 条。

（3）这时候要把条件成立时要执行的所有语句用"{}"括起来，成为一个整体，把

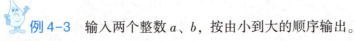

它叫作复合语句（或语句块）。这样 if 结构就演变成下面的格式：

```
if(条件表达式)
    {
        语句1
        语句2
        …
    }
```

程序清单：

```
#include<iostream>
using namespace std;
int main()
{
    int a,b,t; cin>>a>>b;
    if(a>b)
    {
    t=a;
    a=b;
    b=t;
    }
    cout<<a<<'  '<<b;
}
```

2. if-else 结构

if-else 结构是用"如果……就……，否则……"造句。

也就是说，不仅条件成立时要执行某些操作，当条件不成立时还要执行另外一些操作。

if-else 结构的格式：

```
if(条件表达式)
    语句1
else
    语句2
```

说明：

（1）if 和 else 是关键字，条件表达式必须用"（）"括起来。

（2）if（条件表达式）和语句 1 可以写在一行，else 和语句 2 可以写在一行。

if-else 结构的执行过程可用如图 4-2 所示的流程图表示，该图解释为：

（1）求条件表达式的值。

（2）根据表达式的值进行选择：若它的值为 true（非 0），则执行语句 1；若它的值为

false（0），则执行语句2。

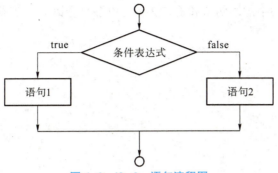

图4-2　**if-else** 语句流程图

例4-4　输入一个整数 a，判断其是奇数还是偶数。

程序清单：

```cpp
#include<iostream>
using namespace std;
int main()
{
    int a; cin >> a;
    if  (a%2==0)  cout<<"偶数";
    else cout<<"奇数";
    return 0;
}
```

例4-5　输入一个年份，判断是不是闰年，如果是闰年，则输出"Yes!"；否则，输出"No!"

思路分析：

前面已经写出了闰年的判断条件（y%4==0 && y%100! =0）｜｜（y%400==0），这样程序就很好写了。

程序清单：

```cpp
#include<iostream>
using namespace std;
int main()
{
    int y; cin>>y;
    if((y%4==0 && y%100!=0)||(y%400==0))  cout<<"Yes!";
    else cout<<"No!";
    return 0;
```

```
}
```

同样，if-else 结构中的语句 1 和语句 2 也可以是复合语句，变成下面的格式：

```
if   (条件表达式)
{ 语句11
  语句12
  ...
}
else
{ 语句21
  语句22
  ...
}
```

例 4-6 顺丰快递现在是国内速度最快的快递，它的收费也比较贵。收费按重量计算，1 公斤以内（含 1 公斤）收费 10 元，超过 1 公斤的部分，每公斤加收 8 元（不足 1 公斤的按 1 公斤计算）。现在来计算应收的费用。输入邮件的重量 w（公斤数），输出应收的快递费 f。

思路分析：

先写出条件表达式（w<=1），如果条件成立，f=10；否则，就要计算超出的部分（f-1）应加收多少。这就需要对（f-1）取整，这里使用 ceil 函数。ceil（x）返回的是大于或等于 x 的最小整数。使用这个函数需要包含头文件 cmath。

程序清单：

```cpp
#include<iostream>
#include<cmath>
using namespace std;
int main()
{
    float w, f; cin>>w;
    if   (w<=1)
    {
        f=10; cout<<f<<"元";
    } else
    {
        f=10+ceil(w-1)*8; cout<<f<<"元";
    }
    return 0;
}
```

3. 条件运算符

先来看下面的语句：

```
if(a>b)      c=a;
else         c=b;
```

这是一个简单的 if-else 结构语句，对于类似这样简单的关系表达式和简单的求值，C++中有一个可以代替它的运算符 "?:"，叫作条件运算符，它是 C++中唯一一个需要三个操作数的运算符（三目运算符）。条件运算符的优先级只比赋值运算符高。

使用条件运算符的通用格式是：

(条件表达式)？a：b

这个表达式的值是由条件表达式的值决定的，当条件表达式的值为 true 时，整个表达式的值为 a，当条件表达式的值为 false 时，整个表达式的值为 b。

例如：

(5>3)？15：10；因为 5>3 的值为 true，所以整个表达式的值为 15。

(5<3)？15：10；因为 5<3 的值为 false，所以整个表达式的值为 10。

条件运算符使程序表达更简洁。两者的区别是，条件运算符返回一个值，可以放到一个更大的表达式中，例如上面的 if-else 结构语句就可以写为：c = (a>b)？a：b。

但是从可读性上讲，条件运算符适合于简单关系和简单表达式。关系比较复杂时还是用 if-else 结构更清晰明了。

 例 4-7　输入两个整数，输出其中较大者。

程序清单：

```
#include<iostream>
using namespace std;
int main()
{
    int a,b,c; cin>>a>>b;
    c = (a>b)? a: b; cout<<c;
    return 0;
}
```

4.3　if 语句的嵌套

if 语句的两种格式中，语句 1 和语句 2 还可以是 if 语句，也就是说 if 语句中包含 if 语句，这就是 if 语句的嵌套。当出现 if 语句嵌套时，无论哪种格式，C++约定 else 都将与它前面最靠近的 if（未曾配对的）相配对，构成一条完整的 if 语句。例如：

(1) if(<条件表达式1>)
　　　if(<条件表达式2>)<语句1>
　　　else <语句2>
(2) if(<条件表达式1>)<语句1>
　　else if(<条件表达式2>)<语句2>
　　　　else if(<条件表达式3>)<语句3>
　　　　　else <语句4>

这里的 if 与 else 配对情况用缩进标示出来。

如果不想让 else 按约定与它前面最靠近的 if（未曾配对的）相配对，则可以用"{}"。请看下面的语句结构：

(3) if(<条件表达式1>)
　　　{if(<条件表达式2>)<语句1>}
　　else <语句2>
(4) if(<条件表达式1>)
　　{
　　　if(<条件表达式2>)<语句1>
　　　<语句2>
　　}else <语句3>

(3)（4）两条语句中的 else 就不会与" {} "中的 if 配对。

 例 4-8　输入一个 4 位以下的数，编程求出是几位数。

思路分析：

输入的数 n 是 4 位以下的数，只要用 n 分别除以 1000、100、10，看商的情况就可以判断。除以 1000，如果商不为 0，则可以判断为 4 位数；如果商为 0，则要把它除以 100（这是一层嵌套），如果商不为 0，则可以断定为 3 位数了；如果商为 0，则要把它除以 10（这是又一层嵌套），如果商不为 0，则可断定为 2 位数了，否则是 1 位数。

程序清单：

```
#include<iostream>
using namespace std;
int main()
{
int n; cin>>n;
    if(n/1000==0)
        if(n/100==0)
            if(n/10==0)cout<<"1位数";
            elsecout<<"2位数";
        else cout<<"3位数";
```

```
    else cout<<"4位数";
    return 0;
}
```

例4-9　骑车还是走路？小明的哥哥在清华上学，清华校园很大，若没有自行车，上课和办事会很不方便。但实际上，并非去办任何事情都是骑车快，因为骑车总要找车、开锁、停车、锁车等，这要耽误一些时间。假设找到自行车，开锁并骑上自行车的时间为 27 秒；停车锁车的时间为 23 秒；步行每秒行走 1.2 米，骑车每秒行走 3.0 米。请判断走不同的距离去办事，是骑车快还是走路快？

输入：一个整数，表示一次办事要行走的距离，单位为米。

输出：如果骑车快，输出"Bike"；如果走路快，输出"Walk"；如一样快，输出"All"。

思路分析：

简单的计算题，只要算一下做某件事骑车和步行分别用多长时间，然后进行比较，根据比较的结果决定是骑车还是步行。

程序清单：

```cpp
#include<iostream>
using namespace std;
int main()
{
    float s;cin>>s;
    if(s/1.2<27+23+s/3) cout<<"Walk";
    else
    {
        if(s/1.2==27+23+s/3) cout<<"All";
        else cout<<"Bike";
    }
    return 0;
}
```

4.4　switch 语句

在条件语句的两种结构中，if 结构给了程序一种选择，让程序决定是否执行特定的语句或语句块，这是一种单分支结构；if-else 结构则给了程序两种选择，让程序决定执行哪一条语句或语句块，这是一种双分支结构。

但是现实中，人们经常会面临多种选择。比如，一个学生信息管理系统的开始界面要设计一个屏幕菜单，有以下 5 个选项：

①查找学生；②添加学生；③删除学生；④修改学生信息；⑤浏览学生信息。

这就给出了五个分支，程序要根据用户的选择决定进入哪个分支，执行相应的语句。虽然可以使用 if-else 语句嵌套，但是分支过多时容易发生混乱，可能出现 if 与 else 配对错误。所以 C++ 中提供了一种多分支结构语句：switch 语句（也叫开关语句）。

1. switch 语句的格式

switch 语句的格式如下：

```
switch(表达式)
{
  case  常量表达式1:
    语句序列1
    break;
  case  常量表达式2:
    语句序列2
    break;
  ...
  case  常量表达式 n:
    语句序列 n
    break;
  default:
    语句序列 n+1
}
```

switch 语句的功能是根据条件表达式的取值从众多分支中选择一个作为执行入口。

这个格式中：

（1）表达式用做判断进入哪个分支的条件，取值类型可以是整型、字符型、布尔型或枚举型。

（2）常量表达式 1、常量表达式 2、……、常量表达式 n，是取值类型与表达式相同的常量，是进入各分支的入口。各个常量表达式的值必须不同，否则会出现错误。

（3）语句序列 1、语句序列 2、……、语句序列 n，是进入各分支要执行的语句，可以是一条语句，也可以是多条语句，但不需要使用"｛｝"。

（4）break 语句的功能是终止当前 switch 语句，接着执行 switch 后面的语句。

（5）语句中 case 标号可以使用一次或多次，default 只能使用一次或不用。各分支出现的次序可以是任意的，但通常把 default 放在最后。每个语句标号由保留字 case 和后面的常量表达式及冒号组成。

2. switch 语句的执行过程

switch 语句的执行过程可以分三步。

第一步：查找进入分支的执行入口。

（1）计算<表达式>的值，假定为 M。

（2）依次计算常量表达式的值，假定它们的值依次为 M1、M2、…。

（3）将 M 依次与 M1、M2、…进行比较，当遇到某个与 M 相等的值时，进入这个分支。

第二步：执行这个分支的语句序列，遇到 break 语句或关括号"｝"，switch 语句执行结束。

第三步：当 M 与所有常量表达式的值 M1、M2、…都不相等时，若有 default 分支，则进入执行该分支的语句序列，否则跳出 switch 语句，继续执行 switch 语句后面的语句。

例 4-10 输入一个 1~7 的数，表示星期几，对应输出英文名称。

程序清单：

```cpp
#include<iostream>
using namespace std;
int main()
{
    int n; cin>>n;
    switch(n)
    {
        case 1: cout<<"Monday"<<endl; break;
        case 2: cout<<"Tuesday"<<endl; break;
        case 3: cout<<"Wednesday"<<endl; break;
        case 4: cout<<"Thursday"<<endl; break;
        case 5: cout<<"Friday"<<endl; break;
        case 6: cout<<"Saturday"<<endl; break;
        case 7: cout<<"Sunday"<<endl; break;
        default: cout<<"input  error!";
    }
    return 0;
}
```

3. 使用 switch 语句应该注意的问题

（1）每个 case 分支都只是 switch 语句的执行入口，执行完一个分支后，如果没有 break 语句，还将继续执行其后的所有分支语句序列。比如，例 4-10 的程序中若各分支语句序列之后没有 break 语句：

```cpp
#include<iostream>
using namespace std;
int main()
{
    int n; cin>>n;
    switch(n)
    {
        case 1: cout<<"Monday"<<endl;
```

```
    case 2: cout<<"Tuesday"<<endl;
    case 3: cout<<"Wednesday"<<endl;
    case 4: cout<<"Thursday"<<endl;
    case 5: cout<<"Friday"<<endl;
    case 6: cout<<"Saturday"<<endl;
    case 7: cout<<"Sunday"<<endl;
    default: cout<<"input  error!";
  }
  return 0;
}
```

就会出现下面的运行结果：

输入：6   输出：Saturday
                                         Sunday
                                         input error!

也就是说，程序执行到 switch 语句时，从"case 6："这个入口进入分支语句，执行完"case 6："后面的语句之后，由于没有 break 语句，不能及时退出 switch 结构，所以继续执行后面的各分支语句。这不是我们想要的，所以在 switch 结构中，各分支语句序列之后必须有 break 语句。但最后的 default 分支例外。

（2）多个 case 可以共用相同的语句序列。

例 4-11　今年是 2019 年，输入一个 1~12 的数字，表示月份，输出这个月有多少天。

思路分析：

以月份为判断条件。在一年当中，1 月份、3 月份、5 月份、7 月份、8 月份、10 月份、12 月份都是 31 天，所以这些值的 case 应该执行相同的语句；4 月份、6 月份、9 月份、11 月份都是 30 天，这些值的 case 也都执行相同的语句。

程序清单：

```
#include<iostream>
using namespace std;
int main()
{
  int m; cin>>m; switch(m)
  {
    case 1:
    case 3:
    case 5:
    case 7:
```

```
        case 8:
        case 10:
        case 12:
                cout<<"31"; break;
        case 4:
        case 6:
        case 9:
        case 11:
                cout<<"30"; break;
        case 2:
                cout<<"28"; break;
        default:
                cout<<"输入错误";
    }
}
```

四、switch 语句应用举例

例 4-12 输入百分制成绩，判定等级。规定：80 分以上（含 80 分）为 A 等，70 分到 80 分之间（含 70 分）是 B 等，60 分到 70 分之间（含 60 分）是 C 等，60 分以下是 D 等。

思路分析：

可以用成绩除以 10。当商为 8、9、10 时，说明成绩大于或等于 80，为 A 等；当商为 7 时，说明成绩在 70 到 80 之间，为 B 等；当商为 6 时，说明成绩在 60 到 70 之间，为 C 等；其他值则说明 60 分以下，为 D 等。

程序清单：

```
#include<iostream>
using namespace std;
int main()
{
    int score; cin>>score;
    switch(score/10)
    {
        case 8: case 9: case 10: cout<<'A'; break;
        case 7: cout<<'B'; break;
        case 6: cout<<'C'; break;
        default: cout<<'D';
```

```
      }
      return 0;
}
```

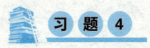

习 题 4

一、选择题

1. 设 a 和 b 均为 bool 型，则 "a && b" 的值为 true 的条件是_____，"a‖b" 的值为 true 的条件是_____
   A. a 和 b 的值均为 true   B. a 和 b 的值有一个为 true
   C. a 和 b 的值均为 false   D. a 和 b 的值有一个为 false

2. 逻辑表达式！(x>5 && x<10) 与_____表达式的值相等。
   A. x<5 && x>10   B. x<=5 && x>=10
   C. x x<5‖x>10   D. x<=5‖x>=10

3. C++中，布尔值 true 等价于_____。
   A. 大于零的数   B. 大于零的整数
   C. 非零的数   D. 非零的整数

4. 当 "int a=5，b=2；" 时，表达式 a==b 的值为_____。
   A. 2   B. 1
   C. 0   D. 5

5. 若 x=0，y=3，z=3，以下表达式的值为 0 的是_____。
   A.！x   B. x<y？1:0
   C. x/2 && y==z   D. y==x‖z/3

6. 若有 "int x=10，y=20，z=30；"，以下语句执行后，x、y、z 的值是（　　　）

   ```
   if(x>y)
   z=x; x=y; y=z;
   ```

   A. x=10，y=20，z=30   B. x=20，y=30，z=30
   C. x=20，y=30，z=10   D. x=20，y=30，z=20

二、阅读程序写结果

1.
```
#include<iostream>
using namespace std;
int main()
{
    int a=-1,b=4,k;
    k=(a++<=0) && (!(b--<=0));
    cout<<k<<a<<b;
```

```
    }

2. #include<iostream>
   using namespace std;
   int main()
   {
       char x='B';
       switch(x)
       {
           case 'A': cout<<"It is A. ";
           case 'B': cout<<"It is B. ";
           case 'C': cout<<"It is C. ";
           default: cout<<"other. ";
       }
   }

3. [NOIP2003]
   #include<iostream>
   using namespace std;
   int a, b, c, d, sum;
   int main()
   {
       cin>>a>>b>>c>>d; a=a%23; b=b%28; c=c%33;
       sum=a*5544+b*14421+c*1288-d; sum+=21252; sum%=21252;
       if(sum==0) sum=21252;
       cout<<sum<<endl; return 0;
   }
```

输入：283 102 23 320   输出：_____

4. 2015 普及组 C++三.1

```
#include <iostream>
using namespace std;
int main()
{
    int a, b, c; a=1; b=2; c=3;
    if(a> c){
        if(a>c) cout << a <<" ";
        else cout << b <<" ";
    }
    cout << c << endl; return 0;
}
```

三、程序填空

1. 有分段函数如下：输入 x，计算 y 的值，输出 y。

当 $x>0$ 时，$y=2x+3$

当 $x=0$ 时，$y=0$

当 $x<0$ 时，$y=(x+7)/2$

```cpp
#include<iostream>
using namespace std;
int main()
{
    int x, y; cin>>x;
    if(x>0)_____①_____;
    ____②____y=0;
    ____③____y=(x+7)/2;
    cout<<y; return 0;
}
```

2. 投票表决器：--输入 Y、y，打印 agree；--输入 N、n，打印 disagree；--输入其他，打印 lose。

```cpp
#include<iostream>
using namespace std;
int main()
{
    char ch; cin>>ch;
    ____①____ {
        case'Y': case'y': cout<<"agree"; ____②____;
        case'N': case'n': cout<<"disagree"; ____③____;
        ____④____ : cout<<"lose";
    }
}
```

四、编写程序

1. 输入一个整数，判断是否能被 3 整除，如果能整除，则输出"Yes!"。

2. 乘坐飞机时，如果乘客行李小于等于 20 公斤，按每公斤 1.68 元收费；如果大于 20 公斤，按每公斤 1.98 元收费，编程计算收费。

3. 最宜人的室内温度是：冬天温度为 18℃~25℃，夏天温度为 23℃~28℃。在装有空调的室内，室温为 19℃~24℃时人会感到最舒适。编程判断温度是否宜人。

输入仅一行，包括两个内容：一个字符表示冬天、夏天或空调室。W 表示冬天，s 表示夏天，a 表示空调室；一个整数，表示温度。

输出一个单词：Yes 表示温度宜人，No 表示不是最宜人的温度。

第5章

循环语句

　　在实际生活中我们可能会遇到这样的问题：比如输入全班 60 名学生的成绩，这是一个重复执行输入操作的问题；求 1 到 100 的和，这是一个重复进行加法运算的问题。像这样重复执行某一操作的问题可以使用循环来解决。

　　循环就是在满足一定条件时重复执行一段程序，实现循环的程序结构称为循环结构。循环结构一般由判断循环是否执行的循环条件和被重复执行的循环体组成。循环结构与顺序结构和选择结构共同构成程序的三大基本结构。

　　C++语言提供了三种循环结构：while 循环结构、do-while 循环结构、for 循环结构。这三种循环结构可以互相转化，在实际的应用中，读者可以根据具体问题的实际情况并结合各循环结构的特点来选择合适的结构使用，使得程序简洁高效。

5.1　while 循环语句

1. 语句格式、流程图及执行过程

说明：

　　（1）表达式表示循环条件，用于判断循环是否执行，若表达式的结果为真（即非 0），则执行循环语句，反之为假（即 0），则不执行循环语句，退出循环。若循环条件一直为真，则形成死循环，一直执行下去。

　　（2）语句格式中的"语句"是此循环结构的循环体，它可以是一条语句，也可以是由多条语句组成的复合语句，语句后面的分号"；"不可省略，当循环体是一条语句时可以省略"｛｝"，但有多条语句时必须要用"｛｝"括起来，构成一个语句块的形式。其执行过程如表5-1所列。

表 5-1　while 循环语句执行过程

语句格式	流程图	执行过程
while（表达式） ｛ 语句； ｝		步骤1：计算表达式的值，若值为非0则跳到步骤2，若值为0则跳到步骤4； 步骤2：执行循环体； 步骤3：返回步骤1； 步骤4：退出循环；

2. 正常运行三要素

通过以上分析可以得知，循环能正常运行要具有如下三要素：

（1）为循环变量赋初值（初值）。

（2）设置循环条件，用于判断循环是否执行（判断）。

（3）改变循环变量（更新）。

3. 常用的形式

1）常用形式1

```cpp
int i=1;        //i为循环控制变量,也称循环变量,用来控制循环的次数,初值被
                //赋为1;(初值)
while (i<3)      //循环条件为i<3,即如果i<3成立则执行循环体;(判断)
{
cout<<i<<endl;
i++;            //改变循环变量;(更新)
}               //循环体有两条语句,所以用{}括起来
```

执行过程：

首先将 i 赋值为 1，然后计算表达式 $i<3$ 的值，1 小于 3 成立，结果为真，执行循环体，因为循环体由两条语句组成，按顺序执行，先输出 i 的值 1 并换行，再执行 $i++$ 语句，此时 i 的值为 2，第一次循环结束；再返回去判断表达式是否成立，$i<3$ 仍然成立，结果仍为真，继续去输出 i 的值 2 并换行，接着执行 $i++$ 语句，此时 i 的值为 3，第二次循环结束；继续判断表达式 $i<3$ 成立与否，因为此时 i 的值为 3，条件 $i<3$ 不成立，结果为假，所

以不执行循环体，直接跳出循环，执行后面的语句，整个循环结束。

2）常用的形式 2

```
cin>>x;          //读入一个数据作为循环变量 x 的初值；(初值)
while(x<0)     //循环条件为 x<0；(判断)
   cin>>x;        //此句为循环体,即从键盘读取数据,因只有一句故省略了{} (更新)
```

语句分析：

循环变量 x 接收从键盘输入的数值，然后进行循环条件的判断，若输入的数值小于 0，则执行循环体，该段语句的功能就是当输入的数据小于 0 时，重复读入数据。

执行过程：

首先从键盘读取一个数值，比如 5，并赋给变量 x，计算表达式 $x<0$ 的值，$5<0$ 不成立，结果为假，则直接跳出循环；若第一次输入的数值是 -5，计算条件 $x<0$ 的值，结果为真，则执行循环体，继续从键盘输入值并赋给 x，直到 $x<0$ 不成立时，才能跳出循环，否则继续输入下一个数值给 x，所以此代码功能为输入数据小于 0 时，重复读入数据。

例 5-1 请用 while 循环顺序输出整数 1～10，两个数之间相隔一个水平制表符，即相当于按了一次 Tab 键。

思路分析：

（1）顺序输出 10 个数，每次输出一个，这是一个重复输出的过程，所以用循环实现。

（2）确定循环三要素即初值、判断、更新；要输出 1～10 这 10 个连续整数，可以把输出数字 n 作为循环变量；从 1 开始输出，循环变量 n 赋初值为 1；到 10 结束，所以在小于等于 10 的条件下输出，即判断条件为 $n<=10$；输出的每个数字都是在前一个数的基础上加 1 得到，所以变量 n 的更新用 $n++$ 实现。重复执行的操作为输出数字即循环体，语句为 cout<<n;。

（3）两数之间相隔一个水平制表符，输出时用 "\t" 实现。

程序清单：

```
#include <iostream>
using namespace std;
int main()
{
    int n=1;                 //声明循环变量n,并赋初值为1
    while(n<=10)             //循环条件,当 n 小于等于10时执行循环语句
    {
       cout<<n<<" \t";       //输出 n 值并将光标跳一个制表符
       n++;                    //改变循环变量
    }
}
```

输出结果为：1 2 3 4 5 6 7 8 9 10

例5-2　某商场在2017年的双十一活动中，交易额为800万，若每年递增25%，按此速度增长，哪一年能实现交易额达到2000万？

思路分析：

（1）据题意可知，每年都递增25%是一个重复执行的过程，用循环实现。重复执行到什么时候呢？当交易额达到2000万时就不用再重复了，即循环结束，每重复一次相当于增加了一年，从什么样的基础上递增呢？从2017年交易额为800万的基础上开始递增。

（2）将分析与while循环要素相对应，可以确定将交易额作为循环变量，初值为800，判断条件为<2000，更新为递增25%，从而得出循环变量的初值、判断和更新。

程序清单：

```cpp
#include <iostream>
using namespace std;
int main()
{
    double money=800;        //因为是交易额,所以类型声明为double类型
    int year=2017;           //从2017年开始
    while(money<2000)        //达到2000万时就不用再重复了
    {
        money*=1+0.25;       //类似于累加和的写法,money=money*(1+0.25)
        year++;              //每递增一次,年份加1
    }
    cout<<"到"<<year<<"年能实现交易额到2000万!"<<endl;
}
```

输出结果为：到2022年能实现交易额到2000万！

例5-3　求正整数 x、y 的最大公约数。

思路分析：

（1）两个数的最大公约数是指能同时整除它们的最大正整数。求两个整数的最大公约数最常用的方法就是辗转相除法，也叫欧几里得算法。

（2）具体做法是：用较小数除较大数，再用出现的余数（第一余数）去除除数，再用出现的余数（第二余数）去除第一余数，如此反复，直到最后余数是0为止。那么最后的除数就是这两个数的最大公约数。

程序清单：

```cpp
#include <iostream>
using namespace std;
int main()
```

```
{
    int x, y, r;
    cin>>x>>y;
    r=x%y;                  //默认 x 为较大数, y 为较小数, r 为两个数的余数
    while (r!=0)             //余数不为0的情况下执行循环体
    {
        x=y;                //将原来的除数变成被除数
        y=r;                //将原来的余数变成除数
        r=x%y;              //求新的余数
    }
    cout<<"最大公约数="<<y<<endl;   //最后的除数即为所求
    return 0;
}
```

例 5-4   求从键盘输入的正数之和，遇到负数时终止输入并输出所求之和，输入的数不能超过 10 个。

思路分析：

（1）若输入是正数就累加求和，若是负数则终止输入，输入是个重复执行的操作，为循环体。输入不能超过 10 个，故循环条件就是输入次数小于等于 10。输入次数为循环变量，初值赋为 1，每多输入一次，i 值就加 1，即循环体中的 i++。

（2）遇到负数时就要退出，所以还需要加 if 语句判断并结束循环，这里结束循环的方法使用了 break 语句。其作用是跳出某个循环，执行循环后面的语句，break 是关键字，只能用在循环语句或 switch 语句中，不能单独使用，语法格式为：break;。

程序清单：

```
#include <iostream>
using namespace std;
int main()
{
    int i=1, a;
    int sum=0;
    while(i<=10)            //因为循环的次数是从1开始, 所以表示10次就是小于
                           //等于10
    {
        cin>>a;
        i++;
        if(a<0)  break; //遇到负数时终止输入, 退出循环
        sum+=a;
    }
```

```
        cout<<"sum="<<sum<<endl;
}
```

5.2　do-while 循环语句

1. 语句格式、流程图及执行过程

do-while 循环语句格式、流程图及执行过程如表 5-2 所列。

表 5-2　do-while 循环语句执行过程

语句格式	流程图	执行过程
do { 语句； } while（表达式）；	循环语句 真（非0） 表达式 假（0）	步骤 1：执行循环体； 步骤 2：计算表达式的值，若值为非 0 则跳到步骤 1，若值为 0 则跳到步骤 3； 步骤 3：退出循环；

表达式及语句说明同 while 循环。

2. 正常运行三要素

通过以上分析可以得知，循环能正常运行要具有如下三要素：

（1）为循环变量赋初值（初值）。

（2）设置循环条件，用于判断循环是否执行（判断）。

（3）改变循环变量（更新）。

3. 常用形式

```
int i=1;                    //为循环变量赋初值; (初值)

do {
    cout<<i<<endl;
    i++;                    //改变循环变量; (更新)
} while(i<3);               //设置循环条件; (判断)
```

语句分析：

i 为循环变量，初值被赋为 1；循环体由 cout<<i<<endl；和 i++；组成的语句块构成，所以用 "｛｝" 括起来；循环条件为 $i<3$，即如果 $i<3$ 成立则继续执行循环体。

执行过程：（见表 5-3）

表 5-3　循环过程

循环次数	循环变量 i 值	循环体	循环条件
第 1 次	初值为 $i=1$	输出 1 并换行；$i=2$	2<3 结果为真
第 2 次	上次循环后的值 $i=2$	输出 2 并换行；$i=3$	3<3 结果为假
跳出循环	循环结束时的值 $i=3$	不执行	

4. 典型应用

do-while 最典型的应用就是判断是否继续，比如：

```
char answer='n'; //定义 answer 为字符型循环变量,初值为字符 n(初值)
do {
    cout<<"是否继续执行?(y/n)";
    cin>>answer;                          //(更新)
} while(answer=='Y' || answer=='y');      //(判断)
```

语句分析：

循环体是由两句组成的语句块，用 "｛｝" 括起来；循环条件为 answer=='Y' || answer=='y'，即如果输入值为 Y 或者 y，则都继续执行循环体。

执行过程（如图 5-1 所示）：

为变量 answer 赋初值 n，执行循环体，即输出提示信息并将输入值赋给变量 answer，这是第一次循环；判断条件，看 answer 的值是否为真，若上次输入为 Y 或 y，则继续输出提示信息并等待输入，若为其他值就直接退出循环，整个循环结束。

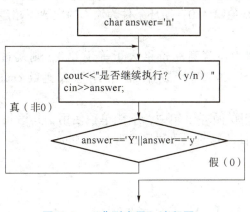

图 5-1　"典型应用" 流程图

例 5-5　连续输入多个数据，计算它们的乘积，在输入 0 时结束。

思路分析：

（1）根据题意可知，这是一个重复输入数据并将输入的数据执行 "乘法" 运算的过程，可以把输入的数据作为循环变量。重复做乘法计算的过程称为 "累乘"，累乘可以用一个表示积的变量不断乘以每一项的乘数的方法来实现，语句为 s=s*n，即 s*=n，这里

表示积的变量 *s* 在声明时应赋初值为 1。把重复部分写入循环体即输入数据和累乘。

（2）根据题意，输入 0 时结束，所以循环条件为不等于 0 时执行循环，即 while（! =0）。

程序清单：

```
#include <iostream>
using namespace std;
int main()
{
    int n=1;                   //n 为循环变量
    float s=1;                 //s 为累乘积
    do {
        cout<<"请输入数值: ";   //输出提示语
        s*=n;                  //计算多个数的积
        cin>>n;                //输入数据
    } while(n! =0);            //循环条件,输入0时结束循环
    cout<<"s ="<<s;            //输出累乘积 s 的值
    return 0;
}
```

例5-6　请输入 5 个数码商品的价格，统计商品价格低于 600 的商品数量。

思路分析：

（1）根据题意，这是一个重复输入数据并不断与 600 进行比较的过程，用循环变量 *i* 计算输入的次数，将 *i* 初值赋为 0；循环条件为输入的次数不超过 5 次，即 *i*<5，循环体为输入数据和判断比较。

（2）判断比较过程为：若商品价格大于等于 600，则跳过，不进行计数，跳过用 continue 语句实现，小于 600 时计数器加 1，用计数变量 count 计算小于 600 的商品个数。

（3）continue 只能用在循环语句中，不能单独使用，其语句的作用是跳出本次循环，直接进入下一次循环条件的判断。语法格式为：continue;。

程序清单：

```
#include <iostream>
using namespace std;
int main()
{
    float money;
    int i=0, count=0;
    do {
        cout<<"请输入商品价格: ";
        cin>> money;
```

```
        i++;
        if(money >=600)
        continue;        //continue 跳过本次循环中该语句后面未执行的语句
        count++;         //变量 count 计算商品低于600的个数
    }   while(i<5);
    cout<<count;
}
```

 例 5-7　求自然数 a、b 的最小公倍数。

思路分析：

（1）两个数的公倍数就是这个数既是 a 的倍数也是 b 的倍数，是它俩的公共倍数，而且是它俩公共倍数里面最小的数。

（2）将 a 的倍数以从小到大的顺序排序，看是否能被 b 整除，遇到的第一个能被 b 整除的倍数就是这两个数的最小公倍数。如果不能，则继续向下寻找。

程序清单：

```cpp
#include <iostream>
using namespace std;
int main()
{
    int a,b,s=1;
    int i=1;
    cout<<"请输入两个自然数: ";
    cin>>a>>b;
    do {
        s=i*a;    //s是a的倍数, 如 i=1, 为1倍; i=5, 则 s 为 a 的5倍
        i++;
    } while(s%b!=0);
    cout<<a<<"和"<<b<<"的最小公倍数为: "<<s;
}
```

 例 5-8　数字反转（NOIP2011 普及组试题）。

给定一个整数，将该数各位上数字反转得到一个新数。新数也应满足整数的常见形式，即除非给定的原数为零，否则反转后得到的新数的最高位数字不应为零，例如输入 -380，反转后得到的新数为-83。样例如表 5-4 所列。

输入：一行，一个整数 n（$-1\,000\,000\,000<=n<=1\,000\,000\,000$）。

输出：一行，一个整数，表示反转后的新数。

表5-4　样例

样例#1	样例#2
输入：123	输入：-380
输出：321	输出：-83

思路分析：

（1）数字反转，就是把一个整数中各位的数字从低位依次取出，然后按照取出的顺序依次放置在新数由高到低的位次上，达到反转的目的。但是如果原数个位上的数是0，则反转时0不在最高位输出。

（2）取各位数字的方法：先用取余数的方法取出个位数，然后将原来的整数缩小10倍，变成新的数，再对新数取个位数，这时取出的个位数是原数十位上的数字，继续对新数缩小10倍，再对缩小10倍后的数取个位数，这时取出的个位数是原始数的百位上的数字。以此类推，用同样的方法再取出原数的千位、万位等更高位上的数字。

（3）组成新整数的方法：先声明一个表示反转后整数的变量 s，赋初值为0，取出第一个数字（个位上的数）后与 s 相加，再取出一个（十位上的数）与 s 相加，但这时的相加不是两个数字做常规意义的"加法"，而是后取出的数字放个位，上一次取出的数"升"到十位上，"升"到十位的方法就是把这个数扩大10倍，即 s 乘以10。再取出一个，又把新取出的这个数放在个位上，前面的两位都分别上"升"一位，成为百位和十位上的数字，那就在上次基础上再扩大10，即继续将 s 乘以10。以此类推得到反转以后的数字。

（4）当输入负数时要使用绝对值函数，所以要将头文件cmath包含进来。

程序清单：

```cpp
#include <iostream>
#include <cmath>
using namespace std;
int main(){
    int n, s=0;
    cin>>n;
    if(n<0)                  //如果为负数,先输出负号,再取绝对值
        cout<<"-";
    n=abs(n);
    do {
        s=s*10+n%10;         //乘10表示"升"位,对10取余表示取出个位
        n/=10;               //整除10,相当于删除个位
    }while(n!=0);            //n 不等于0时继续循环
    cout<<s;
    return 0;
}
```

5.3　for 循环语句

1. 语句格式、流程图及执行过程（见表 5-5）

表 5-5　for 循环语句执行过程

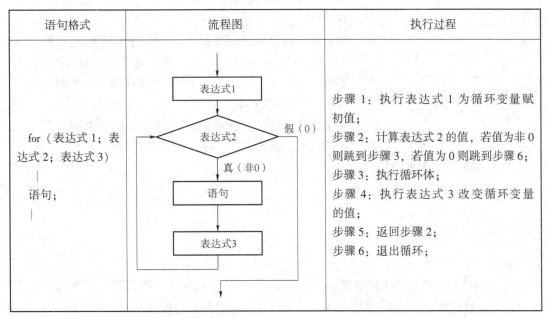

语句格式	流程图	执行过程

for（表达式 1；表达式 2；表达式 3）
{
　语句；
}
		步骤 1：执行表达式 1 为循环变量赋初值；
		步骤 2：计算表达式 2 的值，若值为非 0 则跳到步骤 3，若值为 0 则跳到步骤 6；
		步骤 3：执行循环体；
		步骤 4：执行表达式 3 改变循环变量的值；
		步骤 5：返回步骤 2；
		步骤 6：退出循环；

表达式 2 表示循环条件，用于判断循环是否执行，其他说明同 while 循环。

2. 正常运行三要素

通过以上分析可以得知，循环能正常运行要具有如下三要素：

（1）为循环变量赋初值（语句格式中的表达式 1——初值）。

（2）设置循环条件，用于判断循环是否执行（语句格式中的表达式 2——判断）。

（3）改变循环变量（语句格式中的表达式 3——更新）。

for 循环的形式比较灵活，下面以求 1+2+3+…+49+50 的值为例，来说明 for 循环的几种形式，虽然形式不同，但是功能和结果是相同的。

3. 最常用的形式

```
int i;
for(i=1; i<=50; i++)
    sum+=i; //循环体只有一句,省略{}
```

语句分析：

循环变量的初值被赋为 1（初值），当循环条件 $i<=50$（判断）成立的情况下，进行累加和计算 sum+=i，此处的 50 也可以理解为循环变量的终值，通过 $i++$（更新）来改变 i 值，这里的 i 既是循环变量，又充当了所求式中的第 i 项的值。

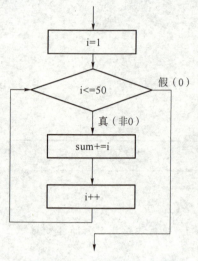

图5-2　"常用形式"流程图

执行过程（如图5-2所示）：

这里要特别注意：表达式1只在循环最开始时执行一次。

首先执行表达式1，将 i 的初始值赋为1，接下来计算表达式2，$i<=50$ 结果为真，条件成立，所以要执行循环体，将 i 的值与 sum 相加并把结果赋给 sum，然后执行表达式3，将 i 值增1，执行完后 i 值为2，结束第一次循环；第二次循环直接从计算表达式2开始，判断条件是否成立，即将第一次循环结束时的 i 值2与表达式2（$i<=$50）中的终值50进行比较，条件成立，结果为真，所以要继续执行循环体，将 i 值2与 sum 相加并把结果赋给sum，接下来执行表达式3（$i++$），执行完后 i 值为3，结束第二次循环；如此反复，直到表达式2中的条件 $i<50$ 不成立时，跳出循环，执行循环后面的语句。

4. 省略表达式1的形式

```
int i=1;
for( ; i<=50; i++)
    sum+=i;
```

语句分析：

语句格式中的表达式1被省略，但它后面的";"不能省略。表达式1的功能为循环变量赋初值，被移到了 for 循环之前完成，这与上面的表达式1只在循环最开始时执行一次相一致。

执行过程：

程序顺序执行，先执行进入 for 循环之前的语句 i=1；将 i 值赋为1，然后执行循环语句，由于表达式1的位置为空，所以直接计算表达式2的值，根据结果判断是否执行下面的循环体语句 sum+=i；接下来的执行过程与上述相同。

5. 省略表达式1和表达式3的形式

```
int i=1;
for( ; i<=50;)
{
    sum+=i;
    i++;
}
```

语句分析：

语句格式中的表达式1和表达式3均被省略，表达式1的功能为循环变量赋初值，被移到了 for 循环前完成，表达式3的功能改变循环变量的值，被移到了循环体内完成。

执行过程（如图5-3所示）：

程序按顺序先执行进入 for 循环前面的语句 i=1；然后执行循环语句，由于表达式1省略，所以直接计算表达式 2 的值，根据结果判断是否执行下面的循环体语句 sum+=i; 和 i++; 接下来因为表达式 3 也被省略，所以第一次循环结束，直接进行下一轮的循环，计算表达式 2，结果为真，返回继续执行循环体，结束第二次循环，继续进入下一轮的循环，如此反复，直到表达式 2 的结果为假时跳出循环，执行后面的语句。此形式相当于 while 循环。

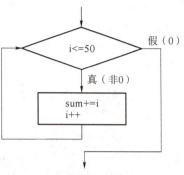

图 5-3　"省略表达式 1 和表达式 3"流程图

6. 表达式 1 中的"初值"大于表达式 2 中的"终值"

```
int i;
for(i=50; i>=1; i--)
    sum+=i;
```

语句分析：

循环变量的初值被赋为 50，当循环条件 i>=1 成立时，执行循环体，进行累加和运算 sum+=i，此处的 50 为循环变量的初值，1 为循环变量的终值，通过 i-- 来改变 i 值，可以把上面所求改成 50+49+48+47+…+3+2+1 这样的形式更易理解。这里只是想说明初值可以大于终值，当初值大于终值时，要实现循环，只需要将表达式 3 做相应的自减即可。

执行过程：

首先执行表达式 1，将 i 的初始值赋为 50，接下来计算表达式 2，i>=1 结果为真，条件成立，执行循环体，将 i 的值与 sum 相加并把结果赋给 sum，然后执行表达式 3，将 i 值减 1，执行完后 i 值为 49，结束第一次循环；第二次循环直接从计算表达式 2 开始，判断条件是否成立，将第一次循环结束时的 i 值 49 与表达式 2（i>=1）中给出的终值 1 进行比较，条件成立，结果为真，所以返回继续执行循环体，将 i 值 49 与 sum 相加并把结果赋给 sum，接下来执行表达式 3（i--），执行完后 i 值为 48，结束第二次循环；如此反复，直到表达式 2 中的条件 i>=1 不成立时，跳出循环，执行循环后面的语句。

7. 循环变量声明在括号内

```
for(int i=1; i<=50; i++)
    sum+=i;
```

语句分析：

将循环变量 i 定义在为循环变量初始化的表达式 1 处，此时 i 的作用范围仅为循环内，出了循环，i 就不存在了，也就是 i 的生命周期从被定义开始，到循环结束终止。若在循环外加一条将 i 值输出的语句，程序在编译时就会报错，因为此时的 i 已经无效了。

执行过程：

除了 i 的生命周期外，此执行过程与第一种形式是完全一样的。

思考：若求 1 到 50 间的偶数和该如何做呢？

提示：判断一个数是否为偶数的方法就是看这个数能否被 2 整数，即对 2 取余看结果，若结果为 0，则能被 2 整数，是偶数；若结果为非 0，则不能被 2 整数，是奇数。

方法 1：从 1 到 50 依次判断，若为偶数则累加，否则继续判断下一个数。

方法 2：1 到 50 之间最小的偶数为 2，两个偶数之间的差为 2，可以用初值为 2、终值为 50，i 的更新用自增 2 的方法来实现（i+=2），对应到 for 循环中各表达式。此方法的执行效率要更高些。

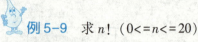 **例 5-9**   求 $n!$（$0<=n<=20$）

思路分析：

（1）阶乘表达式 $n! = n*(n-1)*(n-2)*\cdots*4*3*2*1$，由此可以发现，$n! = n*(n-1)!$，$(n-1)! = (n-1)*(n-2)!$，也就是一个数的阶乘等于该数乘以前一个数的阶乘。比如 $4! = 4*3!$，$3! = 3*2!$，$2! = 2*1!$，$1! = 1$，这是一种递推关系。求 $1*2*3*4*\cdots*n$ 积的过程称为"累乘"，就像求 $1+2+3+\cdots+n$ 的和为累加一样，只是此处的运算是乘，不是加，但是在进行乘法操作时，积的初始值要初始化为 1 而不能是 0。

（2）累乘操作可以像累加一样用 for 循环实现，在此 for 循环中，初值为 n，终值为 1，循环变量自减 1，循环体累乘的表达式为 $s = s*i$，简写为 $s*=i$。

程序清单：

```cpp
#include <iostream>
using namespace std;
int main()
{
    long long s=1;      //累乘积s可能是个很大的值,故类型为long long
    int n;
    cout<<"请输入n值: ";
    cin>>n;
    for(int i=n; i>=1; i--)
        s*=i;
    cout<<"n! ="<<s;
    return 0;
}
```

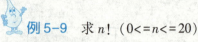 **例 5-10**   请用循环打印 2019 年 1 月的日历，已知 2019 年 1 月 1 日是星期二，输出显示格式如图 5-4 所示。

一	二	三	四	五	六	日
	1	2	3	4	5	6
7	8	9	10	11	12	13
14	15	16	17	18	19	20
21	22	23	24	25	26	27
28	29	30	31			

图 5-4   2019 年 1 月日历

思路分析：

（1）1 月共 31 天，1 月的日历就是循环输出 1~31 这 31 个数值，但是格式要符合每行从星期一到星期日的格式。星期几之间的间隔可以通过输出"\t"来实现，每周输出完成后要另起一行，通过回车可以实现，即通过输出"\n"来实现。只有当前的日子是周日时才输出"\n"，其他日子都输出"\t"。

（2）通过观察，每月第一天在星期几的位置也可以通过输出"\t"来实现，输出"\t"个数的规律是星期几-1，即\t的数量=星期几-1，程序中用 dayofweek-1 表示。

（3）为了程序具有通用性，可以将该月的天数和该月的1号是星期几定义为常量，const int day=31；const int dayofweek=2，这样若想制作其他月份的日历就可以直接修改此处的常量。

程序清单：

```cpp
#include <iostream>
using namespace std;
int main()
{
    const int day=31;                  //1月份共有31天
    const int dayofweek=2;             //1月1号是星期二
    cout<<"一\t二\t三\t四\t五\t六\t日"<<endl; //输出日历的表头
    for(int i=0; i<dayofweek-1; i++)   //此循环的作用是通过输出"\t",
                                       //显示1号是星期几
                                       //dayofweek-1是"\t"的数量
    {
        cout<<"\t";
    }
    for(int i=0; i<31; i++)            //此循环的作用是输出31天,并正确
                                       //显示每天是星期几
    {
      cout<<i+1;                       //打印当前的日子,因为 i 从0开始,
                                       //故表示几号是 i+1
        if((dayofweek+i)%7==0)         //(dayofweek+i)%7==0表示星
                                       //期日
        {
            cout<<"\n";
        } else {
            cout<<"\t";
        }
    }
}
```

说明：两个循环变量都是 i，二者不冲突，作用范围分别在各自的循环内。

表5-6列出了三种循环结构的特点。

表 5-6   三种循环结构的特点

while 循环	do-while 循环	for 循环
（1）while 循环先判断循环条件，再执行循环体，在条件不成立时，一次都不执行循环体。 （2）若表达式的值第一次就为假，则循环语句一次也不执行，直接退出循环	（1）do-while 循环先执行一次循环体，再判断循环条件，不管条件是否成立，都至少执行一次循环体。 （2）即使表达式的值第一次就为假，程序也会在判断条件之前先执行一次循环体	（1）表达式 1 通常用于循环变量的初始化，即为循环变量赋初值；表达式 2 用于循环条件的判断，即判断是否执行循环体；表达式 3 用于更新循环变量的值。 （2）for 循环又称计数循环，当已知循环次数时多用此循环。此时表达式 1 是为循环变量赋初值；表达式 2 表示循环变量的终值；表达式 3 表示循环变量的改变

5.4   多重循环

在前面的三种循环结构中，如果一个循环体中还包含另一个完整的循环结构，就构成了循环的嵌套。嵌套着的每一个循环体都是一层循环，处于最外面的循环体被称为外层循环，处于最里面的循环体被称为内层循环。有两层嵌套的循环被称为双重循环，有三层嵌套的被称为三重循环，以此类推。三种循环结构中的任何一种都可以与其他两种或者自身形成循环嵌套。

下面以双重循环为例，来说明循环嵌套的格式。

1. 常用格式 1

```
for(i=1;i<=5;i++)                    //外层循环
{
    for(j=1;j<=3;j++)                //内层循环,作为外层循环中循环体的
        cout<<' *';                  //第1条语句
    cout<<endl;                      //外层循环中循环体的第2条语句
}
```

程序分析：

这是一个由 for 循环组成的双重循环，外层循环变量为 i，循环体有两条语句；内层循环变量为 j，循环体有 1 条语句。

注意：不管内循环的循环体有几条语句，对于外循环来讲都是一个整体，按一条语句对待。

外层循环变量 i 由 1 到 5，每执行一次就是执行一次循环体，第 2 条语句是一个换行功能，从而可以判断，外层循环的作用是输出 5 行内层循环的内容，换句话说，就是外层循环控制的是共有几行的问题。

内层循环变量 j 由 1 到 3，每执行一次都会输出 3 个 " ＊ "，即 $j=1$ 输出第一个 " ＊ "，

$j=2$ 输出第二个"＊"，$j=3$ 输出第三个"＊"，也就是内层循环控制的是每行有几列的问题。

综上分析，上述程序段是输出一个 5 行 3 列由"＊"组成的长方形图形。这里需要注意的是，每当外层循环执行一次时，内层循环都要完成一次自身的循环周期。即当 $i=1$ 时，内层循环要执行 3 次，从 $j=1$ 到 $j=3$，在条件 $j<=3$ 不成立时，退出内层循环，完成一个内循环的循环周期，执行与内循环并列的下一条语句即输出换行语句，此时外循环的第一次循环结束，然后才进入 $i=2$ 的循环周期，如表 5-7 所列。

表 5-7　内外循环的输出情况

外循环（共有几行）		内循环（每行几列）	输出情况
i 值	循环体有 2 条语句	j 取值及循环体	
i=1	1. for(j=1;j<=3;j++)cout<<'*';	j=1 cout<<'*' j=2 cout<<'*' j=3 cout<<'*'	输出：***
	2. cout<<endl;		输出：一个换行
i=2	1. for(j=1;j<=3;j++)cout<<'*';	j=1 cout<<'*' j=2 cout<<'*' j=3 cout<<'*'	输出：***
	2. cout<<endl;		输出：一个换行
…	…	…	
i=5	1. for(j=1;j<=3;j++)cout<<'*';	j=1 cout<<'*' j=2 cout<<'*' j=3 cout<<'*'	输出：***
	2. cout<<endl;		输出：一个换行

2. 常用格式 2

```
int i=1,j;
while(i<=5)                          //外层循环
{
    for(j=1; j<=3; j++)             //内层循环
        cout<<'*';
    cout<<j;
    cout<<endl;
    i++;
}
```

程序分析：

外层循环结构由 while 语句组成，内层循环结构由 for 语句组成，每种循环执行时都遵循与单循环一样的执行顺序和原则，只不过内循环作为外循环的循环体中的一条语句而已。

根据格式 1 的分析，已知外层循环控制行的输出情况，循环条件为 $i<=5$，初值为 1，所以是 5 行；内层循环控制列的情况，for 结构的循环变量由 1 到 3，即每行输出 3 列，循环体为 cout<<j，即 $j=1$，输出 1；$j=2$，输出 2；$j=3$，输出 3；j 不仅是循环变量，还是每一列上输出的数值，所以完成一个内循环周期的执行，就输出一个 123。

由上分析可知，此程序段输出 5 行 123。

3. 常用格式 3

```
int i=1,j;

while(i<=5)                    //外层循环
{
    j=1;
    do {
        cout<<j;
        j++;                   //内层循环
    } while(j<=i);             //换成 j<=3,与上面程序完全一样
    cout<<endl;
    i++;
}
```

程序分析：

外层循环结构由 while 语句组成，内层循环结构由 do-while 语句组成，整个的内循环结构是外循环的循环体中的第 2 条语句，内循环体本身有 2 条语句。

内循环体的功能没有变化，仍是输出 j 值，但是内循环的循环条件不再是 j 小于等于某个具体的数值，而是随着 i 的变化而变化，这说明外循环每执行一次时，内循环完成一个循环周期要执行的循环次数都将不一样。当 $i=1$ 时，内循环完成一个生命周期只需要执行一次，输出 $j=1$ 的结果，然后退出 do-while 循环；当 $i=2$ 时，内循环完成一个生命周期需要输出 1 和 2 两个值才退出内循环，即执行两次内循环体；当 $i=3$ 时，内循环完成一个生命周期需要执行 3 次内循环体，输出 1、2、3 三个值才退出内循环；当 $i=4$ 时，内循环完成一个生命周期需要执行 4 次内循环体输出 1、2、3、4 四个值才退出内循环；当 $i=5$ 时，内循环完成一个生命周期需要输出 1、2、3、4、5 五个值才退出内循环，继续向下执行。

不难得出此程序段的输出结果为：第 1 行输出 1；第 2 行输出 1　2；第 3 行输出 1　2　3；第 4 行输出 1　2　3　4；第 5 行输出 1　2　3　4　5。

在使用循环结构的时候，可以根据具体要求，结合每个循环的特点，选择使程序更简洁的方法，比如上面的程序段功能相似，用 for 循环结构就会少很多行。在输出图形的时候，只要清楚外层循环控制行的情况，内层循环控制列的情况，再加之对控制变量及循环条件的灵活运用就能达到不同的效果。

例 5-11 打印乘法口诀。

思路分析：

（1）可以把乘法口诀表理解为有行有列的图形，用双重循环的外层循环 i 控制行数，从 1 到 9，用内层循环 j 控制列的情况也是从 1 到 9，这样可以得到一个由乘法口诀表中的积组成的 9 行 9 列的方形，如图 5-5 所示。内循环输出代码中的"\t"表示两个数字之间的间隔，外循环有两条语句，一个是内循环语句，计算口诀中的乘积，也就是图形中每一列上放的数值；另一条语句是换行。

图 5-5 乘法口诀表之由积组成的方形

程序段代码如下：

```
for(i=1; i<=9; i++)
{
    for(j=1; j<=9; j++)
      cout<<i*j<<"\t";
    cout<<endl;
}
```

（2）但在乘法口诀中，图形是一个三角形，相当于刚才的图形只需要左下部分，即右上部分不需要输出，也就是图形中的行数没变，但是每行输出的列数发生变化，所以要修改控制列的输出值即 j，如图 5-6 所示。

图 5-6 乘法口诀表之由积组成的三角形

将上述程序代码段修改为：

```
for(i=1; i<=9; i++)
{
    for(j=1; j<=i; j++)
      cout<<i*j<<"\t";
```

```
    cout<<endl;
}
```

（3）既然是乘法口诀表，图形中放数字的位置除了有乘积外还应有表示口诀的式子，继续对上述代码段进行修改，得到结果如图5-7所示。

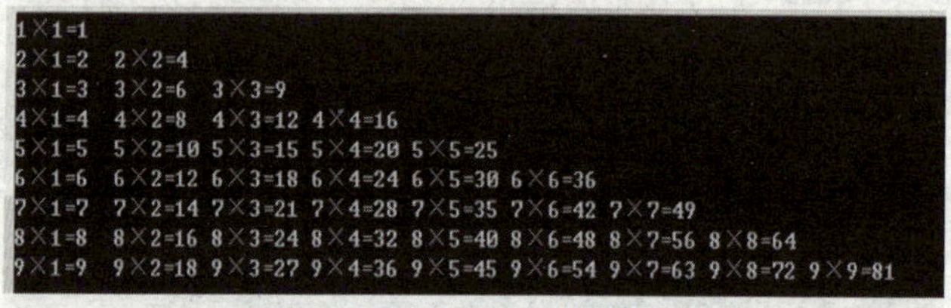

图5-7　乘法口诀表之输出变形

```
for(i=1; i<=9; i++)
{
    for(j=1; j<=i; j++)
      cout<<i<<"x"<<j<<"="<<i*j<<" \t";
    cout<<endl;
}
```

（4）此时的输出效果与常规形式还是有区别的，常见的口诀表中算式一般是小数在前大数在后，如图5-8所示。

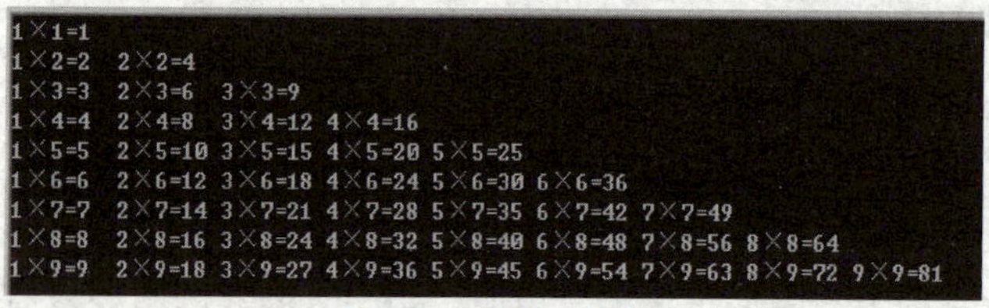

图5-8　乘法口诀表

程序清单：

```
#include <iostream>
using namespace std;
int main()
{
    int i,j;
    int t=1;
    for(i=1; i<=9; i++){
        for(j=1; j<=i; j++){
            t=i*j;
            cout<<j<<"x"<<i<<"="<<t<<" \t";
        }
```

```
                cout<<endl;
        }
}
```

 例 5-12　解方程组。《孙子算经》中有一题：今有雉兔同笼，上有三十五头，下有九十四足，问雉兔各几何？翻译为：笼子里有若干只鸡和兔，从上面数有 35 个头，从下面数有 94 只脚，鸡和兔各有多少只？

思路分析：

（1）这是典型的鸡兔同笼问题，设笼中有鸡 x 只，有兔子 y 只，则可以列方程组为：$x+y=35$，$2x+4y=94$，这就转化为求解方程组问题。

（2）可以一一列举 x、y 的所有可能解，并对其进行判断，看是否能同时满足方程组中各个方程式，若同时满足则为所求的解，x 和 y 的取值范围分别即为变量 x 和 y 的循环条件。

程序清单：

```
#include <iostream>
using namespace std;
int main()
{
    int x,y;
    for(x=1; x<=35; x++)              //列举鸡的所有可能
        for(y=1; y<=35-x; y++)        //列举兔子的所有可能
            if((x+y==35)&&(2*x+4*y==94))   //同时满足二者才为所求
                cout<<x<<" "<<y<<endl;
}
```

输入结果为：23 12

习题 5

一、选择题

1. 设有如下程序段：

```
int k=2;
while(k=1)
    k=k-1;
```

> 1. 解析：while 后的条件中 $k=1$，此处的 = 号是赋值号，相当于 while（1），所以循环条件永远为真，循环体会被一直执行下去。

则下面描述正确的是（　　　）。

A. while 循环执行 2 次　　　　　　B. 无限循环

C. 循环体语句一次也不执行　　　　D. 循环体语句执行一次

2. 下面程序段的运行结果是（　　　）。

> 2. 解析："while（n++<=2）；"后面有分号，说明循环体是空语句。n++是后置++，相当于 $n<=2$，n++ 两句。

```cpp
int n=0;
while(n++<=2);
cout<<n;
```

A. 2　　　　　　　B. 3　　　　　　　C. 4　　　　　　　D. 语法错误

3. while（!x）中的（!x）与下面哪个条件等价？（　　　）。

A. x==1　　　　　B. x!=1　　　　　C. x!=0　　　　　D. x==0

4. 下列循环语句的循环次数是（　　　）。

```cpp
while(int i=0) i--;
```

A. 0　　　　　　　B. 1　　　　　　　C. 2　　　　　　　D. 3

5. 已知：int i=5，下列循环语句的循环次数为（　　　）。

> 5. 解析：每次循环，i 值减少 2，因为执行了两个 $i--$，初值为 5，所以永远不会为偶数，更不会为 0，循环条件永远成立，跳不出来，会一直执行下去。

```cpp
do{cout<<i--<<endl;
i--;
}while(i!=0);
```

A. 0　　　　　　　B. 1　　　　　　　C. 5　　　　　　　D. 无限

6. for（int x=0，y=0；!x&&y<=5；y++）语句执行循环的次数是（　　　）。

A. 0　　　　　　　B. 5　　　　　　　C. 6　　　　　　　D. 无限

7. 分析下面的 c++ 代码：

```cpp
int a,b=1,s=0;
cin>>a;
do{
s=s+b;
b=b-2;
}while(a!=b);
```

为使程序不陷入死循环，从键盘输入的数据应该是（　　　）。

> 7. 解析：a 不等于 b 时循环，要想不执行循环，就让 a 恒等于 b，b 初值为 1，循环时每次减去 2，所以 b 为负奇数，a、b 相等，即等于负奇数即可。

A. 任意正奇数　　　　B. 任意负偶数

C. 任意正偶数　　　　D. 任意负奇数

8. 下面程序的输出结果是（　　　）。

> 8. 解析：输出用了三目运算来决定是输出 0 还是#。

```cpp
#include <iostream>
using namespace std;
int main(){
```

```
    for(int i=-1; i<4; i++)
        cout<<(i?'0': '#');
    return 0;
}
```

A. 0#0   B. 0000

C. 0#00   D. 0#000

二、阅读程序写结果

1.
```
int k=1, n=10, m=1;
while (k<=n) {
    m*=2;
    n--;
}
cout<<m;
```

2.
```
#include <iostream>        // NOIP2016普及组初赛试题
using namespace std;
int main() {
    int i=100, x=0, y=0;
    while (i>0) {
        i--;
        x=i%8;
        if (x==1)
            y++;
    }
    cout<<y<<endl;
    return 0;
}
```

3.
```
#include <iostream>
using namespace std;
int main() {
    int i=0, sum=0;
    for(; i<=100;) {
        sum+=i;
        i++;
    }
    cout<<i<<"    "<<sum<<endl;
    return 0;
}
```

4.
```
int i, j;
```

```
int sum=0;
for(i=1,j=50; i<j; i++,j--)
{
    sum+=i; sum+=j;
}
cout<<sum;
```

三、写程序

1. 最高的分数：请你写程序帮老师找出"信息技术"这门课程期中考试的最高分数。

输入：输入两行，第一行为整数 n（1<=n<100），表示参加这次考试的人数。第二行是这 n 个学生的成绩，相邻两个数之间用单个空格隔开。所有成绩均为 0 到 100 之间的整数。

输出：输出一个整数，即最高分的成绩。

样例输入：5 　　 85 78 90 99 60	样例输出：99

2. 计算星期几：假设今天是星期日，那么过 a^b 天之后是星期几？其中，Monday 是星期一，Tuesday 是星期二，Wednesday 是星期三，Thursday 是星期四，Friday 是星期五，Saturday 是星期六，Sunday 是星期日。（小学奥数）

输入：两个正整数 a、b，中间用单个空格隔开。$0<a<=100$，$0<b<=10000$。

输出：一个字符串，代表过 a^b 天之后是星期几。

样例输入：3 2000	样例输出：　Tuesday

3. 水仙花数是指一个三位数，其各位数的立方和等于该数，即如果三位数 ABC 是水仙花数，则 $ABC=A^3+B^3+C^3$，比如 153，$1^3+5^3+3^3=1+125+27=153$，所以 153 就是一个水仙花数。求 100~999 中的水仙花数。

第6章

数　　组

前面几章介绍了 C++语言的基本数据类型：整型、浮点型、字符型、布尔型；程序设计的三种基本结构：顺序结构、选择结构、循环结构。这些足以编写程序解决许多实际问题了。从这章开始，要介绍一些复杂的数据类型和一些复杂的程序设计结构，也要处理一些复杂的问题。

在信息时代，有海量的数据需要去分析、处理。数组就是一个非常好用的批量处理数据的工具。

6.1　认识数组

什么是数组？使用数组有什么好处？请看下面的例子。

 **例6-1**　输入 3 个学生的数学成绩，打印出高于平均分的学生成绩。
程序清单：

```cpp
#include<iostream>
using namespace std;
int main()
{
    float a, b, c, s;
```

```
cin>>a>>b>>c; s=(a+b+c)/3;
if(a>s)   cout<<a<<'  ';
if(b>s)   cout<<b<<'  ';
if(c>s)   cout<<c<<'  ';
return 0;
}
```

运行结果：

输入：78 89 95   输出：89 95

这里只是对 3 个学生的成绩进行操作，定义 3 个变量就可以存储起来，但是通常一个班会有几十名同学，一个年级会有几百甚至几千名同学，按照这种做法，就要定义几十、几百、几千个浮点型变量，写几十、几百、几千条 if 语句和 cout 语句，这将是个很烦琐、冗长的程序，而这只是为了解决一个很简单的问题。在计算机的实际应用中，往往会遇到更大规模的数据，比如一个图书馆会有几十万册的藏书，一个城市会有几十万、几百万、几千万人口。这么大的数据量是无法通过增加变量个数解决问题的。

那么如何处理这样大规模的数据呢？一个学校学生多了，可以分班，班里的同学多了，还可以分组，数据多了，怎么办呢？可以对它们进行分类整理，把有着相同数据类型、需要做相同处理的数据编成一个组，叫数组。简单地说，数组就是具有相同数据类型的一组数据。比如一个班 50 名学生的成绩，就可以用一个名叫 score 的数组来表示，为了区分数组中各个数据，给数组名后面带上序号或下标，比如 score[0]，score[1]，score[2]，…，score[49]，数组中的数据被称为数组元素。通过这样的方法，就可以很简单地处理大批量的数据了。

6.2   一维数组

当数组中的元素只有一个下标时，称之为一维数组，这是最简单的一类数组。

1. 一维数组的定义

要定义数组，需要声明三件事：

（1）数组中每个元素的数据类型。

（2）数组名。

（3）数组的大小或长度（即数组中元素的个数）。

一维数组的定义格式：

类型标识符 数组名[整型表达式];

说明：

（1）类型标识符可以是 C++ 允许的任何一种数据类型，表示数组中所有元素共同的数据类型。

（2）数组名的命名规则与变量名的命名规则完全一致，应该是 C++ 合法的标识符。

（3）整型表达式表示这个数组中元素的个数。可以是常量，也可以是变量，但使用变量时要提前赋值。整型表达式必须写在"［ ］"中。

例如：

①float a[50];②int n=50; float a[n];

上面的两个例子做了同一件事：定义一个包含 50 个浮点型数据元素的一维数组。

其中，float 是数组类型标识符，即这个数组中每个数组元素的数据类型都是 float 型；a 是数组名，是这个数组的唯一标识；float a［50］中的 50 表示这个数组有 50 个元素，分别为 a［0］，a［1］，a［2］，…，a［49］。在程序的说明部分定义了一个数组之后，C++编译程序会为所定义的数组在内存中开辟一串连续的存储空间，用于存储数组的每一个元素。数组元素的下标标明了元素在数组中的位置，数组元素的下标总是从 0 开始。

（4）语句末尾的分号不能省。

2. 一维数组元素的引用

对于一维数组的元素，使用数组名和数组元素的下标，即可在程序中引用这个元素。引用格式如下：

数组名［下标］

例如：对于上面的数组 a，引用 a［0］表示数组的第一个元素，a［10］表示其第 11 个元素，若定义了整型变量 i，则 a［i］表示数组 a 的第 $i+1$ 个元素。

说明：

（1）下标必须是整型表达式，这个表达式可以包含常量、变量以及函数调用。

（2）下标既然可以是变量，就可以对其进行灵活的控制，从而灵活地处理数组元素。

（3）数组的每一个元素都是一个单独的变量，都可以像使用其他普通变量一样，进行单独的赋值、运算等操作。

例如：对于上面的数组 a，定义整型变量 int i, j；那么 a［i］、a［j］、a［i+j］都是合法的数组元素；语句 "a［10］=87;" 实现了给数组 a 中第 11 个元素赋值为 87。

（4）数组下标值不能超出定义元素个数的下标范围。

例如：float a［50］；对于这个数组 a，其元素下标不能小于 0，也不能大于或等于 50。

然而，程序中即使下标超出了范围，程序编译时也不会报错。例如，对于上面的数组 a，以下这些语句的语法都是正确的：a［-5］=78.3；a［50］=96；a［100］=0。

但是它们要访问的数组元素不存在于数组的存储空间，这种现象叫数组越界。

数组越界访问，编译器不会报错。在程序运行时，系统通常也不会给出任何提示，也就是说，程序会超出本数组的边界进行读或写，从而造成混乱，这时候可能会运行出结果，但结果是错误的，也可能会异常终止。

3. 一维数组的初始化

数组的初始化就是给数组元素赋初值，是在定义数组时一并完成的。

格式：

类型标识符 数组名[整型表达式]={值1,值2,值3,…};

说明：

（1）"{}"中的各数据值就是各元素的初值，各值之间必须用逗号间隔。

（2）在 C++11 里，此处的等号可以省略。例如下面两条语句都是正确的：

```cpp
int x[5]={12,4,6,45,3};      //定义了一个包含5个元素的数组,并初始化
float y[4] {3.5,0,5,56.3};   //定义了一个包含4个元素的数组,并初始化
```

（3）初始化只能在定义数组时使用，之后就不能再用，也不能将一个数组整个赋给另一个数组。例如：

```cpp
int a[4]={4,5,6,9};      //是正确的
int b[4];                //是正确的
int b[4];b[4]={1,5,8,0}; //是错误的,因为初始化只能在定义数组时使用
int a[4]={0},b[4];b=a;   //是错误的,不能将一个数组整个赋给另一个数组
```

（4）数组初始化时，"{}"中提供的值的个数可以少于数组元素的个数。即数组定义只对一部分元素进行初始化，此时编译器会将其他元素赋值为0。例如：

```cpp
int months[12] {1,3,5,7,8,10,12};
```

这条语句定义了一个包含 12 个元素的整型数组 months，但是只提供了 7 个值，所以只对数组中前面 7 个元素即"months[0]，months[1]，…，months[6]"赋初值，分别为 1，3，5，7，8，10，12。编译器将其余 5 个元素分别赋值为 0。

```cpp
int score[500]={0};
```

这条语句定义了一个长度为 500 的整型数组 score，并把数组中所有元素赋初值为 0。

（5）在初始化数组时，"[ ]"中可以为空，此时 C++编译器会计算元素的个数。例如：

```cpp
int day[]={1,2,3,4};
```

这条语句定义了数组 day，包含 4 个元素。

（6）C++11 中，初始化数组时，"{}"内也可以为空，此时 C++编译器会把数组所有元素设置为0。例如：

```cpp
int a[5]={};
```

这条语句定义了一个 5 个元素的整型数组，并将数组所有 5 个元素初始化为 0。

但下面的语句是不正确的：

```cpp
int year[]={};   //不能确定元素个数
```

现在，可以把例 6-1 的数据规模扩大到 50、100 甚至更大了。

例6-2　输入一个班中 50 个学生的数学成绩，打印出高于平均分的学生成绩。

思路分析：

（1）用循环输入 50 个学生成绩。

（2）求学生平均成绩：可以先用一个循环累加求成绩和，再用这个和除以 50。

（3）打印高于平均分的学生成绩：用一个循环，把每一个学生成绩与平均分比较，高于平均分的就打印输出。

程序清单：

```cpp
#include<iostream>
using namespace std;
int main()
{
    int n=50;                            //定义数据规模
    float a[n];                          //定义数组
    float s=0;                           //用于计算50名学生的平均分
    for(int i=0; i<n; i++) cin>>a[i];    //输入50个学生成绩
    for(int i=0; i<n; i++) s=s+a[i];     //此时 s 存储的是成绩和
    s=s/n;                               //计算50名学生的平均成绩
    for(int i=0; i<n; i++)               //打印高于平均分的学生成绩
        if(a[i]>s)  cout<<a[i]<<'';
    return 0;
}
```

4. 一维数组的操作

对一维数组的操作有求和、求平均值、排序、求最大/最小值、插入、删除等。

 例6-3　输入一个班 50 个学生的成绩，输出最高分和获得最高分的学生的序号。

思路分析：

解决这个问题需要 4 个步骤：

（1）定义一个一维数组，用于存储 50 个学生的成绩。

（2）输入 50 个学生的成绩，存放到数组中。

（3）从成绩数组中找到最大值，并记录最大值的序号。

（4）输出最大值及其序号。

这里关键的难点是怎样从数组中找到最大值。

在古代，国家经常会设擂台比武挑选武状元。这个打擂台挑选武状元的过程就是一个求数组最大值的过程。打擂台通常这样做：把所有报名选手编号，排出顺序，然后按顺序一个一个上台，可以假设第一上台的就是目前的状元，其他选手按顺序逐个上台进行比试，如果后来上台的选手被打败了，那就下台，换下一个选手上台即可，如果后来上台的某个选手把台上的状元打败了，他就是新的状元，留在台上等待和后来上台的选手进行比试，就这样，每次胜者留在台上，败者下台，等到所有的选手都上台比试完后，留在台上的就是最终的武状元。

同理，这里也先假设数组最大值就是第一个元素，后面的元素按顺序逐个和它进行比较，如果不比最大值大，那就直接换下一个元素来与之比较，如果比最大值大，那就把最大值换成这个更大的，并记下这个元素的序号，这样逐个地比下来，直到所有的元素都比过了，最后留下来的就是真正的最大值了。

程序清单：

```cpp
#include<iostream>
using namespace std;
int main()
{
    float score[50],max;        //存储50个学生成绩和最大值
    int i,maxIndex;             //循环变量和最大值下标
    for(i=0; i<50; i++) cin>>score[i];
    max=score[0];               //假设第一个元素是最大值
    maxIndex=0;                 //记下最大值下标
    for(i=1; i<50; i++)         //查找最高分
        if(score[i]>max)
        {
            max=score[i]; maxIndex=i;
        }
    cout<<"最高分是"<<max<<endl;
    cout<<"获得最高分的学生的序号是"<<maxIndex<<endl;
    return 0;
}
```

例6-4　从键盘输入 10 个整数，从小到大排序并输出结果。（冒泡排序）

思路分析：

（1）定义一个数组 a 用于存储这 10 个数。

（2）采用一种比较简单的方法调整 10 个数的顺序：从第一个数 a[0] 开始，相邻的两数进行比较，如果不符合从小到大的顺序，前面的比后面的大，则将这两个数进行交换。例如下面的 10 个数：12，25，13，8，19，20，3，7，9，90。

从第一个数 12 开始，相邻两数两两比较，见表 6-1。

表 6-1　第一轮比较

12	25	13	8	19	20	3	7	9	90	12 与 25 比较，不需交换，顺序不变；
12	25	13	8	19	20	3	7	9	90	25 与 13 比较，25 比 13 大，交换位置；
12	13	25	8	19	20	3	7	9	90	25 与 8 比较，25 比 8 大，交换位置；
12	13	8	25	19	20	3	7	9	90	25 与 19 比较，25 比 19 大，交换位置；
12	13	8	19	25	20	3	7	9	90	25 与 20 比较，25 比 20 大，交换位置；
12	13	8	19	20	25	3	7	9	90	25 与 3 比较，25 比 3 大，交换位置；
12	13	8	19	20	3	25	7	9	90	25 与 7 比较，25 比 7 大，交换位置；
12	13	8	19	20	3	7	25	9	90	25 与 9 比较，25 比 9 大，交换位置；
12	13	8	19	20	3	7	9	25	90	25 与 90 比较，不需交换，顺序不变。
12	13	8	19	20	3	7	9	25	90	

这一轮比较下来，一共比较了 9 次，结果并没有达到我们的要求，但是，最后的数已经是最大的了。这是因为，每一次比较之后，总是把大数往后放，每一次放到后面的大数又和后面的数比较，大的数继续往后放，所以大数逐渐往后放，比较到最后，最大的数当然就排到了最后。也就是说，第一轮比较下来，最大的数已经站好了自己的位置。

接下来进行第二轮比较，仍然从第一个数 a[0] 开始，相邻两数两两比较，当然，这一轮最后一个数 a[9] 就可以不用参加比较了，因为它已经是最大的了。所以这一轮要比较 8 次，可以推想比较的结果是倒数第二个数就是第二大的数。第二轮比较过程见表 6-2。

表 6-2　第二轮比较

12	13	8	19	20	3	7	9	25	90	12 与 13 比较，不需交换，顺序不变；
12	13	8	19	20	3	7	9	25	90	13 与 8 比较，13 比 8 大，交换位置；
12	8	13	19	20	3	7	9	25	90	13 与 19 比较，不需交换，顺序不变；
12	8	13	19	20	3	7	9	25	90	19 与 20 比较，不需交换，顺序不变；
12	8	13	19	20	3	7	9	25	90	20 与 3 比较，20 比 3 大，交换位置；
12	8	13	19	3	20	7	9	25	90	20 与 7 比较，20 比 7 大，交换位置；
12	8	13	19	3	7	20	9	25	90	20 与 9 比较，20 比 9 大，交换位置；
12	8	13	19	3	7	9	20	25	90	20 与 25 比较，不需交换，顺序不变。
12	8	13	19	3	7	9	20	25	90	

以此类推，可以进行第三轮、第四轮、第五轮……比较，也可以进行九轮比较。比较的次数逐轮减 1。每一轮比较的结果是第三大的数、第四大的数、第五大的数……逐渐站好了位置。所以九轮比较结束时，10 个数就全部按要求排好了。

在程序中，需要用两层循环，外层循环控制比较的轮数：

```
for(i=1;i<=9;i++){}
```

内层循环进行相邻两数的两两比较，如第 i 轮比较：

```
for(j=0; j<=9-i; j++){
    if(a[j]>a[j+1])
    {a[j]与 a[j+1]交换; }
}
```

其中，a[j] 与 a[j+1] 的交换使用库函数 swap( )。

程序清单：

```
#include<iostream>
using namespace std;
int a[10];                                    //定义数组
int main()
{
    for(int i=0; i<10; i++)  cin>>a[i];
    for(int i=1; i<=9; i++)                   //排序:外层循环控制9个轮次
        for(int j=0; j<=9-i; j++)             //排序:内层循环相邻两数比较
            if(a[j]>a[j+1]) swap(a[j],a[j+1]);   //比较与交换
    for(int i=0; i<10; i++) cout<<' '<<a[i];
    cout<<endl; return 0;
}
```

运行结果：

输入: 12 25 13 8 19 20 3 7 9 90
输出: 3 7 8 9 12 13 19 20 25 90

例6-5　有 10 个整数已经由小到大排好顺序，要求输入一个数，把它插入到原有数组中，形成一个新的有序数组，即仍然保持由小到大的顺序。

思路分析：

定义一个数组 a，存储 10 个整数和要插进来的新数 x，那么 a 数组的大小应该是 11。接下来应该解决两个问题：一要找到插入点 k，二要把新数 x 插入到 k 的位置。

（1）找插入点：用新数从前往后与原数组中的数逐个去比较，找到第一个不小于新数的数，这个数的下标就是插入点 k，即新数应该插入在它之前。

比如：10 个数分别为 3、5、8、15、19、23、35、45、68、90，要插入的数是 59。把 59 和数组中的数逐一比较找到第一个不小于它的数 68，那么 59 应该插入到 68 之前，$k=8$。

那么，如果数组中所有的数都比这个新数小呢？那就把新数放在最后，也就是 $k=10$。

（2）把插入点之后的数向后平移：要从最后一个元素开始向后平移。

（3）把新数插入进去。

程序清单：

```cpp
#include <iostream>
using namespace std;
int main()
{
    int a[11]={3,5,8,15,19,23,35,45,68,90};  //有序数组
    int i=0; int k=10;                        //记录插入点
    int x; cin>>x;                            //输入要插入的整数
    do                                        //查找插入点
        if(x<=a[i])k=i;
    while(x>a[i++]&&i<10);
    for(i=10;i>k;i--)  a[i]=a[i-1];           //将插入点后面的数逐个向后平移
    a[k]=x;                                   //插入新数
    for(i=0; i<11;i++) cout<<a[i]<<'\t';      //输出插入后的结果
    return 0;
}
```

运行结果：

输入：57

输出：3　5　8　15　19　23　35　45　57　68　90

例6-6　从给定的有序数组中删除一个特定值。

思路分析：

（1）要从数组中删除特定值，首先要把等于这个特定值的元素找到，记下它的位置。从数组中查找特定值，可以按顺序从头逐个进行对比。

（2）从所找到的位置开始，逐个用后一个元素覆盖前一个元素。

程序清单：

```cpp
#include<iostream>
using namespace std;
const int n=10;
int a[n]= {10,12,13,25,36,47,55,56,67,88};
int main()
{
    int p=-1;          //记录等于特定值元素的下标,如果找不到则返回-1
    int x; cin>>x;     //输入特定值
    int i=0;
    do                 //查找特定值
        if(x==a[i]) p=i;
    while(!(x==a[i++]) && i<10);
```

```
    if(p==-1) cout<<x<<"不在数组中. "<<endl;
    else
    {                  //删除找到的元素
        for(int i=p; i<n-1; i++)  a[i]=a[i+1];
        a[n-1]=0;
        for(int i=0; i<n-1; i++) cout<<a[i]<<'\t';
    }
    return 0;
}
```

运行结果：

输入: 55
输出: 10　12　13　25　36　47　56　67　88

6.3　二维数组

一维数组的元素可以是任何 C++ 允许的类型，当一维数组的元素也是一维数组时，就成了数组的数组，就是二维数组了。

比如一个班 50 名学生的成绩可以定义为一维数组，而学生在学校学习的不止一门学科，而是多门学科，所以在大型考试中每一个学生都有多门学科的成绩，这样每一个学生的成绩也都是一个一维数组。要表示一个班学生的多门课程的成绩，就必须使用二维数组。

1. 二维数组的定义

二维数组的定义格式：

数据类型 数组名[整型表达式1][整型表达式2];

例如："float score[5][4];"定义了一个数组元素为浮点型的二维数组，可以用来表示 5 名学生的 4 门学科的成绩，实际上包含了如表 6-3 所列的 20 个元素。

表 6-3　5 名学生 4 门学科成绩的 20 个元素

score[0][0]	score[0][1]	score[0][2]	score[0][3]
score[1][0]	score[1][1]	score[1][2]	score[1][3]
score[2][0]	score[2][1]	score[2][2]	score[2][3]
score[3][0]	score[3][1]	score[3][2]	score[3][3]
score[4][0]	score[4][1]	score[4][2]	score[4][3]

score[i][j] 就表示 i 号学生的 j 号学科成绩。

可以看到，二维数组实际上是一个二维表格，数组定义中的整型表达式 1 规定了表格的行数，也规定了数组元素的第一个下标的取值范围；整型表达式 2 规定了表格的列数，也规定了数组元素的第二个下标的取值范围。

例如："int a[N][M];" 定义了一个二维数组 a，a 数组包含 N 行 M 列，数组元素 a[i][j] 的下标 i、j 的取值范围分别是 $0<=i<N$，$0<=j<M$。

2. 二维数组的初始化

二维数组的初始化与一维数组类似，在定义数组时完成。通常是把每一行数据分别写在各自的大括号里。

例如: int d[4][2]={{1,0}, {0,1}, {-1,0}, {0,-1}};

这里定义了一个 4 行 2 列的整型数组并初始化，第一个大括号 {1，0} 初始化第一行，即 d[0][0]、d[0][1]；第二个大括号 {0，1} 初始化第二行，即 d[1][0]，d[1][1]；第三个大括号 {-1，0} 初始化第三行，即 d[2][0]、d[2][1]；第四个大括号 {0，-1} 初始化第四行，即 d[3][0]、d[3][1]。

也可以把所有元素数据写在一个大括号里。例如:

int d[4][2]={1, 0, 0, 1, -1, 0, 0, -1};

但这种方式不够清晰明了，所以尽量不要使用。

3. 二维数组元素的引用

从表 6-3 中可以看到，二维数组元素的引用格式如下:

数组名 [下标1][下标2]

说明:

（1）要引用二维数组元素，必须给出两个下标的值。

（2）每个下标取值不能超出数组定义中规定的下标范围，否则会导致数组越界错误。

例 6-7 下面的程序演示了二维数组的定义、初始化以及数组元素的引用。

程序清单:

```
#include<iostream>
#include<iomanip>
using namespace std;
int a[4][4]= {{1,0,1,0}, {0,1,0,1}, {1,0,1,0}, {1,1,1,1}};
int main()
{
    for(int i=0; i<4; i++)
    {   //输出数组 a(4行4列方阵)
        for(int j=0; j<4; j++) cout<<setw(5)<<a[i][j];
        cout<<endl;
    }
    return 0;
```

```
}
```

说明：这里用到了函数 setw()。在 C++中，setw(int n) 用来控制输出数据的域宽。

（1）所谓域宽，就是输出的内容（数值或字符等）需要占据多少个字符的位置，如果位置有空余则会自动补足空格。比如要设置 a 的域宽为 2，可以写成"cout<<setw(2)<<a;"，那么输出一位数 1 的时候输出的就是" 1"，即在 1 前面加了一个空格。空格和数字 1 一共占用了 2 个字符的位置。如果输出的内容超过 setw() 设置的长度，则按实际长度输出。

（2）setw() 只对紧跟其后的输出数据产生作用。例如上例中的"cout<<setw(5)<<a[i][j];"，其中，setw(5) 仅对数据 a[i][j] 起作用。

（3）使用函数 setw() 需要包含头文件 iomanip。

4. 二维数组的操作

对二维数组的操作也有与一维数组类似的求和，求平均值，排序，求最大、最小值，插入、删除等操作；同时，由于二维数组多了一个维度，所以也就多了一些对下标的操作。

例6-8　从键盘输入一个 5 阶方阵，求对角线上元素之和（每个元素只加一次）。

思路分析：用一个数组 a 存储这个方阵。那么数组中对角线上元素的下标有什么特点？见表6-4。

表6-4　5阶方阵

a[0][0]	a[0][1]	a[0][2]	a[0][3]	a[0][4]
a[1][0]	a[1][1]	a[1][2]	a[1][3]	a[1][4]
a[2][0]	a[2][1]	a[2][2]	a[2][3]	a[2][4]
a[3][0]	a[3][1]	a[3][2]	a[3][3]	a[3][4]
a[4][0]	a[4][1]	a[4][2]	a[4][3]	a[4][4]

从表6-4可以看到，两条对角线上的元素下标分别符合下面的规律：

（1）两个下标相等。

（2）两个下标和为 5-1=4。

程序清单：

```cpp
#include <iostream>
#include<iomanip>
using namespace std;
int a[5][5];              //存储5阶方阵
int main()
{
    int sum=0;            //用于计算对角线上元素的和
    for(int i=0; i<5; i++)
        for(int j=0; j<5; j++)
```

```
            cin>>a[i][j];
    for(int i=0; i<5; i++)
        for(int j=0; j<5; j++)
            if((i==j)‖(i+j==4)) sum+=a[i][j];
    cout<<setw(5)<<sum;
    return 0;
}
```

运行结果如下。输入：

17 18 19 10 12
11 19 15 13 11
12 17 16 14 16
21 22 23 24 25
31 32 33 34 35

输出：

189

例6-9　编程产生如下形式的方阵

1 2 2 2 2 2 1
3 1 2 2 2 1 4
3 3 1 2 1 4 4
3 3 3 1 4 4 4
3 3 1 5 1 4 4
3 1 5 5 5 1 4
1 5 5 5 5 5 1

要求：不允许使用键盘输入语句和静态赋值语句，尽量少用循环。

思路分析：

观察这个方阵的特点，可以看到，两条对角线上的值都是1；两条对角线将整个方阵划分为四个部分，上面的部分值都为2，左面的部分值都为3，右面的部分值都为4，下面的部分值都为5。所以我们只要考察每一部分下标的特点即可。

由例6-8的分析可知：对于 n 阶方阵，两条对角线上的元素下标分别符合下面的规律：

（1）两个下标相等；（2）两个下标和为 n-1。

所以值为2的区域元素 a[i][j] 的下标满足 $j>i$ && $j<n-1-i$；

值为3的区域元素 a[i][j] 的下标满足 $j<i$ && $j<n-1-i$；

值为4的区域元素 a[i][j] 的下标满足 $j>i$ && $j>n-1-i$；

值为5的区域元素 a[i][j] 的下标满足 $j>i$ && $j<n-1-i$；

程序清单：

```cpp
#include<iostream>
#include<iomanip>
using namespace std;
const   int n=7;
int a[n][n];
int main()
{
    for(int i=0; i<n; i++)
    {
        a[i][i]=1;
        a[i][n-1-i]=1;
        for(int j=0; j<n; j++)
        {
            if(j>i && j<n-1-i) a[i][j]=2;
            if(j<i && j<n-1-i) a[i][j]=3;
            if(j>n-1-i && j<i) a[i][j]=5;
            if(j>i && j>n-1-i) a[i][j]=4;
        }
    }
    for(int i=0; i<n; i++)
    {
        for(int j=0; j<n; j++)
            cout<<setw(3)<<a[i][j];
        cout<<endl;
    }
}
```

6.4 多维数组

数组的下标还可以有 3 个、4 个、5 个、……，当数组下标有多个时，我们称之为多维数组。多维数组的定义、引用、赋值、初始化等操作都与二维数组类似。

例如，可以定义四维数组：float score[3][4][50][7]；这个数组可以表示一个学校的 3 个年级、每个年级 4 个班、每个班 50 名学生、每个学生 7 门学科的成绩。

再定义一个数组，float sum[3][4][50]={0}；表示每个学生的 7 科总分。通过下面的多重循环可以输入学校所有学生的各门学科成绩并求出每个学生的 7 科总分：

```cpp
for(int i=0; i<3; i++)
    for(int j=0; j<4; j++)
```

```
for(int k=0; k<50; k++)
    for(int l=0; l<7; l++){
        cin>>score[i][j][k][l];
        sum[i][j][k]+=score[i][j][k][l]; }
```

例6-10 输入七年级 4 个班 50 名学生 7 门学科的成绩。并求出每个学生 7 门学科的总成绩。

程序清单：

```
#include<iostream>
#include<iomanip>
using namespace std;
const int N=4;              //班级数
const int M=50;             //每班的学生数
const int O=7;              //学科数
float scores[N][M][O];
float sum[M][O]= {0};
int main()
{
    for(int i=0; i<N; i++)
        for(int j=0; j<M; j++)
        {
            for(int k=0; k<O; k++)
            {
                cin>>scores[i][j][k];
                sum[i][j]+=scores[i][j][k];
            }
            cout<<"七年级"<<i+1<<"班"<<j+1;
            cout<<"号学生的总成绩是"<<sum[i][j];
        }
}
```

6.5　字符数组

事实上，在程序中不仅可以存储学生的成绩，还可以存储学生的名字、学科的名称。这就要用到字符数组和字符串。这里先来介绍字符数组。

在第 2 章曾经介绍过字符类型数据，字符类型是由一个单个字符组成的字符常量或字符变量。比如，下面两条语句定义了两个字符变量 letter 和 num 并进行初始化。

```
char letter='A'; //每个字符数据的值必须是由单引号括起来的单个字符。
char num='0';
```

在内存中，一个字符数据只占用一个字节。

字符数组就是用于存储字符类型数据的数组。它是存储在内存中的一系列字符。比如，下面两条语句定义了两个字符数组 dog 和 cat 并进行初始化：

```
char dog[8]={'b','o','l','l','e','r'};
char cat[8]={'t','o','m','t','h','e','n'};
```

字符数组可以是一维数组，也可以是二维数组，及多维数组。

1. 字符数组的定义

char 数组名［整型表达式1］…;

例如：

```
char name1[20];       //定义了一个一维数组,可以用来存储一个学生的姓名。
char name[50][20];    //定义了一个二维数组,可以用来存储50个学生的姓名。
```

2. 给字符数组的元素赋值

与其他类型数组一样，可以初始化字符数组，也可以给每个数组元素赋值。

1）用字符列表初始化字符数组

例如，前面定义的 dog 和 cat 两个数组，就可分别用字符列表 {'b', 'o', 'l', 'l', 'e', 'r'} 和 {'t', 'o', 'm', 't', 'h', 'e', 'n'} 初始化。

再如：

```
char chr[5]={'a','b','c','d','e'};
char name[20]={'c','a','o','c','a','o'};
```

初始值表中每一个数据必须是一个字符，即用单引号括起来的单个字符。当字符列表中的字符个数少于元素个数时，从首元素开始赋值，其余未被赋值的元素自动赋值为空字符，空字符用"\0"来表示。例如，上面定义的 name 数组，初始值表中只有 6 个字符，所以从第 7 个元素 name[6] 开始，后面所有元素都为空字符。

2）用字符串初始化字符数组

字符串是用双引号括起来的一串字符，例如"caocao"。那么上面的 name 数组就可这样定义和初始化：char name[20] = "caocao";

从这里可以看到，一个字符串实际上就相当于一个一维数组。但是要注意，字符串不能等同于字符列表。"caocao"不等同于 {'c', 'a', 'o', 'c', 'a', 'o'}。因为 C++在处理字符串时，总会在结尾加上一个空字符，所以"caocao"等于 {'c', 'a', 'o', 'c', 'a', 'o', '\0'}。"abcde"等于 {'a', 'b', 'c', 'd', 'e', '\0'}。

所以，在用字符串给字符数组初始化时，要注意字符串的长度应该小于或等于字符数组的大小减1。

同样道理，可以用若干个字符串给二维字符数组初始化。

例如: char obj[7][20]={"maths","chinese","english"};

3）给字符数组元素赋值

可以给字符数组中的任何一个元素赋一个字符值。

例如: char a[3]; a[0]='a'; a[1]='b'; a[2]='c';

3. 字符数组应用举例

例 6-11　在用电脑编辑文档时，经常会遇到需要进行查找替换的任务，比如把文档中的"电是"都换成"电视"。现在来模拟一下这个操作。

输入两行英文字符，第一行是原文，长度不超过 100 个字符；第二行包含以一个空格分隔的两个字符 x 和 y。要求将原文中的所有字符 x 都替换成字符 y。注意区分大小写。

思路分析：

（1）用一个一维数组存储原文。

（2）在原文数组中从头开始查找字符 x，找到一个 x，就用 y 来替换，然后继续寻找下一个 x，找到了就用 y 替换，直到将原文全部查找一遍。

（3）读取字符，使用函数 getchar()，因为这个函数能读取空格、回车符等不可见字符，而 cin 会自动过滤掉不可见字符。在使用 getchar() 时，需要调用<cstdio>库。

程序清单：

```cpp
#include<cstdio>
#include<iostream>
using namespace std;
int main()
{
    char a; char art[100];          //a用于读取字符,数组art存储原文
    char x, y;                      //需要查找和替换的字符
    int i=0; int n=0;               //i用作循环变量,n用于统计原文字符个数
    a=getchar();                    //读取第一个字符
    do {
        art[n]=a;                   //把读到的字符存放到数组中
        a=getchar();
        n++;                        //统计字符个数
    }   while(a!='\n');             //读到回车符停止
    x=getchar(); getchar(); y=getchar();//读取要查找和替换的字符
    for(i=0; i<n; i++)
        if(art[i]==x) cout<<y;      //查找并替换字符
        else cout<<art[i];
    cout<<endl; return 0;
}
```

运行结果如下。

输入：

i am a student, i love my school, i love my country.

i I

输出

I am a student, I love my school, I love my country.

程序说明：

（1）本程序只能查找和替换单个字符，不能查找替换单词。

（2）输入数据第二行 x、y 之间只能有一个空格。

6.6　数组的综合应用实例

到这里，就可以解决很多比较复杂的实际问题了。

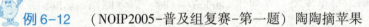　**例6-12**　（NOIP2005-普及组复赛-第一题）陶陶摘苹果

陶陶家的院子里有一棵苹果树，每到秋天树上就会结出 10 个苹果。苹果成熟的时候，陶陶就会跑去摘苹果。陶陶有个 30 厘米高的板凳，当她不能直接用手摘到苹果的时候，就会踩到板凳上再试试。

现在已知 10 个苹果到地面的高度，以及陶陶把手伸直的时候能够达到的最大高度，请帮陶陶算一下她能够摘到的苹果的数目。假设她碰到苹果，苹果就会掉下来。

输入格式：包括两行数据。第一行包含 10 个 100～200（包括 100 和 200）的整数（以厘米为单位）分别表示 10 个苹果到地面的高度，两个相邻的整数之间用一个空格隔开。第二行只包括一个 100～120（包含 100 和 120）的整数（以厘米为单位），表示陶陶把手伸直的时候能够达到的最大高度。

输出格式：包括一行，这一行只包含一个整数，表示陶陶能够摘到的苹果的数目。

思路分析：

很简单。只要用陶陶把手伸直能够达到的最大高度加上板凳的高度后和每个苹果的高度一一进行比较即可判断能不能摘到，能摘到的话计数器加 1 就可以了。

程序清单：

```
#include<iostream>
using namespace std;
int happle[10];                    //存储10个苹果的高度
int main()
{
    int sum=0;                     //陶陶能摘到的苹果个数
```

```
    int htaotao;                        //陶陶能够达到的高度
    for(int i=0; i<10; i++)cin>>happle[i];
    cin>>htaotao;                       //读入陶陶伸直手臂能达到的高度
    htaotao=htaotao+30;                 //计算陶陶站到板凳上能达到的高度
    for(int i=0; i<10; i++)             //统计陶陶能摘到的苹果个数
        if(htaotao>=happle[i])sum++;
    cout<<sum<<endl; return 0;
}
```

运行结果如下。

输入：

100 200 150 140 129 134 167 198 200 111
110

输出：5

例6-13　学校合唱比赛，请了 10 位评委打分。在计算成绩时，要求去掉一个最高分，去掉一个最低分，然后求出平均分作为每个班的成绩。

思路分析：

（1）用一个循环输入 10 个评委给出的分数。

（2）用一个循环计算 10 个评委给出分数的总和，同时找出最高分和最低分。

（在例 6-3 中，曾经用打擂台的办法找出最高分，打擂台的同时也可以找出最低分。）

（3）从总分中减去最高分和最低分，然后求平均数输出。

程序清单：

```
#include<iostream>
using namespace std;
int main()
{
    float score[10];                //存储10个评委给出的分数
    float max,min;                  //分别存储最高分和最低分
    int i;                          //循环变量
    float sum;                      //用于求10个评委给出分数的总和
    cout<<"请输入10个评委给出的分数: "<<endl;
    for(i=0; i<10; i++) cin>>score[i]; //输入10个评委给出的分数
    max=score[0]; min=score[0];     //假设最高和最低分都是第一个元素
    sum=score[0];                   //把第一个元素放入总分中
    for(i=1; i<10; i++)
    {                               //查找最高分和最低分,同时计算总分
```

```
        if(score[i]>max) max=score[i];
        if(score[i]<min) min=score[i];
        sum+=score[i];
    }
    cout<<"这个班的成绩是"<<(sum-max-min)/8<<endl;
    return 0;
}
```

运行结果如下。

输入：

9.9 9.8 9.7 9.0 9.6 9.5 9.3 9.2 8.8 9.6

输出：

9.4625

例6-14　17个猴子围成一圈，从某个开始报数 1-2-3-1-2-3-……报 "3" 的猴子就被淘汰，游戏一直进行到圈内只剩一只猴子，它就是猴大王了。

思路分析：

（1）每只猴子有被淘汰和未被淘汰两种状态，因此可以用 bool 型数组存储所有猴子的状态。用 true 表示被淘汰，false 表示未被淘汰。

（2）开始的时候，给数组中所有元素赋初值为 false，表示所有猴子都未被淘汰。

（3）模拟报数的过程，直到只剩下一只猴子，它就是猴大王。

（4）每一轮报数需要枚举圈中所有的位置，要定义一个整型变量 pos，也需要一个整型变量 v 统计每一轮报数后剩下的猴子数目，还要一个用于报数计数的整型变量 s。

程序清单：

```
#include<iostream>
using namespace std;
const int N=17;                    //猴子总数
const int M=3;                     //报数时,报到 M 的人被淘汰出圈
int pos,v,s;                       //分别用于枚举圈中的位置,圈中剩下猴
                                   //子数目和报数计数
bool a[N+1];                       //记录猴子状态的数组
int main()
{
    for(pos=1; pos<=N; pos++)
        a[pos]=false;              //猴子的初始状态
    pos=0; s=0; v=N;
```

```
    do {                              //逐个枚举圈中所有位置
        pos++;
        if(pos==N+1) pos=1;           //模拟围成圈的状态,最后一个与第一个
                                      //相连
        if(a[pos]==false) s++;        //如果当前位置的猴子未被淘汰,则报数
        if(s==M)
        {                             //报数到3的猴子被淘汰出圈
            s=0;                      //报数计数器清零
            a[pos]=true;              //这个位置上的猴子被淘汰出圈
            v--;                      //未被淘汰的猴子数减1
        }
    } while(v>1);                     //直到圈内只剩下一只猴子
    for(pos=1; pos<=N; pos++)
        if(a[pos]==false) cout<<"猴大王是: "<<pos<<"号! "<<endl;
    return 0;
}
```

运行结果:

猴大王是:11号!

习　题 6

一、选择题

1. 以下关于数组的描述正确的是 (　　　)。

　　A. 数组的大小是固定的, 但可以有不同的类型的数组元素。

　　B. 数组的大小是可变的, 但所有数组元素的类型必须相同。

　　C. 数组的大小是固定的, 但所有数组元素的类型必须相同。

　　D. 数组的大小是可变的, 但可以有不同的类型的数组元素。

2. 以下数组定义不正确的是 (　　　)。

　　A. int n; cin>>n; int a[n];　　　　　　B. int n=10, a[n];

　　C. int a(10);　　　　　　　　　　　　D. const int size=10; int a[size];

3. 定义数组 "int a[10];", 则对数组元素的正确引用是 (　　　)。

　　A. a[10]　　　　　　　　　　　　　　B. a[3, 5]

　　C. a(5)　　　　　　　　　　　　　　D. a[10-10]

4. 以下能对一维数组 a 正确初始化的语句是 (　　　)。

　　A. int a[10]=(0, 0, 0);　　　　　　　B. int a[]={};

　　C. int a[]={0};　　　　　　　　　　　D. int a[10]={10*1};

5. 在执行 int a[ ][3]={1, 2, 3, 4, 5, 3}; 语句后，a[1][0]的值是（   ）。

    A. 4   B. 1

    C. 2   D. 5

6. 若有说明 int a[3][4]={0}; 则下列叙述正确的是（   ）。

    A. 只有元素 a[0][0] 可以得到初值 0

    B. 此说明语句不正确

    C. 数组中各元素都可以得到初值，但其值不一定为 0

    D. 数组中每个元素都可以得到初值 0

7. 在定义 "int a[5][6];" 后，数组 a 中的第 10 个元素是（   ）。（设 a[0][0] 为第一个元素）

    A. a[2][5]   B. a[2][4]

    C. a[1][3]   D. a[1][5]

8. 如有定义语句 int a[ ] = {1, 8, 2, 8, 3, 8, 4, 8, 5, 8}; 则数组 a 的大小是（   ）。

    A. 10   B. 11

    C. 8   D. 不定

9. 若二维数组 a 有 m 列，则在 a[i][j] 前的元素个数是（   ）。

    A. j * m+i   B. i * m+j

    C. i * m+j−1   D. i * m+j+1

10. 对两个数组 a 和 b 进行如下初始化：

Char a[ ]="ABCDEF"; Char b[ ]={'A','B','C','D','E','F'};

则以下叙述正确的是_____。

    A. a 与 b 数组完全相同；   B. a 与 b 数组长度相同；

    C. a 数组比 b 数组长度短；   D. a 数组比 b 数组长度长；

二、读程序写结果

1.

```cpp
#include<iostream>
#include<iomanip>
using namespace std;
int main()
{
    int i,n[4]= {1};
    for(i=1; i<=3; i++)
    {
        n[i]=n[i-1]*2+1;
        cout<<setw(5)<<n[i];
```

```
        }
}
```

2.

```cpp
#include <iostream>
using namespace std;
int main()
{
    char str[]="1a2b3c";  int i;
    for(i=0;str[i]!='\0';i++)
       if(str[i]<'0' || str[i]>'9')  cout<< str[i]<<'\t';
    cout<<endl;
}
```

3. （NOIP2008 普及组初赛阅读程序题 1）

```cpp
#include<iostream>
using namespace std;
int main()
{
    int i, a, b, c, d, f[4];
    for(i = 0; i<4; i++)  cin>> f[i];
    a = f[0] + f[1] + f[2] + f[3]; a = a/ f[0];
    b = f[0]+f[2]+f[3];b=b / a;
    c = (b*f[1]+a)/ f[2];
    d = f[(b/c)% 4];
    if(f[(a+b+c+d)%4]>f[2])  cout<<a+b<<endl;
    else   cout << c + d << endl;
    return 0;
}
```

输入：9 19 29 39   输出：_____

4. （NOIP2013 普及组初赛阅读程序题 3）

```cpp
#include <iostream>
using namespace std;
int main()
{
    const int SIZE=100;
    int n, f, i, left, right, middle, a[SIZE];
    cin>>n>>f;
    for(i = 1; i <= n; i++)  cin>>a[i];
```

```
    left=1;
    right=n;
    do {
        middle= (left+right) / 2;
        if(f <= a[middle])   right = middle;
        else   left = middle + 1;
    } while (left < right);
    cout<<left<<endl;
    return 0;
}
```

输入：　　　　　　　　　　　　　　　　　　　　　　　　输出：

12 17

2 4 6 9 11 15 17 18 19 20 21 25

三、程序填空

1. 输入 30 个数，输出它们的平均值，输出与平均值之差的绝对值最小的数组元素。

```
#include<iostream>
#include<cmath>
using namespace std;
const int N=30;
int main()
{
    float a[N], pjz=0, s, t;
    int i, k;
    for(i=0; i<N; i++)
    {
        cin>>a[i];
            (1)
    }
    cout<<pjz<<endl; s=fabs(a[0]-pjz); t=a[0];
    for(i=1; i<N; i++)
        if(fabs(a[i]-pjz)<s)
        {
            (2)
            t=a[i];
        }
    (3)
}
```

2. 从键盘输入一行字符，要求从中删除一个指定的字符。

```cpp
#include<iostream>
#include<cstdio>
using namespace std;
int main()
{
    char str1[100],str2[100]; char ch;
    int n=0,k=0;
    ch=getchar();
    do {
        str1[n]=ch;
        _____(1)_____
        _____(2)_____
    } while(ch!='\n');
    ch=getchar();
    for(int i=0;i<n;i++)
        if(str1[i]!=ch)
        {
            _____(3)_____
            k++;
        }
    for(int i=0;i<k;i++)_____(4)_____
}
```

四、编写程序

1. 输入一个班中 50 个学生的数学成绩，将成绩从高到低排序。

2. 现在 N 个数已经从小到大排好顺序，要求输入一个数，把它插入到原有的序列中，并且要保持由小到大的顺序。

3. 打印杨辉三角形。

```
              1
            1   1
          1   2   1
        1   3   3   1
      1   4   6   4   1
    1   5   10  10  5   1
  1   6   15  20  15  6   1
1   7   21  35  35  21  7   1
```

4. 约瑟夫问题：N 个人围成一圈，从第一个人开始报数，数到 M 的人出圈；再由下一个人开始报数，数到 M 的人出圈；……依次输出出圈的人的编号。N、M 由键盘输入。

5. 校门外的树（NOIP2005 普及组第 2 题）

某校大门外长度为 L 的马路上有一排树，每两棵相邻的树的间隔都是 1 米。可以把马路看成一个数轴，马路的一端在数轴 0 的位置，另一端在 L 的位置；数轴上的每个整数点，即 0、1、2、…、L，都种有一棵树。

由于马路上有一些区域要用来建地铁。这些区域用它们在数轴上的起始点和终止点表示。已知任一区域的起始点和终止点的坐标都是整数，区域之间可能有重合的部分。现在要把这些区域中的树（包括区域端点处的两棵树）移走。你的任务是计算将这些树都移走后，马路上还有多少棵树。

输入：第一行有两个整数 L（$1<=L<=10000$）和 M（$1<=M<=100$），L 代表马路的长度，M 代表区域的数目，L 和 M 之间用一个空格隔开。接下来的 M 行每行包含两个不同的整数，用一个空格隔开，表示一个区域的起始点和终止点的坐标。

输出：包括一行，这一行只包含一个整数，表示马路上剩余的树的数目。

样例输入：   样例输出：

500 3   298
150 300
100 200
470 471

第7章

函　　数

7.1　函数的定义

在实际编程过程中，有些程序需要几万甚至上百万行代码。此时，可以采用一种好的策略，把这个大的程序分割成一些小的程序块，这样使用起来比较方便。C++语言就是使用函数来实现这一功能的。

7.1.1　标准库函数使用

标准库函数的使用一般需要#include 关键字引入相应的函数库后，方可在程序中进行调用。

例如：想使用 max( ) 函数进行计算，则应引入对应的 cmath 函数库，然后在程序中进行函数的调用即可。

例如：

```cpp
#include <iostream>
#include "cmath"
using namespace std;
int main(intargc, char** argv){
```

```
    int a=3,b=4;
    int i= max(a,b);
    return 0;
}
```

7.1.2　函数的定义格式

在 C++语言中，自定义函数非常常见，使用好自定义函数，能极大地提高程序的可读性。函数定义的语法形式如下：

返回值类型说明符　函数名(含类型说明的形式参数表)
{
　　语句序列
}

例7-1　定义一个返回值为整型的函数，函数名称为 xc，参数为两个整型变量 a 和 b，实现两个变量的相乘并返回结果。

程序代码如下：

```
int   xc(int a,int b)
{
    int c;
    c=a*b;
    return c;
}
```

函数的参数列表中需要使用变量定义的方式"数据类型 变量名"。return 语句在这里是必须的，因为此函数有返回值，且返回值为整型。下面，来看一个无返回值的函数的例子。

例7-2　程序代码如下：

```
void   fh(int a)                    // 函数头部
{                                   // 函数体
    cout <<"有"<<a<<"次输出"<<endl;
}
```

由此可见，函数定义一般由函数的头部和函数体两部分组成。

1. 函数头部

（1）函数首部以返回值类型开头，如果没有返回值则以 void 关键字开头。

（2）函数名是用户自定义的标识符，如程序中的 fh。在同一程序中函数名不能与其他变量重名，也不能再用做数组名。

（3）括号内的参数为形式参数。形式参数即函数的自变量，如程序中的 a，其值来源于主程序的调用。当主程序调用函数时，形参才能得到具体的值并参与运算。需要特别注意，此处必须使用 C++中的标识符，而不能使用 int、char 等数据类型。

（4）函数的类型就是函数值的类型。

2. 函数体

函数体与程序体基本相似，由局部变量声明部分和代码执行部分组成。

（1）函数体中的变量声明部分，用来对本函数使用的常量、变量和类型进行定义，这些量只在本函数内使用，称为局部变量，与函数体外的同名变量无关，如例 7-1 函数中的 c。

（2）函数体以左半个大括号开头，以右半个大括号结束，中间有若干用分号隔开的语句。

（3）在函数体的执行部分，如果有返回则需要 return 语句。此时需要注意的是，return 语句不是必需的，当没有返回值时可以没有 return 语句。一旦程序运行到 return 语句时，函数执行将被终止。因此，一般该语句为函数的最后一条语句，写在该语句后的其他程序将不会被执行。

此外，C++不允许函数嵌套定义，即在函数定义中再定义一个函数是非法的。

7.2　函数的类型和返回值

在 C++中，函数是一个独立完成某个功能的语句块，函数与函数之间通过输入参数和返回值来联系。可以把函数看做一个"黑盒（Black Box）"，除了输入/输出，其他什么也看不见。这就像人们只需要会用遥控器打开电视即可，不需要了解电视里面的工作原理，电视对人们来说就是"黑盒"。

7.2.1　函数的类型

（1）获取参数并返回值，例如：

```
int bigger(int a, int b)
{
    return(a>b)?a:b;
}
```

（2）获取参数但不返回类型，例如：

```
void delay(long a)
{
    for(int i=1; i<=a; i++);     //延迟一个小的时间片
}
```

（3）没有获取参数但返回值，例如：

```
int geti()      //从键盘上获取一个整型数
{
  int x;
  count>>"please input a integer: \n";
  cin>>x;
  return x;
}
```

（4）没有获取参数也没有返回值，例如：

```
void message()       //在屏幕上显示一条信息
{
  count<<"This is a message \n";
}
```

7.2.2 函数的返回值

函数的返回值也称函数值。返回的不是函数本身，而是一个值。需要注意的是，return语句后面的括号是可以省略的，例如，"return(6);"等价于"return 6;"，return 语句可以改变程序的执行顺序，例如：

```
int min(int a, int b)
{
  if(a<b)
    return a;
  else
    return b;
}
```

在这里，return 语句还起到了改变计算顺序的作用。因为 return 是返回语句，它将退出函数体，所以该语句之后的语句不会被执行。

7.3 函数的调用与参数的传递

7.3.1 函数的调用

用户自定义函数的调用与标准函数一样，不同的是，标准函数可以用在不同的程序中，而自定义函数只限于在定义它的程序中使用。下面通过例题看如何调用函数。

例 7-3　设计一个求阶乘的函数，计算 3!。

程序：

```cpp
int fct(int n)
{
    int x=1, t=1;
    for(int i=1; i<=n; i++)
    {
        t=t*i;
    }
    return t;
}
```

函数

```cpp
int main(int argc, char** argv)
{
    cout <<"结果是: "<<fct(3)<<endl;
    return 0;
}
```

主函数

程序的运行结果为 3 的阶乘：6。

可见函数调用方式与标准函数调用方式相同。

函数调用一般形式为：

函数名(实际参数表);

（1）函数调用必须出现在表达式中。

（2）实际参数简称实参。在调用函数时，实参将值赋给相应的形参，因此实参的个数、类型应与形参一一对应，并且要有确定的值。

（3）调用函数的步骤：首先在主程序中计算实参的值，传递给所调用函数中对应的形参，其次执行函数体，最后将函数值返回给主程序。

例 7-4　求图 7-1 中的五边形面积，边长及对角线长 $a1 \sim a7$ 由键盘输入。

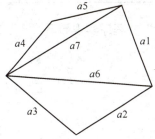

图 7-1　五边形

分析：求五边形面积可以变成求 3 个三角形面积之和，在这个程序中要计算 3 次三角形面积，为程序简单起见，可将计算三角形面积定义成函数，然后在主程序中调用 3 次，并相加，得到五边形面积。

三角形面积公式（海伦公式）为：$s=\sqrt{p(p-a)(p-b)(p-c)}$

其中，a、b、c 为三角形三条边长，p 为半周长，即 $p=(a+b+c)/2$。

程序如下：

```cpp
float area(int a, int b, int c)
```

```
{
    float p, s;
    p=(a+b+c)/2;
    s=sqrt(p*(p-a)*(p-b)*(p-c));
    return s;
}
int main(int argc, char** argv){
    int a1=2, a2=3, a3=3, a4=3, a5=3, a6=4, a7=4;
    float s;
    s=area(a4, a5, a7)+area(a1, a7, a6)+area(a2, a6, a3);
    cout <<"面积为"<<s<<endl;
    return 0;
}
```

例7-5　求正整数 m 和 n 的最大公约数。

分析：利用欧几里得"辗转相除"算法求 m、n 两数的最大公约数。

具体方法是：若 m 是 n 的倍数，那么 m、n 的最大公约数就是 n；否则反复利用下面的原理：设 r 是 m 除以 n 的余数（即 $r = m$ mod n），那么 m 和 n 的最大公约数等于 n 和 r 的最大公约数。即当 m 不能整除 n 时，先求出 $r = m$ mod n，再将 n 赋值于 m，将 r 赋值于 n，继续计算 $r = m$ mod n，直到余数为 0 止，此时的除数就是两个数的最大公约数。

若 $m = 36$、$n = 28$，过程示例如表7-1所列。

表7-1　例7-5计算过程

	m（被除数）	n（除数）	r（余数）
第一次除法	36	28	8
第二次除法	28	8	4
第三次除法	8	4	0

程序实现如下：

```
using namespace std;
int gcb(int a, int b)
{
    int r;
    while(b!=0)
    {
        r=a%b;
        a=b;
        b=r;
    }
}
```

```
    return a;
}
int main(int argc, char**argv){
    int a1,b1;
    cin >>a1>>b1;
    cout <<gcb(a1,b1)<<endl;
    return 0;
}
```

运行结果如下。

输入：

36 28

输出：

4

7.3.2 参数的传递

参数是函数中必不可少的部分，这里要解释两个概念，即形式参数和实际参数，简称为形参和实参。形式参数指的是函数头部小括弧中声明的参数，如例7-5中的 int gcb（int a, int b）中的小括弧 a 和 b 就是形式参数，该参数的主要目的是用来接收外部程序的数值。实际参数是指调用该函数的程序给该函数传递进来的变量值。如例7-5中的 printf（"%d", gcb（a1, b1）)；语句中 a1 和 b1 则为实际参数。下面来看一个例子。

例7-6 比较两个数的大小并输出。有整型数 a 和整型数 b，如果 $a>b$ 则输出 b，否则输出 a。代码如下：

```
using namespace std;
int max(int a, int b)
{
    if(a>b)
      return a;
    else
      return b;
}
int main(int argc, char** argv) {
    int m, n;
    cin >>m>>n;
    cout <<"最大数是"<<max(m, n)<<endl;
    return 0;
```

}

该程序中，int max(int a，int b) 中 a 和 b 为形式参数，而 max(m，n) 中的 m 和 n 为实际参数，m 的值传递给了形式参数 a，n 的值传递给了形式参数 b。

7.4　变量及其作用域

在 C++语言中，所有的变量在使用之前必须先定义。在主程序中有变量声明语句，函数中也有变量声明语句，那么在整个程序中先后声明的变量的适用范围有可能是不一样的，即同一程序中各个变量的作用域不一定相同。一般来说，一个变量的作用域是从定义这个变量的那条语句起，直到该声明语句所在的程序（函数体）结束的这段源程序，超过这个范围，该变量便失去意义。

7.4.1　全局变量和局部变量

全局变量是指在程序开头部分声明的变量，局部变量是指在函数体内说明的变量。在程序中，全局变量和局部变量的作用域不一样。

局部变量的作用域指它所在的函数，由于形式参数也只在函数中有效，也属于局部变量。函数的局部量和形式参数，其作用域仅限于该函数内部，不能在函数以外使用，这就是常说的函数执行结束后局部量和参数就消失了。

全局变量的作用域分两种情况：

（1）当全局变量和局部变量不同名时，其作用域是整个程序范围。

（2）当全局变量和局部变量同名时，全局变量的作用域不包含局部变量的作用域。

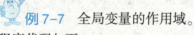 例 7-7　全局变量的作用域。

程序代码如下：

```
int a,b;
void swap()
{
    int t;
    t=a;
    a=b;
    b=t;
}
int main() {
    a=1;
    b=2;
    swap();
```

```
    cout <<"a="<<a<<" b="<<b<<endl;
        return 0;
}
```

运行结果如下。

输出：

a=2 b=1;

以上就是利用无参函数 swap( )，完成变量 *a* 和 *b* 交换值的程序，它并没有使用变量
参数，而是通过全局变量 *a* 和 *b* 将过程的值传回主程序的。*t* 是局部变量，只能在 swap 中
使用；不能用在主程序中。

下面的程序展示了全局变量与局部变量同名的情况。

 例 7-8　写出以下两个程序的运行结果并加以比较。

```
int x;
void abc()
{
    x=5;
    cout <<"***"<<x<<"***"<<endl;
}
void abc2()
{
    int x=3;
    cout <<"***"<<x<<"***"<<endl;
}
int main(){
    abc();
    abc2();
    return 0;
}
```

运行结果如下：

5

3

在例 7-8 中，既定义了全局变量，也定义了同名的局部变量。于是全局变量 *x* 的作
用域就不同了。程序中的全局变量 *x* 的作用域除了 abc2 外，在其他地方都起作用。abc2
中由于再次定义了变量 *x*，因此，abc2 中的局部变量 *x* 的作用域覆盖了全局变量 *x* 的作
用域。

7.4.2　参数的选择

在设计函数时如何选择参数是程序设计的重要环节。在设计函数时，可能要用到很多标识符，那么哪些可以选定为参数，哪些又可以定为全局变量或局部变量呢？

可以将与函数体以外的程序无关的量定义为局部变量，例如：函数体中使用的循环变量，用作交换的中间过渡变量，等等。

当函数体要求由主程序传递数据，在函数执行完毕后，又向主程序传回数据时，就需要设定参数。在确定使用哪些参数后，再确定哪些用值参，哪些用变参。

首先，把那些只需在调用函数时传递实参的当前值，并不希望执行函数体后返回值的参数列为值参。

其次，把通过调用函数，除了将函数外部的值传递给函数外，还能将变化的形参值返回的参数列为变参。这样的形参先取实参的值（或者根本不需要取实参的值），函数执行后将结果带回主程序。

如在例 7-3 中，求 $n!$ 的过程使用了两个参数 n 和 t。因为参数 n 是阶乘的"自变量"，过程中用 n 的值控制循环次数，而不修改 n 的值，所以 n 被列为值参。参数 t 用来表示 n 的阶乘的值，它不需要从实参那里获取初值，只把计算结果带回主程序，所以被列为变参。

其实，形式参数和全局变量都可以起到函数和主程序之间的联系纽带作用，但是为了自定义函数的通用性，在自定义函数中应尽量少用全局变量。也就是说，最好让函数通过参数与外部程序进行联系。这样有利于程序的可读性。不是特殊情况尽量不使用无参函数。

7.5　函数的应用

例 7-9　如果 a 和 $a+2$ 同为素数，那么 a 与 $a+2$ 是一对孪生素数。请编程找出两位数中所有的孪生素数。

下面的程序把"判断一个数是否是素数"写成布尔函数形式。

程序代码如下：

```cpp
#include <iostream>
#include <math.h>
using namespace std;
bool pr(int n)
{
    int i=2;
    bool t=true;
    while(t && i<=sqrt(n))
```

```
        {
            if(n%i==0)
              t=false;
            else
              i=i+1;
        }
        return t;
    }
    int main(int argc,char** argv){
        int k=0,j=11;
        while(j<=99)
        {
            if(pr(j) && pr(j+2))
            {
                cout <<"j="<<j<<", j+2="<<j+2<<endl;
                k=k+1;
            }
            j=j+2;
        }
        cout <<"Total: "<<k<<endl;
        return 0;
    }
```

运行结果如下：

```
j=11,j+2=13
j=17,j+2=19
j=29,j+2=31
j=41,j+2=43
j=59,j+2=61
j=71,j+2=73
   Total:6
```

例 7-10　定义一个打印由"＊"号组成的三角形的函数。然后，在主程序中输入行数，并调用该函数输出三角形。

程序代码如下：

```
#include <iostream>
```

```
#include <cmath>
using namespace std;
void sjx(int);
int main(int argc, char** argv) {
    int a;
    cin >>a;
    sjx(a);
    return 0;
}
void sjx(int x)
{
    int i,j;
    for(i=1; i<=x; i++)
    {
        for(j=1; j<=i; j++)
            cout <<"*";
        cout <<endl;
    }
}
```

运行结果如下：

```
5↙
*
**
***
****
*****
```

7.6 递归函数

7.6.1 递归函数的定义

递归函数（recursive function）即自调用函数，在函数体内部直接或间接地自己调用自己，即函数嵌套调用该函数本身。

例如，下面程序的功能为求 $n!$。

```
long fact(int n)
{
  if(n==1)
  return 1;
  return fact(n-1)*n;//出现函数自调用
}
```

7.6.2　递归调用的形式

递归调用有直接递归调用和间接递归调用两种形式。

直接递归即在函数中出现调用函数本身，下面的代码是直接递归调用的例子。

```
long fib(int x)
{
  if(x>2)
    return (fib(x-1)+fib(x-2));//直接递归
  else
    return 1;
}
```

间接递归调用是指函数中调用了其他函数，而该其他函数又调用了本函数。例如，下面的代码定义了两个函数，它们构成了间接递归调用。

```
int fn1(int a)
{
  int b;
  b=fn2(a+1);                //间接递归
}
int fn2(int s)
{
  int c;
  c=fn1(s-1);                //间接递归
}
```

上例中，fn1( ) 函数调用了 fn2( ) 函数，而 fn2( ) 函数又调用了 fn1( ) 函数。

7.6.3　递归调用举例

例 7-11　设计一个计算 $n!$ 的递归程序。

根据数学含义，$n!$ 可由下面的公式表示：

$$n! = \begin{cases} 1 & \text{当 } n=0 \\ n \times (n-1)! & \text{当 } n>0 \end{cases}$$

根据以上公式推理，为了求 $n!$，可以先求出 $(n-1)!$，为了求 $(n-1)!$ 又可先求 $(n-2)!$ ……以此类推，直到 $n=0$。由于 $n=0$ 时 $n!$ 已定义为 1。再由 $0!=1$ 一步步反向推回，求出 $1!$、$2!$ ……最终得到 $n!$ 的值。下面将此过程写成递归函数。

程序代码如下：

```cpp
#include <iostream>
#include <math.h>
using namespace std;
float fct(int t)
{
    if(t==0)
    {
        return 1;
    }
    else
    {
        return t*fct(t-1);
    }
}
int main(int argc, char**argv){
    int n;
    float x;
    cin >>n;
    x=fct(n);
    cout <<n<<"!="<<(int)x<<endl;
    return 0;
}
```

在运行时，输入 3，输出结果为：

```
3!=6
```

下面看输入 3 后程序是如何执行的。

（1）当主程序的 cin>>n 读入 3 后，执行 x=fct(3) 引起第一次调用 fct(3)，进入 fct 函数体，由于 $n=3$ 大于 0，所以执行语句 return $3 * fct(3-1)$，即 return $3 * fct(2)$。

（2）为了求得 fct(2)，又引起第二次的函数调用（递归调用）。重新进入 fct 函数体，此时值参 $n=2$ 仍然大于 0，执行语句 return $2 * fct(2-1)$，即 return $2 * fct(1)$。

（3）为求得 fct(1) 又引起第三次函数调用（递归调用），进入函数体，这时值参 $n=1$ 大于 0，执行语句 return $1 * fct(1-0)$，即 return $1 * fct(0)$。

（4）为求得 fct(0) 又第四次调用函数（递归调用），进入函数体，这时值参满足 $n = 0$ 的条件，故执行 if 后面的语句 return 1。

（5）当第四次调用求得 fct(0) = 1 时就不再产生递归调用，程序返回到第三次的调用点，执行 return 1 * fct(0)。由于 fct(0) = 1，结果为 fct(1) = 1 * 1 = 1，完成第三次调用。继续返回第二次的调用点，求得 fct(2) = 2 * 1 = 2，完成第二次调用，同理继续返回第一次调用点，算出 fct(3) = 3 * 2 = 6。第一次调用结束后，返回主程序的赋值语句 x = fct(n)，输出结果 3! = 6。

为了便于理解以上程序的执行过程，请参考如图 7-2 所示的递归调用的示意图。

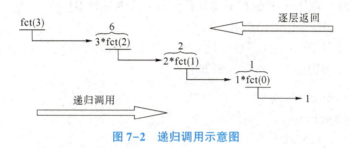

图 7-2　递归调用示意图

例 7-12　编程解决汉诺塔问题。相传古印度所罗门教徒玩一种游戏，将 64 片直径不同中心有孔的圆形金片穿在一根金刚石柱子上，小片在上，大片在下，形成宝塔形状（如图 7-3 所示）。按照下述三条规则，把这些金片从原来的柱子（杆 A）一片片地搬到另一个柱子（杆 B）上，当完成整个游戏即放下最后一片金片时，会听到"轰"的一声天崩地裂，宇宙就毁灭了。三条规则是：

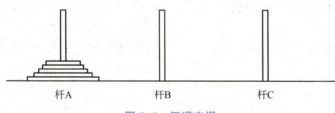

图 7-3　汉诺宝塔

（1）只给一根中间过渡杆（杆 C）。

（2）每次只能从一杆顶端取下一个金片，放在另一杆上。

（3）任何时候，任一杆上的金片，都要满足小的在上面、大的在下面（即大片不能压小片）。

分析：这是一个非常好的递归程序设计示例。它不像前面的递归程序那样，先有非递归程序，再将其改写成递归形式。如果此题不使用递归过程或许你无从下手。下面先以三个金片为例。

要从杆 A 移动到杆 B，要借助于杆 C 来过渡。移动方案是：

第一步 A→B（表示将杆 A 的金片移动到杆 B 上）；

第二步 A→C；

第三步 B→C；

第四步 A→B；

第五步 C→A；

第六步 C→B；

第七步 A→B。

共移动 7 次，完成了将 A 杆上的三个金片按照题目要求的规则移到了 B 杆上。

题目要求将 n 个金片由杆 A 移到杆 B，可用同样的方法：

（1）（递归地）将杆 A 上面的 $n-1$ 片移到杆 C（利用杆 B）。

（2）把杆 A 上唯一的一片移到杆 B。

（3）再把杆 C 上的 $n-1$ 片（递归地）移到杆 B（利用杆 A）。

这是一个递归调用过程。程序代码如下：

```cpp
#include <iostream>
#include <math.h>
using namespace std;
void move(int n, char a, char b, char c)
{
    if(n==1)
      cout <<"move "<<n<<", from "<<a<<" to "<<b<<endl;
    else                          //多于一片,递归进行
    {
        move(n-1, a, c, b);       //递归将n-1片从a搬到c,利用杆b过渡
        cout <<"move"<<n<<", from "<<a<<" to "<<b<<endl;
                                  //最后一片从a搬到b
        move(n-1, c, b, a);       //递归地将杆c上的n-1片搬到杆b,利用杆
                                  //a过渡
    }
}
int main(int argc, char** argv){
    int n;
    cout <<"Input n: "<<endl;
    cin >>n;
    move(n,'A','B','C');
    return 0;
}
```

运行结果如下：

Input n: 3↙

move 1 from A to B

```
move 2 from A to C
move 1 from B to C
move 3 from A to B
move 1 from C to A
move 2 from C to B
move 1 from A to B
```

当程序运行输入 n 的值时，除 3 以外也可以选 4、5 或 6，但千万不要输入 64。因为通过推导，若按规则移动 64 片金片，要搬动 $2^{64}-1=1.8\times10^{19}$ 次。若每秒钟移动一次，需一万亿年。根据科学推算，地球的"生命"几十亿年到几百亿年，可见到地球毁灭也不能做完这个游戏。即使让计算机"搬"，每秒搬一亿次，也要用 5 800 年，可见要完成这个游戏是不可能的。

由以上两个递归函数的执行过程可以看到，每次递归调用，总是重复执行某种操作，这与循环有点近似。

递归结构的程序具有结构清晰、容易阅读和理解的优点，写出的程序较简短，但在处理递归问题中，需要保留每次递归调用时的参数和局部变量，这样就占用大量的存储空间和花费较多的机器时间，效率较低。

用递归过程或函数解决问题时应满足下面的要求：

（1）分析题意，求解的问题是否符合递归的描述：将要解决的问题化为与原问题相同的若干子问题。

（2）函数体中必须有递归结束的条件，即不进行递归的条件判断语句。

（3）递归调用的次数是有限的。不管递归调用多少次，每递归一次，即向递归结束条件接近一点，最终达到结束条件，不再递归。

习 题 7

一、指出下面程序中哪些是形式参数，哪些是实际参数

1.

```
int fct(int a, int b)
{
    a=a+1;
    b=b+2;
    return a+b;
}
```

2.

```
int main(int argc, char** argv){
    int m, n;
```

```
        m=5;
        n=6;
        fct(m,n);
        return 0;
}
```

二、指出下面程序中哪些是全局变量，哪些是局部变量

```
int a;
float b;
void pa(float m, int n)
{
        int i, j;
        m=0;
        j=1;
        for(i=1; i<n; i++)
        {
                m=m+j*1/i;
                j=-j;
        }
}
int main(int argc, char** argv){
        cin>>a;
        pa(b, a);
        return 0;
}
```

三、写出下面程序的输出结果

1.

```
int f(int x)
{
        return x*x+10*x-2;
}
int main(int argc, char** argv) {
        int n;
        n=6;
        cout <<f(n)<<endl;
        cout <<f(n+5)<<", "<<n<<endl;
        return 0;
}
```

2.

```cpp
int f(int x)
{
    int y,j;
    y=1;
    for(j=1;j<=x;j++)
    {
        y=y*j;
    }
    return y;
}
int main(int argc, char** argv) {
    int s,i;
    s=0;
    for(i=0;i<=5;i++)
    {
        s=s+f(i);
    }
    cout <<"s="<<s<<endl;
    return 0;
}
```

四、编程题

1. 编写函数，函数功能是：统计整数 n 的各位上出现数字 1、2、3 的次数。要求输入/输出均在主函数中完成。

2. 编写两个函数，函数功能是：求出两个整数的最大公约数和最小公倍数，要求输入/输出均在主函数中完成。

3. 编写函数，函数功能是：完成进制转换，十进制转换为八进制，输入/输出均在主函数中完成。

第 8 章

字符串

8.1 string 类型的初始化

在现实中，经常需要处理文本类型的数据，实现文本的存储、插入、删除、替换、查找、显示输出等操作。为简便起见，首先不考虑中文文本，因为中文文本的存储方法和操作方法都比较复杂。通常意义上的文本是由大小写字母、数字、标点、空格等字符组成的，按一定顺序排成一串。例如 "I am a student." 这句文本就包含了 11 个字母、3 个空格、1 个标点，共 15 个字符。

这种由字符按一定顺序排列所组成的数据对象叫作字符串（String），有时也简称为字串或串。与其他数据类型一样，字符串也可以是常量形式或变量形式。如输出语句：

```
cout <<"第一个字符串"<<endl;
```

实际上就是在用 cout 语句输出字符串常量。

字符串所包含的字符个数叫作这个字符串的长度（Length）。不含有任何字符的字符串叫作空字符串（Empty String），简称空串，空串的长度是 0。空串与空格字符串是不同的，因为空串不含字符，而空格串含有一个或多个空格字符。

在 C++语言中表示字符串的方法很简单：将字符串用双引号引起来。

例如：

字符串"AB",长度为2

字符串"AB",包含'A'、空格、'B'共3个字符,长度为3

字符串"This is a pen.",长度为14

字符串""是空串,长度为0

字符串"　　"含有2个空格,长度为2

字符串两边的双引号是用于界定字符串范围的,它并不是字符串的一部分,不会随字符串内容存储到内存中,也不会影响字符串的长度。

下面通过一段程序来看字符串的具体使用。

 例 8-1

```cpp
#include <iostream>
#include <string>          //包含头文件 string
using namespace std;       //对字符串的 namespace 进行引用
int main(int argc, char** argv){
    string str;            //定义一个空字符串 str
    str="Helo world";      //采用等号赋值的方式为字符串赋值
    string s1(str);        //调用复制构造函数生成 s1,s1 为 str 的复制品
    cout <<s1<<endl;
    return 0;
}
```

上面的代码中,首先通过#include 进行了 string 的包含,然后使用 using 关键字对 std 名字空间进行了引用。接下来就可以使用 string 这种类型了,否则必须使用"std::string"的方式进行使用。通过等号对 string 类型的变量 strt 进行赋值,将"hello world"赋值给了 str,最后通过 cout 进行字符串的输出操作,其中 endl 起到了输出终止的作用。

字符串初始化方法还有如下 6 种。

(1)赋值字符串并初始化:

str(string s1);

(2)从指定位置截取字符串:

str(string s1, int start);

(3)从指定位置截取并指定长度:

str(string s1, int start, int length);

(4)用 C 语言字符串(字符数组)初始化字符串:

str(char cstr[]);

(5)将 C 语言字符串指定长度作为新字符串的长度:

str(char cstr[], int length);

（6）生成一个带有指定字符，并指定长度的字符串：

```
str(int length,char c);
```

8.2　string 类型的基本操作

字符串操作较常见的有比较、查找、返回长度等。这些都可以用 string 自带的函数来实现，下面逐一进行讲解。

8.2.1　string 比较操作

string 支持是否等于、大于、小于、大于等于、小于等于和不等于几种比较，也可以使用"+"和"+="进行连接操作，通过下面的例子进行讲解。

例 8-2

```cpp
#include <iostream>
#include <string>
using namespace std;
int main(int argc, char** argv) {
    string str;
    cout <<"plese input your name: "<<endl;
    cin >>str;
    if(str=="Li")                //字符串比较是否相等
      cout <<"你是 li"<<endl;
    else if(str!="wang")         //字符串不等比较
      cout <<"你不是 wang"<<endl;
    else if(str<"Li")            //字符串小于比较
      cout <<"your name should be ahead of Li"<<endl;
    else
      cout <<"your name should be after of Li"<<endl;
    str+=",welcome!";            //字符串+=操作
    cout <<str<<endl;
    for(int i=0; i<str.size(); i++)
      cout <<str[i];             //通过数组获得
    return 0;
}
```

输入：

LiMing

运行结果如下：

你不是 wang

LiMing, welcome!

LiMing, welcome!

在上面的程序中，"//"后面的是注释语句，注释语句并不参与程序运行，也不会影响程序的执行结果，只起到解释说明的作用。例 8-2 完整地展示了 string 的比较操作，同时完成了字符串的连接操作，程序中使用了 if elseif 的多分支结构。

8.2.2　string 的插入替换以及其他函数

在 C++中还有一些其他的常用函数，实现字符串的插入、删除、交换连接等操作，下面依次进行讲解。

（1）在指定位置插入字符串，格式如下：

```
string insert(int p, const string &s);
```

例如：

```
string str="abce";
cout <<str. insert(0, "ABC")<<endl;
```

此时的输出结果为：

ABCabce

字符串 str 赋值为"abce"，通过 insert 函数在起始位置为 0 的地方开始插入"ABC"，则得到最后的结果。

（2）从指定位置开始替换字符串中的字符，格式如下：

```
string replace(int p, int n, const char *s)
```

例如：

```
string str="abce";
    cout <<str. replace(0, 3, "hello")<<endl;
```

此时的输入结果为：

helloe

字符串"abce"中从 0 开始的前三个字符"abc"被替换成了"hello"。因此 replace 函数可以替换长度不一致的字符。

（3）从指定位置开始删除字符，其格式如下：

```
string erase(int p, int n);
```

例如：

```
string str="abcdefg";
cout <<str. erase(2,3)<<endl;
```

此时的输出结果为：

```
abfg
```

其中，"cde"三个字符被删掉。字符串"abcdefg"从编号为 2 的位置开始删除了长度为 3 个字符的内容，因此得到上面的结果。

（4）交换字符串的值，格式如下：

```
void swap(string &s2);
```

例如：

```
string str1="我是老师";
string str2="我是学生";
str1. swap(str2);
cout <<str1<<endl;
```

此时的输出结果为：

```
我是学生
```

通过 swap 函数顺利交换了 str1 和 str2 的值，值得注意的是，swap 函数的返回值为 void，它直接修改的是字符串 str1 的内容。

（5）字符串截取，其格式如下：

```
string substr(int pos=0, int n=npos);
```

例如：

```
string str1="I'm a teacher";
cout <<str1. substr(6,7)<<endl;
```

此时的输出结果为：

```
teacher
```

substr 函数从地址为 6 的字符开始，截取长度为 7 的字符组成新的字符串输出。注意：a 前后各有一个占 1 字符的空格。

（6）字符串连接函数，其格式如下：

```
string append(const char*s);
```

例如：

```
string str1="我是老师";
string str2="你是谁?";
cout<<str1. append(str2)<<endl;
```

此时的输出结果为：

我是老师你是谁？

在 str1 的尾部连接了 str2。append 函数的作用是实现字符串的追加，在实际工作中比较常用。

（7）在字符串尾部追加一个字符，其格式如下：

void push_back(char c);

例如：

```
string str1="我是老师";
str1.push_back('!');
cout<<str1<<endl;
```

此时的输出结果为：

我是老师！

需要注意的是，push_back 函数的返回值是 void。因此，该函数直接改变了 str1 字符串的值。在输出时，选择输出 str1 字符串即可。

下面通过一个综合案例来讲解这些字符串函数的用法。

 例 8-3

```
#include <iostream>
#include <string>
using namespace std;
int main(int argc, char** argv)
{
    string str1 = "abc123defg";
    string str2 = "swap!";
    cout<<str1<<endl;
    cout<<str1.erase(3,3)<<endl;          //从索引 3 开始的 3 个字符,即删除
                                          //掉了"123"
    cout<<str1.insert(0,"123")<<endl;     //在头部插入
    cout<<str1.append("123")<<endl;       //append()方法可以添加字符串
    str1.push_back('A');                  //push_back()方法只能添加一个
                                          //字符
    cout<<str1<<endl;
    cout<<str1.replace(0,3,"hello")<<endl; //即将索引 0 开始的 3 个字
                                          //符替换成"hello"
    cout<<str1.substr(5,7)<<endl;         //从索引 5 开始 7 个字节
    str1.swap(str2);
```

```
    cout<<str1<<endl;
    return 0;
}
```

程序执行结果为：

```
abc123defg
abcdefg
123abcdefg
123abcdefg123
123abcdefg123A
helloabcdefg123A
abcdefg
swap!
```

8.3　应用实例

例8-4　从键盘接收两个99位以内的十进制整数，求它们的和，并显示出来。

分析：99位的十进制整数超过了C++数值类型所能表示的范围，因此不能使用现有的数值类型来处理，也不能直接使用现有的加法运算。本程序采用字符串来存储操作数（加数和被加数），用字符数组来存储计算结果，用人工竖式的计算方法进行计算。两个99位数之和的最大位数是100位，因此字符数组的最大长度应定义为100。为了提高程序效率，字符数组使用逆序存储，即低位在左、高位在右。多位数加法的竖式算法是：两个操作数低位对齐，从最低位开始，逐位相加。若某位相加结果超过10，则向高一位进位；若某一操作数已没有更高位，则只将另一操作数的剩余位逐一加到结果上；直至两个操作数都已加完，即完成计算。

程序代码如下：

```cpp
#include <iostream>
#include <string>
using namespace std;
int main(int argc, char** argv)
{
    string a, b;
    int i, j, k, sum;
    char c[100];
    bool carry;
    cin >>a>>b;
```

```
i=a.size()-1;
j=b.size()-1;
k=0;
carry=false;
while(i>=0 || j>=0)
{
    k=k+1;
    if(i>=0)
    {
        sum=(int)a[i]-48;
        i=i-1;
    }
    else
    {
        sum=0;
    }
    if(j>=0)
    {
        sum=sum+(int)b[j]-48;
        j=j-1;
    }
    if(carry)
    {
        sum=sum+1;
    }
    if(sum>9)
    {
        carry=true;
        c[k]=(char)(sum-10+48);
    }
    else
    {
        carry=false;
        c[k]=(char)(sum+48);
    }
}
if(carry)
{
    k=k+1;
```

```
            c[k]='1';
        }
        while(k>=1)
        {
            cout <<c[k];
            k=k-1;
        }
        return 0;
}
```

运行程序，输入两个整数，运行过程和结果如下：

396231578313300259↙
5816330785035918↙
402047909098336177

程序附有详细的注释，这里只做几点说明：

（1）操作数每一位上可能出现的最大数字是 9，每位上的相加结果不会超过 18，加上进位后也不会超过 19。因此，处理进位时，只需考虑"无进位"和"进 1"这两种情况。

（2）字符 0 的 ASCII 码是 48，1 的 ASCⅡ码是 49，……，9 的 ASCⅡ码是 58。将数字字符的 ASCII 码减去 48 就得到相应的数值。这个规律在编程中经常会用到，因此应该熟记。

（3）为节省篇幅，本程序没有对输入的数据做合法性判断，如果接收到非法的数据就会出错。请读者自行考虑实际应用中可能出现的非法数据，并完善本程序。

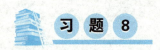

习 题 8

一、填空题

1. 引入 string 类的语句是#include <_____>。

2. 为了方便，一般在代码文件的上部加上 std 名字空间的引入，语法为_____。

3. 声明一个名字为"str"的字符串的语法为_____。

4. 声明一个字符数组 cstr 并赋值为"abc"的语句为_____。

5. 下面程序中，在"abce"字符串的前面插入"BOY"。

```
string str="abce";
cout <<str. insert (_____, _____)<<endl;
```

6. 在下面的程序中，实现将"Japanese"转换成"Chinese"。

```
string str="Japanese";
cout <<str. replace (0,_____, "Chin")<<endl;
```

二、读下面程序，写出运行结果

1.

```cpp
#include <iostream>
#include <string>
using namespace std;
int main(int argc, char** argv) {
    string str="Li";
    if(str=="Li")
    {
        cout <<"I'm Mr Li. "<<endl;
    }
    else if(str>"Li")
    {
        cout <<"I'm short. "<<endl;
    }
    else
    {
        cout <<"I'm long. "<<endl;
    }
    return 0;
}
```

2.

```cpp
#include <iostream>
#include <string>
using namespace std;
int main(int argc, char** argv) {
    int flag=-1;
    string s="这里毒品交易是非法的";
    flag=s.rfind("毒品");
    if(flag!=-1)
        cout <<"有敏感字符"<<endl;
    cout <<"检测结束"<<endl;
    return 0;
}
```

3.

```cpp
#include <iostream>
#include <string>
```

```
using namespace std;
int main(int argc, char** argv) {
    string str;                  //定义一个空的字符串
    str="I'm a new pupil";       //给str赋值为"I'm a new pupil"
    char cstr[]="abcde";         //定义了一个C语言中的字符串
    string s1(str);              //调用复制构造函数生成s1,s1为str的复
                                 //制品

    cout <<s1<<endl;
    string s2(str,6);            //将str内,开始于位置6的部分当作s2的初值
    cout<<s2<<endl;

    string s3(str,6,3);          //将str内,开始于6且长度顶多为3的部分作为
                                 //s3的初值

    cout<<s3<<endl;
    string s4(cstr);             //将C字符串作为s4的初值
    cout<<s4<<endl;
    string s5(cstr,3);           //将C字符串前3个字符作为字符串s5的初值
    cout<<s5<<endl;
    string s6(5,'A');            //生成一个字符串,包含5个'A'字符
    cout<<s6<<endl;
    string s7(str.begin(),str.begin()+5);
                                 //区间str.begin()和str.begin()+5内的
                                 //字符作为初值

    cout<<s7<<endl;
    return 0;
}
```

三、按照要求写出程序

1. 从键盘接收 10 个字符串，按长度进行降序排序，并显示排序的结果。

2. 编写程序实现凯撒加密：凯撒加密是密码学的经典案例，是凯撒传递军事情报的重要方法。它的实现原理是将英文字母往后偏移固定的数值，比如当偏移数值为 3 时，A 将被替换成 D，B 变成 E。编写程序实现偏移量为 1~25 中任意数值时，对输入的大写和小写字母进行加密，并显示出加密的密文。

3. 编写程序实现敏感字符过滤，将"暴力情节的电影，禁止放映"，中的"暴力"替换成"＊＊＊＊"。

第 9 章

指　　针

数据结构分为两类：静态数据结构和动态数据结构。

前面介绍的数组属于静态数据结构。它的特点是：变量定义后，C++系统自动为变量分配内存空间，在程序执行过程中内存空间保持不变。例如：利用数组 a 存储数据，当事先不能确定数组元素的数目时，若定义 int a ［100］；则数组 a 就占用了 4 * 100 个字节的内存空间，而在程序执行过程中可能只使用了部分数组元素，这样就会出现空余的内存空间没有利用。另外，当需要在已赋值数组的某个位置插入（或删除）一个数据时，会造成众多数据的后移（或前移），加大了算法的复杂度。

为了弥补静态数据结构的上述不足，C++系统引入了指针变量。指针变量属于动态数据结构。动态数据结构与数组不同，它不需要固定的存储空间，在程序执行时，可以根据数据的存储需要来扩充或缩减。动态数据结构既能方便地插入新数据（只需建立一个新的结点），又能方便地删除某个数据（即去掉某个结点），然后改变相邻数据结点之间的联系就可以了，不会造成大量数据的频繁移动。下面首先来认识指针变量。

9.1　指针变量的定义

对变量进行赋值后，计算机的内存中会有一块存储空间存放变量的值。例如：int a = 5；则整型变量 a 的值 5 就存放在一个内存空间中。可以到这个内存空间对变量 a 进行存取操作。

类似于学校的每一个教室都有班级编号，计算机内存中的每一个内存空间也都有一个整数编号，称为地址。C++规定取地址的运算符是"&"。"&a"表示获取存放变量 a 的值，即 5 的地址。

9.1.1　指针变量

指针变量是不同于普通变量的一种新变量，它是一个指示器，起到为程序在内存区域里引路的作用。在 C++ 中，用"＊"标识指针变量。在使用指针之前，要说明指针变量的类型。对指针变量的类型说明格式为：

类型说明符 ＊变量名;

例如：

图 9-1　指针变量示意

int *p;

"＊p"标志 p 是一个指针变量（简称为指针）。p 指向一个内存空间，这个内存空间里存放着一个内存地址，例如：int ＊p=NULL; 表示指针变量的值是 NULL（特殊的空地址），如图 9-1 所示。

9.1.2　指针变量的赋值

指针变量的赋值格式为：

类型说明符 ＊变量名=数据;

例如：

int *p=5;

设"地址码"表示变量 a 的内存空间的起始地址，它就是指针变量 p 的赋值。直接对 p 存取操作的是内存空间的地址码，通过这个地址码间接地对 5 进行操作。即指针变量 p 的值是地址码，"＊p"的值是 5。如图 9-2 所示。

图 9-2　指针变量赋值示意

"int ＊p;"表示指针变量 p 所指向的变量的数据类型是 int（整型）。

指针变量通过地址码间接所指的数据类型称为指针变量的类型。例如：整型、字符型等。

请注意：指针变量在使用之前要有类型说明，同时必须赋值，没有赋值的指针变量不能使用。例如前面的定义："int a;"和"int ＊p;"，表示 p 指向整型变量，p 的值是变量 a 的内存空间的起始地址。因此"＊p"实际上通过地址访问了"a"。

例9-1　对"图9-2指针变量赋值示意"编写程序进行验证。

程序代码如下：

```cpp
#include<iostream>
using namespace std;
int main()
{
    int a, *p;              //定义变量 a 和指针变量 p
    a=5;
    p=&a;                   //指针变量 p 的赋值是 a 的地址码(即 p 指向 a)
    cout<<*p<<endl;
    return 0;
}
```

运行结果：

5

 例9-2　输入两个自然数，利用指针计算大数和小数的差。

程序代码如下：

```cpp
#include<iostream>
using namespace std;
int main()
{
    int a, b, s;
    int *p, *q;             //定义指针变量 p 和 q
    cin>>a>>b;
    if(a<b) swap(a, b);     //确保 a 不小于 b
    p=&a;                   //p 指向 a
    q=&b;                   //q 指向 b
    s=*p-*q;                //利用指针求两数之差
    cout<<"s="<<s;
    return 0;
}
```

9.2　指针变量的基本操作

1. 指针变量的赋值

设 p 是指向整型变量的指针变量，a 是整型变量。如果要把 a 的地址赋予 p 有下述两种方式：

（1）指针变量初始化。

int a; int*p=&a;

（2）赋值法。

int a;　int*p; p=&a;

请注意：

不能把数值赋给指针变量，"int ＊p；p＝100；"的赋值是错误的。

2. 指针变量的运算

指针变量的值是内存地址，常用到两种运算：加和减。这两个运算通常是配合数组进行操作的。

例9-3　利用数组输入 4 个自然数，使用指针变量输出。

程序代码如下：

```cpp
#include<iostream>
using namespace std;
int main()
{
    int a[4];
    for(int i=0; i<4; i++)
        cin>>a[i];
    int *p=&a[0];                 //*p 即为 a(0)
    for(int i=0; i<4; i++)
    {
        cout<<*p;
        p++;                      //"跳过"一个整数的空间,到达下一个整数
    }
    return 0;
}
```

输入：

2019

输出：

2019

请注意：上面程序中的 "p++"，不是 p 的值（地址）加 1。由于 a 是 int 类型，所以是 "跳过" 一个整数的空间，到达下一个整数。

不难理解，对于 int 类型指针变量，

（1）"p--" 是向前 "跳过" 一个整数的空间，到达前一个整数。

（2）"（p+2）"是指向后面第 2 个整数的地址。

3.　无类型指针

当需要指针根据不同的情况指向不同类型的数据时，可以暂时定义一个无类型的指针，以后根据具体需要再用强制类型转换的方法明确它的类型。

定义无类型指针 *p* 的方法如下：

void *p;

功能：说明 *p* 是一个 void 类型的指针，void 表示指针指向的数据类型不确定。

 例9-4　无类型指针示例。

程序代码如下：

```
#include<iostream>
using namespace std;
int main()
{
    int a=100;
    double b=20.7;
    void *p;                        //指针 p 是无类型指针
    p=&a;                           //地址赋值
    cout<<*(int *)p<<endl;          //输出 p 指向的空间所存放的整型数据
    p=&b;
    cout<<*(double *)p<<endl;
    //输出 p 指向的空间所存放的双精度浮点数据
    return 0;
}
```

定义了无类型指针 *p*，可以为它赋地址值。但是输出时必须明确 *p* 指向的空间所存放的数据类型。因为不同的类型数据占用的内存空间大小不同，存储的格式也不同。

C++中的 sizeof（x）可以计算变量 *x* 所占的内存字节数。下面来试一试！

 例9-5　测试不同类型变量占用的内存空间容量。

程序代码如下：

```
#include<iostream>
using namespace std;
int main()
{
    char a;
    int b;
    short c;
    long d;
```

```
long long e;
double m;
int n[1];
int s1 = sizeof(a);        //测试字符型变量占用的内存空间容量
int s2 = sizeof(b);        //测试整型变量占用的内存空间容量
int s3 = sizeof(c);        //测试短整型变量占用的内存空间容量
int s4 = sizeof(d);        //测试长整型变量占用的内存空间容量
int s5 = sizeof(e);        //测试双长整型变量占用的内存空间容量
int s6 = sizeof(m);        //测试双精度浮点型变量占用的内存空间容量
int s7 = sizeof(n);        //测试整型数组元素占用的内存空间容量
cout<<"字符型 s1 = "<<s1<<endl;
cout<<"整型 s2 = "<<s2<<endl;
cout<<"短整型 s3 = "<<s3<<endl;
cout<<"长整型 s4 = "<<s4<<endl;
cout<<"双长整型 s5 = "<<s5<<endl;
cout<<"双精度浮点型 s6 = "<<s6<<endl;
cout<<"整型数组元素 s7 = "<<s7<<endl;
return 0;
}
```

运行结果：

从测试的运行结果得知：一个字符型变量占内存空间为 1B，一个整型变量占 4B，一个短整型变量占 2B，一个长整型变量占 4B，一个双长整型变量占 8B，一个双精度浮点型变量占 8B，一个整型数组元素占 4B。

**想一想**

如果将语句"int n[1];"改成"int n[100];"，运行结果是多少 B？你能验证吗？

4. 指向指针的指针

一个指针变量指向另一个指针类型数据，称为二重指针变量。二重指针变量 p 的定义方法如下：

```
int **p;
```

已知"int * p;"表示 p 是一个指向整型数据的指针变量。$**p$ 相当于 $*(*p)$，前面增加了一个 * 号，表示 p 是一个指向整型指针变量的指针，即二重指针。如图 9-3 所示为彼此的关系。

设 int **p1; (即 int *p2;)

int *p1;

int t=9;

p1=&t;   //p1指向 t

p2=&p1;   //p2指向 p1

P2	P1	t
&p1	&t	9

图 9-3 关系示意

注意，虽然 $p1$ 和 $p2$ 都是指针变量，其值都是地址，但是下面的赋值语句是错误的：

P2=&t;

因为 $p2$ 只能指向另一个指针变量 $p1$，而不能指向一个整型变量 t，即一重指针与二重指针不可相互赋值。

引用一重指针变量的值，要用一个"*"；引用二重指针变量的值，要用两个"*"。前面的例子中，要引用 t 的值，可以用 $*p2$，也可以使用 $**p1$。

类似地，可以定义多重指针。如：int $***p$，int $****p$ 等。

例 9-6 二重指针应用示例。

```
#include<iostream>
using namespace std;
int main()
{
    int a=5;
    int *p;                          //定义指针 p
    int **p2;                        //定义二重指针 p2
    p=&a;                            //p 指向 a
    p2=&p;                           //p2 指向 p
    cout<<"a="<<a<<endl;
    cout<<"*p="<<*p<<endl;           //通过指针 p 间接访问变量 a 的值5
    cout<<"**p2="<<**p2<<endl;       //二次间接访问变量 a 的值5
    return 0;
}
```

运行结果：

a=5

*p=5

**p2=5

9.3　指针的应用

例9-7　设整型数组 a[ ] = {10，11，12，13，14，15}；如果用 a 做指针，则 a 指向数组的开始元素 10。

设 int ∗ p = a+2；则指针变量 p 指向第 3 个元素 12。请分析下列程序的运行结果：

```cpp
#include<iostream>
using namespace std;
int main()
{
    int a[]={10,11,12,13,14,15};
    int *p=a+4;                  //p 指向数组的第5个元素14
    cout<<*p<<endl;
    cout<<*a<<endl;              //a 指向数组的开始元素10
    cout<<*(a+3)<<endl;          //a+3指向数组的第4个元素13
    cout<<*(++p)<<endl;          //++p 指向数组的第6个元素15
    return 0;
}
```

运行结果：

```
14
10
13
15
```

例9-8　班内小组推选小组长，每位同学拥有一张选票，设有 n 位同学参加选举。有 3 位候选人，编号为 1、2、3。请编写一个投票程序，投票后输出 3 位候选人的得票数。

算法分析：选用数组，用数组名代表数组首元素的地址，所以 a 与 &a[0] 是等价的。当指针变量 p 指向数组中的一个元素时，$p+1$ 则指向这个数组里的下一个元素。

程序代码如下：

```cpp
#include<iostream>
using namespace std;
const int m=3;                   //候选人的人数
int count(int b[], int n)
{
    int x;
```

```cpp
    for(int i=1;i<=n;i++)
    {
        do
        {
            cout<<i<<':';
            cin>>x;
        }
        while(x<0||x>m);
        b[x]++;
    }
}
int main()
{
    int a[m+1],i,n,*p;            //a[0]统计弃权的票数
    cout<<"请输入人数: ";
    cin>>n;
    for(p=a;p<=(a+m);p++)
    *p=0;
    p=a;                          //指针变量p重新指向数组首元素
    count(p,n);
    for(i=0;i<=m;i++)
    {
        switch(i)
        {
            case 0: cout<<"弃权: "<<a[i]<<endl;break;
            default: cout<<i<<"号票数: "<<a[i]<<endl;break;
        }
    }
    return 0;
}
```

运行结果：

请输入人数:
6↙
1: 2↙
2: 3↙
3: 1↙
4: 2↙
5: 1↙
6: 2↙

弃权：0

1号票数：2

2号票数：3

3号票数：1

习 题 9

一、单项选择题

1. 对于类型相同的指针变量，不能进行（　　　）运算。

A. *　　　　　　　B. +　　　　　　　C. =　　　　　　　D. −

2. 已知 a、b 是 int 型变量，下列 C++语句中哪个是不合法的？（　　　）

A. int c=a−b;　　　　　　　B. int &c=a;

C. const int &c=7;　　　　　D. int d=c=b;

二、写出下列程序的输出结果

1. 下列程序的输出结果是_____。

```cpp
#include<iostream>
using namespace std;
int main()
{
    char m, *p;
    m='A';
    p=&m;
    (*p)++;
    cout<<m<<endl;
    return 0;
}
```

2. 下列程序的输出结果是_____。

```cpp
#include<iostream>
using namespace std;
int main()
{
    int a[12]={1,2,3,4,5,6,7,8,9,10,11,12}, *p[4], i;
    for(i=0; i<4; i++)
        p[i]=&a[i*3];
    cout<<p[3][2]<<endl;
    return 0;
}
```

3.
```cpp
#include<iostream>
using namespace std;
int main()
{
    int *m;
    int *&p=m;
    int n=100;
    p=&n;
    cout<<"*m="<<*m<<endl;
    cout<<"*p="<<*p<<endl;
}
```

4.
```cpp
#include<iostream>
using namespace std;
int main()
{
    int m[]={1,2,3,4,5,6},*p;
    p=m;
    * (p+3)+=2;
    cout<<"*p="<<*p<<endl;
    cout<<"*(p+3)="<<* (p+3)<<endl;
    return 0;
}
```

三、想输出数组 a 中 10 个元素的值，下面程序可以实现吗？

```cpp
#include<iostream>
using namespace std;
int main()
{
    int a[]={0,1,2,3,4,5,6,7,8,9};
    for(int m=0;m<10;m++; a++)
      cout<<*a<<" ";
    cout<<endl;
}
```

四、从键盘输入 3 个整数 a、b、c，设 3 个指针变量 p、q、r 分别指向这 3 个数 a，b，c。练习利用指针变量编写程序输出 a 增加 1，b 增加 2，c 增加 3 的值。

五、一组学生围成一圈，任意假定一个数 n。从第一个学生开始顺时针方向报数，报到第 n 个时，第 n 个学生就退出。然后按此规则继续报数，学生陆续退出，圈子不断缩小。最后，剩下的一个学生成为胜利者。请利用指针和数组编写程序找出胜利者。

第 10 章

结构与联合体

利用 C++ 的标准数据类型整型（int）、字符型（char）、实型（float）、逻辑型（bool）等可以定义简单变量；利用数组可以方便地处理一批相同类型的数据。但在解决实际问题时，经常需要将不同类型的多个相关联的数据组合成一个整体来使用。

例如，描述一个学生的信息可能包含学号、姓名、性别、年龄、成绩等多个不同类型、不同长度的数据，若将这些数据分别用一个个独立的变量来表示，显然不能体现它们的相关性，而且当学生人数较多时，也很不方便。幸好 C++ 允许用自定义数据类型来解决这类问题。

10.1　结构的定义

10.1.1　什么是结构（struct）

标准数据类型是 C++ 系统定义的数据类型，系统为它们规定了相应的取值范围和运算，在程序中可以直接使用。而数组、指针和引用称为引用类型，它们是在标准数据类型的基础上进行扩展而得到的。结构是一种用户自定义的数据类型，若要使用结构类型的数据，应当先定义结构类型，然后用它来定义结构型变量。其方法与 int、float 等标准数据类型定义普通变量一样。

结构类型由数据和操作两部分组成。数据部分由已有类型的变量所组成，每个变量称为成员变量；操作部分则由对数据部分进行各种操作的函数所组成，每个函数被称为成员函数。成员变量和成员函数被统称为结构类型的成员。通常在定义结构类型时，只定义它的数据成员，而对其数据成员进行的操作是通过调用外部函数（在类型外定义的函数）来完成的。在 C++中，还有联合（Union）、枚举（Enum）和类（Class）等，它们被统称为构造类型。

10.1.2　结构的定义（struct）

结构定义的一般格式如下：

```
struct <结构类型名>
    {
        <成员类型名1> <成员名1>;
        <成员类型名2> <成员名2>;
        ……
        <成员类型名 n> <成员名 n>;
    }<结构变量名>;
```

结构类型的定义必须以关键字 struct 开始，后跟用户命名的有效的 C++标识符作为结构类型名。

如果结构的定义包括参数<结构类型名>（可选），该参数即成为一个与该结构等价的有效的类型名称。即可以用它定义此结构类型变量。

<结构变量名>为可选参数，是一个或多个具体结构变量的标识。在花括号"｛｝"内是组成这一结构的各个元素的类型和标识。

如用来描述上面提到的学生信息，可通过定义如下结构类型来完成。

```
struct student
    {
        int code;
        char name[10];
        bool sex; //true 表示男生,false 表示女生
        float score;
    };
    student stu1, stu2;
    student stu3;
```

这里首先定义了结构类型 student，它包含 4 个数据成员（域）：code、name、sex 和 score，每个域具有不同的数据类型。

其次，用这个结构类型的名称 student 声明了 3 个该类型的变量（对象）：stu1、stu2 和 stu3。

一旦被定义，student 就成为一个新的有效数据类型名称，可以像其他基本数据类型一样，如 int、char 或 float，被用来声明该数据类型的对象（变量）。

在结构定义的结尾可以加可选项 <结构变量名>，它的作用是直接声明该结构类型的变量（对象）。例如，也可以这样声明上述的结构对象 stu1、stu2 和 stu3：

```
struct student
{
    int code;
    char name[10];
    bool sex;
    float score;
}stu1,str2,stu3;
```

说明：

（1）如上例，如果在定义结构的同时声明了结构的对象，参数 <结构类型名>（本例中的 student）将变为可选项。但是如果没有结构名 student，就不能在后面的程序中用它来声明更多此结构类型的对象了。

（2）左右花括号之间所定义的结构成员部分称为结构体，<成员类型名 i>（$i=1$，2，…n）用来定义该结构所包含的数据成员的数据类型，每一种数据类型必须是一种已有的数据类型。<成员 i>（$i=1$，2，…n）为用户命名的有效的 C++标识符作为该类型的数据成员名。

当结构成员的数据类型为所定义的该结构本身类型时，只能是该结构的指针类型，而不能是该结构的直接成员。例如：

```
struct aaa
{
    int x,y;
    aaa *p;
};
```

在上面的结构定义中，p 为指向结构本身的指针类型，这是允许的。但不能定义成 aaa p 的形式。因为这种递归嵌套定义，将无法确定它的对象所需占用存储空间的大小。

（3）当多个数据成员具有同一种数据类型时，可用一个成员类型名定义，但各成员名之间应用逗号分开，在结束类型成员的定义后，要用分号结束。

（4）当一个结构类型定义在函数之外时，它具有文件作用域；当定义在一对花括号之内时，其作用域范围是该括号所构成的块，即它具有局部作用域。在程序中同一作用域内不允许出现相同的类型标识符或其他同名量，但在不同的作用域内用户类型名可以重复。

如类型 aaa 的作用域为文件作用域，但在一个函数中又用标识符 aaa 定义了另一个类型，则后者的作用域局限在这个函数中，文件作用域类型 aaa 在这个函数内部被局部类型 aaa 所屏蔽，是不可见的，而在该函数之外的所有地方有效，即为可见的。

（5）声明一个结构并不分配内存，内存分配是在定义这个结构类型的变量时进行的。

（6）一个结构变量所占内存是该结构体中所有成员各自所占存储空间的总和。如在前例中，设 int 型占 2 byte，char 型占 1 byte，bool 型占 1 byte，float 型占 4 byte，则结构 student 的对象 stu1、stu2、stu3 分别占用 $2+1*10+1+4=17$byte。

10.1.3　定义和初始化结构变量

清楚地区分结构类型和它的对象的概念非常重要。就像 int 是一个类型（type），而对象（object）是变量（variable）。从同一个类型可定义出多个变量（对象）。

定义了一种结构类型之后，可以用该类型在其作用域内的任何地方定义结构变量以及进行初始化。一旦定义了结构变量，系统就为其分配相应的存储空间。

结构变量定义的一般格式为：

[struct] <结构类型名> <变量名>[={初始化数据} |<同类型变量名>],…;

[ ] 中的内容是可选的（在 C 而不是 C++中，在用结构类型定义结构变量时，结构类型名前必须有 struct 关键字）。

例如，在 10.1.2 中定义了结构类型 student，并且用它来定义了 student 类型的变量 stu1 和 stu2。

student stu1, stu2;

可以在定义变量的同时对其进行初始化。

Student stu1, stu2 = {12345, "lilong", true, 79.8}

也可以在定义结构的同时定义初始化结构变量。例如：

```
struct student
{
    long code;
    char name[10];
    bool sex;
    float score;
}stu1, stu2 = {12345, "lilong", true, 79.8}
```

10.2　访问结构成员

在定义结构变量之后，系统即为其分配了相应的存储空间，以后对变量的访问就是对相应的存储空间存取信息。C++对结构变量提供了三种运算符，分别是赋值运算符"="、直接成员运算符"."和间接成员运算符"->"。它们都是双目运算符。

10.2.1　赋值运算符

赋值运算符的用法与标准类型中的使用方法类似，不再详述。

10.2.2 直接成员运算符

直接成员运算符（也称点运算符）的左边是一个结构变量，右边是该结构变量中的一个成员。通过它可以对成员变量进行操作。下面的程序说明了点操作符"．"运算符的用法。

例 10-1 点操作符的用法。

```cpp
//本章的程序均是在 DEV-C++ 5.11下调试
#include <iostream>
#include <cstring>
using namespace std;
struct person
{
    char name[20];
    unsigned id;
    float salary;
};
person pr1={"zhang ye", 87654321, 5.6};
int main()
{
    person pr2, pr3;
    pr2=pr1;
    strcpy(pr3.name, "hu yanan");   //字符串不能通过赋值表达式直接赋值
    pr3.id=12345678; pr3.salary=7.6;
    cout<<pr1.id<<"  "<<pr2.name<<"  "<<pr3.salary<<"\n";
    return 0;
}
```

程序运行结果如下：

87654321   zhang ye   7.6

说明：

（1）<iostream>是现在的标准 C++头文件，Dev-C++中废除了<iostream. h>。

（2）<cstring>是 C 标准库头文件<string. h>的 C++标准库版本，strlen、strcpy、strcat、strcmp 等都在这里面了。

（3）C++标准函数库的所有元素都被声明在一个名空间中，这就是 std 名空间。为了能够访问它的功能，用 using namespace std；这条语句表示将使用标准名空间中定义的元素。

注意：在例 10-1 中可以看到，两个结构变量之间可以赋值。而在数组中，数组是不能彼此赋值的。如下面的数组赋值语句就会导致一个编译错误。

```
int main()
{
    char m[10],n[10];
    m=n;                 //错误
    //...
}
```

这是因为数组名是一个常量指针，不允许赋值。数组实质上是一种数据类型的聚集，它不是数据类型，定义的每个数组都被认为是不同类型的，即使数组元素的个数及数据类型都相同（如上例中的 m 与 n）。因而无法看做是同类型数据之间的赋值。

而由于结构的大小固定，所以可以互相赋值。但两个不同结构名的变量间是不允许相互赋值的。即使两者包含有相同的成员。

10.2.3　间接成员运算符

用结构类型可以定义一个变量，是变量就有地址。结构不同于数组，结构变量名不是指针。通过取地址运算符"&"，可以得到结构变量的地址，这个地址就是结构的第一个成员的地址。和其他数据类型一样，结构也可以有指针，可以将结构变量的地址赋给结构指针，其使用规则同其他基本数据类型一样。指针必须被声明为一个指向结构的指针，结构指针通过间接成员操作符"->"来访问结构成员。

间接成员运算符"->"（也称箭头运算符）的左边是一个结构指针变量，右边是该结构指针变量所指结构中的成员，运算结果是指针所指结构中的一个成员变量。如 $p\text{->}a$ 表示 p 指针所指向结构中的成员变量 a。下面的程序说明了"->"运算符的用法。

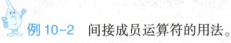 例 10-2　间接成员运算符的用法。

```
#include <iostream>
#include <cstring>
using namespace std;
struct student
{
    int code;
    char name[10];
    bool sex;                 //逻辑常量 true 和 false 分别表示男和女
    float score;
};
int main()
{
```

```
    student stu1, *pstu1;        //定义 student 类型变量 stu1和指针变量
                                 //pstu1
    pstu1=&stu1;                 //使 pstu1指向结构 student 的变量 stu1的首
                                 //地址
    pstu1->code=2345678;     //间接访问 stu1的元素
    strcpy(pstu1->name, "wu huabei");      //字符个数不能超9个
    pstu1->sex=true;         //逻辑常量,不需要用双引号括起来
    pstu1->score=80.8;
    cout<<pstu1->code<<" \ t"<<pstu1->name<<" \ t"
        <<pstu1->sex<<" \ t"<<pstu1->score<<endl;
    return 0;
}
```

程序的运行结果如下：

2345678 wu huabei   1   80.8

注意：当用点操作符时，它的左边应是一个结构变量；当用箭头操作符时，它的左边应是一个结构指针。

10.3　结构应用举例

例 10-3　输入多名学生的数据（包含学号、姓名、成绩三个域），按成绩从高到低输出。

分析：可以定义一个结构类型 student，并用其说明一个该结构类型的数组 stu[15]，这里假设最多有 15 名学生。

```
#include <iostream>
using namespace std;
struct student                  //定义结构类型 student
{
    unsigned code;              //学号
    char name[16];              //姓名
    float score;               //成绩
};
student stu[15];                //定义全局结构数组 stu
int input(int n);               //声明外部函数,用于向数组 stu 输入数据
int sort(int n);                //声明外部函数,用于排序
int output(int n);              //声明外部函数,用于显示数组 stu 中的记录
```

```
int main()
{
    int n;
    cout<<"请输入学生人数(1-15): ";
    cin>>n;
    input(n);                    //调用 input(n)函数,输入 n 条记录
    sort(n);                     //调用 sort(n)函数,排序
    output(n);                   //调用 output(n)函数,显示输入的记录
    return 0;
}
int input(int n)                 //定义函数
{
    int i;
    student x;                   //定义局部结构变量 x
    for(i=0; i<n; i++)
    {
        cout<<"输入学号: ";
        cin>>x.code;
        getchar();
        /*读取上一次输入流中的换行符,否则 cin.getline()将读此字符*/
        cout<<"输入姓名: ";
        cin.getline(x.name,16);
        cout<<"输入成绩: ";
        cin>>x.score;
        stu[i]=x;
    }
    return 0;
}
int sort(int n)                  //定义函数
{
    int i,j;
    student temp;
    for(i=0; i<n-1; i++)
        for(j=i+1; j<n; j++)
            if(stu[i].score<stu[j].score)
            {                    //交换整个结构数组元素的值
                temp=stu[i];
                stu[i]=stu[j];
                stu[j]=temp;
```

```
        }
        return 0;
    }
    int output(int n)
    {
        int i;
        for(i=0; i<n; i++)
        cout<<stu[i].code<<"\t"<<stu[i].name<<"\t"
        <<stu[i].score<<endl;
        return 0;
    }
```

如果运行程序后从键盘上输入的学生人数为3，则程序的输入和运行结果如下：

请输入学生人数(1-15):3
输入学号:123
输入姓名:li yanhong
输入成绩:89
输入学号:124
输入姓名:guo lili
输入成绩:94
输入学号:125
输入姓名:gao xinghua
输入成绩:76
124   guo lili   94
123   li yanhong   89
125   gao xinghua   76

说明：

（1）用 cin 来输入字符串时，它只能接收单个词（而不能是完整的句子），因为这种方法以任何空白符为分隔符，包括空格、制表符、换行符和回车符。

（2）cin 不能指定接收的字符个数，这可能使得程序不稳定，如果用户输入超出数组长度，输入信息会被丢失。

（3）鉴于以上原因，当 cin 被用来接收字符串时，它通常与函数 getline 一起使用，格式如下：

cin.getline(接收字符串的变量,接收字符个数,结束字符);

当输入长度超过第二个参数的值时，就会导致程序直接结束；当省略第三个参数时，系统默认为'\0'。

如：cin.getline(m, 5, 'a')；这时将以字符"a"作为结束标志。

例 10-4　验证访问结构变量成员的 3 种等价形式。

访问结构成员的 3 种等价形式如下。

（1）利用结构变量名和成员运算符，其一般格式是：

结构变量名.成员名;

（2）利用指向结构变量的指针和指向成员运算符，其一般格式是：

结构变量指针->成员名;

（3）利用指向结构变量的指针和指针运算符，一般格式是：

(*结构变量名).成员名;

由于成员运算符“.”的优先级比指针运算符“＊”的级别高，所以括号不能省略。

```cpp
#include <iostream>
using namespace std;
struct date                //定义日期结构体类型
{
    int year;
    int month;
    int day;
};
struct book
{
    unsigned bookID;       //书号
    char name[60];         //书名
    char pub_book[80];     //出版社
    float price;           //单价
    date pub_date;         //出版日期,date 的对象作为 book 的元素(嵌套)
}book1={10111,"数据结构","清华大学出版社",13.8,2016,11,5};
int main()
{
    book *book2=&book1;
    cout<<book1.bookID<<"  "<<book1.name<<"  "<<book1.pub_book
        <<"  "<<book1.price<<"  "<<book1.pub_date.year<<"  "
        <<book1.pub_date.month<<"  "<<book1.pub_date.day<<endl;
    cout<<book2->bookID<<"  "<<book2->name<<"  "
        <<book2->pub_book<<"  "<<book2->price<<"  "
        <<book2->pub_date.year<<"  "<<book2->pub_date.month
        <<"  "<<book2->pub_date.day<<endl;
```

```
      cout<<(*book2).bookID<<"  "<<(*book2).name<<"  "
          <<(*book2).pub_book<<"  "<<(*book2).price<<"  "
          <<(*book2).pub_date.year<<"  "<<(*book2).pub_date. month
          <<"  "<<(*book2).pub_date.day<<endl;
}
```

程序运行结果如下：

```
10111数据结构   清华大学出版社   13.8   2016   11   5
10111数据结构   清华大学出版社   13.8   2016   11   5
10111数据结构   清华大学出版社   13.8   2016   11   5
```

10.4　结构与链表

　　数组中的各个元素在内存中是连续存储的。这种存储结构带来的好处是可以方便地随机访问数组中的每一个元素。但当需要对数组进行插入或删除元素操作时，就会导致大量数据的移动，从而使简单的数据处理变得复杂、低效。为了能有效地解决这一问题，C++引入了"链表"这一存储结构。

　　链表由若干个元素（结点）组成。链表有一个"头指针"，它存放该链表的首地址，即链表第一个结点的地址；链表的每个结点由两个域组成：一个域用来存放用户数据，被称为"数据域"，另一部分存放下一个结点的地址，被称为"指针域"。最后一个结点不再指向其他结点，该结点的指针域为空（null），它称为"表尾"。如图10-1所示。

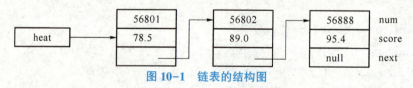

图 10-1　链表的结构图

10.4.1　链表的建立和输出

　　链表是一种动态存储的数据结构，它的特点是用一组任意的存储单元（可以是连续的，也可以是不连续的）存放数据元素。

　　显然，链表结构必须利用指针变量才能实现。即一个结点中应包含一个具有结点类型的指针变量，用于存放下一个结点的地址。实际上，链表中的每个结点都可以有多个不同类型的数据和多个指针。结点中只有一个指针的链表称为"单链表"。

　　在10.1中介绍过，在定义结构类型时，除了包含有一般的数据成员外，还允许包含指向自身结构的指针成员。例如：

```
struct student
{
```

```
    int num;
    float score;
    student *next;
};
```

next 是成员变量名，它是指向 student 结构的指针类型。由此可以看到，用这种含有指向自身结构的指针成员的结构类型可以很容易地建立一个链表。下面的例子建立并输出了一个链表。

 例 10-5　用 student 结构建立并输出一个链表。

```cpp
#include<iostream>
using namespace std;
struct student
{
    int num;
    float score;
    student *next;
};
student *head;                  //定义头指针
student *create()               //此函数返回一个指向链首的指针
{
    student *p;                 //创建结点指针
    student *pend;              //创建链尾指针,用于在其后面插入新结点
    p=new student;             //new 动态分配内存,返回首地址.建立一个新
                                //结点
    if(p==NULL) exit(1);        //分配失败,强制退出程序,1表示非正常退出
    cin>>p->num>>p->score;      //从键盘上给结点数据域赋值
    head=NULL;                  //开始置链表为空,NULL 必须大写
    pend=p;                    //尾结点指针指向 P
    while(p->num!=0)            //p->num=0时,退出循环
    {
        if(head==NULL)
            head=p;             //如果头结点为空,则使其指向 P
        else
            pend->next=p;       //如头结点已存在,则让尾结点 NEXT 指向下一
                                //结点
        pend=p;                //给当前尾结点的其他数据成员赋值
        p=new student;         //在内存中建立一个新结点
        if(p==NULL) exit(1);
```

```
        cin>>p->num>>p->score;    //从键盘上给新建的结点赋值
    }
    pend->next=NULL;              //当输入的学号为0时,使最后一个结点指针
                                  //为空
    delete p;                     //删除 num 值为0的结点
    return(head);                 //返回链首指针,让 head 代表整个链表
}
void pntlist(student *head)       //输出链表
{
    cout<<"print list:\n";
    while(head)
    {
        cout<<head->num<<"\t"<<head->score<<endl;
        head=head->next;          //得到指向下一结点的指针
    }
    return;                       //void 类型的函数不能有具体的返回值
}
int main()
{
    pntlist(create());            //函数嵌套
    return 0;
}
```

输入 3 个结点并输出数据的结果如下：

```
1 98.5
2 86.7
3 79.6
0 12
print list:
1        98.5
2        86.7
3        79.6
```

在本例所建立的链表中，其结点的次序与键盘上输入数据的次序相同，每次都是向表尾插入结点。也可以每次向表头插入一个结点，在此就不再详述了，读者可自己考虑其算法。

由于链表中指向每一个结点的指针保存在其前一个结点的指针域，即通过当前节点寻找后继结点，因此链表中的元素不能随机访问。这一点和顺序表是不同的。

10.4.2　链表的删除

要删除链表中的一个结点，只要让它的前一结点的指针成员指向下一结点就可以了。

 例 10-6　删除用 student 结构建立链表的一个结点。

```cpp
#include <iostream>
using namespace std;
struct student
{
    int num;
    float score;
    student *next;
};
student *head=NULL;
void pntlist(student *head)      //输出链表
{
    cout<<"print list:\n";
    while(head)
    {
        cout<<head->num<<"\t"<<head->score<<endl;
        head=head->next;            //得到指向下一结点的指针
    }
    return;                         //void 类型的函数不能有具体的返回值
}
student *dellist(student *head,int num)
{
    student *p;
    if(!head)
    {
        cout<<"链表不存在"<<endl;
        return head;                //返回链首指针
    }
    if(head->num==num)              //链首是要删除的结点
    {
        p=head;                     //保存待删除的结点
        head=head->next;            //让第2个结点成为链首
        delete p;
```

```cpp
        cout<<"num 值为 "<<num<<"的结点被删除"<<endl;
        return head;              //返回新的链首指针
    }
    //如果要删除的结点不是头结点,则要进行查找
    for(student *pfind=head;pfind->next;pfind=pfind->next)
    {
        if(pfind->next->num==num)//判断下一结点是否是要删除的结点
        {
            p=pfind->next;        //保存待删除的结点
            pfind->next=p->next;  //指向待删除结点的下一结点
            delete p;
            cout<<"num 值为 "<<num<<"的结点被删除"<<endl;
            return head;          //返回链首指针
        }
    }
    cout<<"链表中未找到 num 值为 "<<num<<"的结点"<<endl;
    return head;                  //返回链首指针
}
int main()
{
    //建立具有3个节点的链表
    head=new student;    if(head==NULL) exit(1);
    head->num=1; head->score=85.6;
    head->next = NULL;
    student *node=new student;    if(node==NULL) exit(1);
    node->num=2;    node->score=90.2;
    node->next=NULL;    head->next=node;
    student *node1=new student;    if(node1==NULL) exit(1);
    node1->num=3;    node1->score=78.9;
    node1->next=NULL;    node->next=node1;
    pntlist(head);
    cout<<"输入要删除的 num: ";
    int x;
    cin>>x;
    head=dellist(head,x);
    pntlist(head);
    return 0;
}
```

运行结果如下所示：

```
print list:
1       85.6
2       90.2
3       78.9
```
输入要删除的 num: 5
链表中未找到 num 值为5的结点
```
print list:
1       85.6
2       90.2
3       78.9
```

```
print list:
1       85.6
2       90.2
3       78.9
```
输入要删除的 num: 1
num 值为 1 的结点被删除
```
print list:
2       90.2
3       78.9
```

```
print list:
1       85.6
2       90.2
3       78.9
```
输入要删除的 num: 2
num 值为 2 的结点被删除
```
print list:
1       85.6
3       78.9
```

10.4.3　链表的插入

要向一个链表插入一个新结点，只要让该结点的指针域指向它所插入位置的后一个结点，并将前一个结点的指针域指向该结点就可以了。

　例 10-7　向用 student 结构建立的链表中插入一个新结点。

```
#include <iostream>
using namespace std;
struct student
{
    int num;
    float score;
    student *next;
};
student *head=NULL;
void pntlist(student *head)   //输出链表
{
    cout<<"print list:\n";
    while(head)
    {
        cout<<head->num<<" \t"<<head->score<<endl;
        head=head->next;
    }
    return;
}
student *inslist(student *head,student *stu)//stu 为待插入结点
```

```cpp
{
    if(head==NULL)
    {
        head=stu;               //如果是空表,让头指针指向该结点
        stu->next=NULL;         //置尾结点为空
        return head;
    }
    if(head->num > stu->num)
    {
        stu->next=head;         //结点插入在链首,next 成员指向首结点
        head=stu;               //插入的结点成为链首
        return head;
    }                           //如果要插入的结点不是链首,则要进行查找
    student *pfind=head;
    while(pfind->next && pfind->next->num < stu->num)
        pfind=pfind->next;      //条件成立,pfind 取下一结点,继续比较
    stu->next=pfind->next;      //退出循环时,即找到了插入点,完成结点插入
    pfind->next=stu;
    return head;
}
int main()
{
    bool flag=1;
    while(flag)
    {
        student *p;
        p=new student;
        if(p==NULL) exit(1);
        cout<<"num, score=";
        cin>>p->num>>p->score;
        head=inslist(head, p);
        pntlist(head);
        cout<<"继续插入新结点吗? (1/0)";
        cin>>flag;
        cout<<endl;
    }
    return 0;
}
```

运行结果示例如下：

num, score=2 89.6

print list:

2   89.6

继续插入新结点吗？(1/0)1

num, score=4 79.5

print list:

2   89.6

4   79.5

继续插入新结点吗？(1/0)1

num, score=3 86.8

print list:

2   89.6

3   86.8

4   79.5

继续插入新结点吗？(1/0)0

显然，该程序也可用来建立链表。

10.5　联合体

在 C++中，联合体也是一种用户自定义数据类型，联合体的功能和语句都和结构体类似，它们最大的区别是：联合体在任一时刻只有一个成员处于活动状态；与结构类型变量所占内存长度等于各个成员的长度之和不同，联合体变量所占的内存长度等于各个成员中最长的成员的长度。

一个被声明为联合体数据类型的变量，虽然其各个成员所占内存的字节数不同，但它们都是从同一地址开始的，即所有的成员变量共用一内存区域，能够有效地节省内存空间。这也是联合体在任一时刻只有一个成员处于活动状态的原因。

10.5.1　定义联合体

联合体的定义格式与结构相同，只是用 union 代替 struct。例如，声明：

```
union data
{
    char key;
    int num;
    double price;
};
```

data a, b, *up

就定义了一个名称为"data"的联合体数据类型，它包含有一个字符型成员，一个整型成员和一个双精度成员。并且定义了两个具有 data 数据类型的变量 a、b 和 1 个具有 data 数据类型的指针 up。和结构一样，联合体类型在声明时并不分配内存，内存分配是在定义这个联合体类型的变量时进行的。

虽然联合体和结构在说明以及变量定义上的方法基本相同，但二者还是有较大的区别的。

（1）在任一时刻，结构中的所有成员都是可以访问的，而联合体中却只有一个成员是可以访问的，其余所有成员都是不可访问的。即任一时刻只能够存储一个数据成员的值，当要存储另一个成员的值时，则上一次存储的数据成员的值被覆盖掉。如联合体 data 的 3 个数据成员 key、num、price 在同一时间只能访问一个。

（2）结构与联合体的区别还表现在对变量的初始化上，C++允许对结构中的每个数据成员按照定义的次序进行初始化，但联合体却只允许对第一个数据成员初始化，而不允许对其他的数据成员初始化。与结构中对成员变量初始化一样，也必须用花括号括起来。

10.5.2　联合体对象成员的访问

对联合体对象成员的访问和对结构成员的访问一样，也是通过点操作符"."进行直接访问，通过箭头操作符"->"进行间接访问。

例如对于前面定义的联合体 data，对其变量 a，直接访问每个成员的表示为 a.key、a.num 和 a.price。

对于指向 data 类型的指针 up，则间接访问 up 所指对象中每个成员的表示为 p->key、p->num 和 p->price。也可以用指针运算符表示为 (*p).key、(*p).num 和 (*p).price。

 例 10-8　联合体成员变量的操作。

```cpp
#include <iostream>
using namespace std;
union data
{
    char key;
    int num;
    double price;
};
int main()
{
    data a = {'a'}, *pd;
```

```
    cout<<"a.key="<<a.key<<endl;
    pd=new data;
    pd->num=1234;
    cout<<"pd->num="<<pd->num<<endl;
    cout<<"(*pd).num="<<(*pd).num<<endl;
    return 0;
}
```

程序执行结果如下：

```
a.key=a
pd->num=1234
(*pd).num=1234
```

 习 题 10

一、单项选择题

1. 在说明一个结构体变量时，系统分配给它的存储空间是（　　　）。

    A. 该结构体中第一个成员所需存储空间

    B. 该结构体中最后一个成员所需存储空间

    C. 该结构体中占用最大存储空间的成员所需存储空间

    D. 该结构体中所有成员所需存储空间的总和

2. 在一个长度为 N 的单链表上，设有头和尾两个指针，执行（　　　）操作与链表的长度有关。

    A. 删除单链表的第一个元素

    B. 删除单链表的最后一个元素

    C. 在单链表的第一个元素前插入一个新元素

    D. 在单链表的最后一个元素后插入一个新元素

3. 在说明一个联合体变量时，系统分配给它的存储空间是（　　　）。

    A. 该联合体中第一个成员所需存储空间

    B. 该联合体中最后一个成员所需存储空间

    C. 该联合体中占用最大存储空间的成员所需存储空间

    D. 该联合体中所有成员所需存储空间的总和

4. 在下面对结构变量的叙述中，（　　　）是错误的。

    A. 相同类型的结构变量间可以相互赋值

    B. 通过结构变量，可以任意引用它的成员

    C. 结构变量中某个成员与这个成员类型相同的简单变量间可以相互赋值

    D. 结构变量与简单变量间可以相互赋值

5. 链表不具有的特点是（   ）。

    A. 不必事先估计存储空间   B. 插入删除不需要移动元素

    C. 可随机访问任一元素   D. 所需空间与线性表长度成正比

6. 有如下定义：

```
struct
{
    int x;
    char y[5];
}tab[2]={{1,"ab"},{2,"cd"}}, *p=tab;
```

则表达式 *p->y 的结果是 ___①___。表达式（++p)->y 的结果是 ___②___。

    A. a   B. ab

    C. c   D. cd

二、写出下列程序的运行结果

1.

```cpp
#include <iostream>
using namespace std;
struct stru
{
    int x;
    char c;
};
void func(struct stru b)
{
    b.x=20;
    b.c='y';
}
int main()
{
    stru a={10,'x'};
    func(a);
    cout<<a.x<<"   "<<a.c<<endl;
    return 0;
}
```

2.

```cpp
#include <iostream>
using namespacestd;
struct stru
```

```
{
    int x;
    char c;
};
void func(struct stru *b)
{
    b->x=20;
    b->c='y';
}
int main()
{
    stru a={10,'x'}, *p=&a;
    func(p);
    cout<<a.x<<" "<<a.c<<endl;
    return 0;
}
```

3.

```
#include <iostream>
using namespacestd;
int main()
{
    union
    {
        int i[2];
        long k;
        int c[4];
    } r, *p=&r;
    r.i[0]=0x41;                //十六进制数
    r.i[1]=0x42;
    cout<<p->c[0]<<' '<<p->c[1]<<' '<<p->c[2]<<' '<<p->c[3]<<endl;
    return 0;
}
```

　　三、编程：有 3 只动物，都具有重量和身长两个属性，现在需要对它们的重量和身长赋值，并且输出它们的重量。

第 11 章

文　件

11.1　文件的类型

在 C++语言源程序首行的头文件，是用户与计算机进行数据传递的文件。

当一个程序需要输入大量的数据，或同一批数据需要反复输入多次时，从键盘上输入数据是很麻烦的。能不能把数据保存在外部存储器呢？C++语言的文件就可以解决这个问题。文件是用户自定义的数据类型，通常用于人与计算机，或者计算机与各类设备之间进行数据传递。

文件由一系列能被计算机识别的元素组成，可以存储在磁盘、光盘等外部存储设备上，通过文件来操作磁盘上数据的存储和调用，故通常称其为外部文件。

C++语言中的文件可以从不同的角度进行分类。从文件的内容来区分，分为两种类型：程序文件和数据文件。程序文件用来存储源程序（.cpp）或者可执行的目标程序（.exe），数据文件用来存储程序运行时需要使用的输入或输出的数据。

从文件的结构来区分，一般分为文本文件和随机文件两种类型。

（1）文本文件。又被称为正文文件，按照其 ASCII 码翻译成文字，是简单容易操作的字符文件。

（2）随机文件。随机存储的文件被称为随机文件，是以二进制形式存储在磁盘上的。二进制随机文件效率高，但是要知道它的编码形式才能正确解码转换，需要专业人员处理。

目前，在青少年信息学奥林匹克竞赛（NOI）和分区联赛（NOIP）复赛中，输入数据和输出结果都要求采用文本文件形式，所以文本文件是本章的主要内容。

11.2　文本文件的概念

先来介绍文本文件的文件名命名要求、数据元素特征和文件中的指针。

11.2.1　文件名

C++语言规定文件名由主文件名和文件扩展名两部分组成，中间用“.”分隔。即文件命名的格式为：

主文件名 . 扩展名

主文件名由文字、数字、字符等组成，文件扩展名最多有 3 个字符。例如“STADY. IN”、“e2_1. out”、“36. dat”都可以作为文件名。文件的扩展名可以省略，但必须要有主文件名。例如：“AB2”也可以作为文件名。C++语言文件名中使用的字符不区分大小写，例如“ABC. DAT”与“abc. dat”被看做是同一个数据型文件名。在信息学奥林匹克竞赛中，常用“. in”作为输入文件的扩展名，“. out”作为输出文件的扩展名。

11.2.2　文件的数据行

文本文件中的数据元素可由多个字符构成，每个数据元素的长度没有统一规定。文本文件中的一个数据元素通常被称为一行。

11.2.3　文件指针

文本文件是顺序存取文件。在向文件中写入数据时，只能从文件的起始位置开始，一个接一个地将数据写入；在从文件中读取数据时，也只能从文件的起始位置，顺序将数据从文件中读出。对于同一个文件的输入和输出操作不能交叉进行，即对于某个文件，只能从中读取数据，或者只能向文件中写入数据，不能同时读写。

为了方便对文件进行读写操作，C++语言对每一个文件设置了一个指针 FILE，指向应读（写）的位置。当用户打开某一个文件时，文件指针首先指向第一个数据元素中的第一字符（称为第一个文件分量），然后不断地向后移动。从文件中读取数据，就是读取指针所指位置处的数据。向文件写入数据，则将数据写到指针所指的位置。

11.3　文件类型变量的定义及引用

内存中运行的 C++程序数据是通过建立文件缓冲区与磁盘上的文件发生关联的。

C++程序和文件缓冲区交换数据有两种方式：流式和I/O方式。信息学竞赛中一般使用流式文件操作。

流式文件类型分为两种：

（1）stream类的流文件。

（2）文件指针FILE。

11.3.1 stream 类的流文件的操作

文件输入流（ifstream）和文件输出流（ofstream）的默认输入/输出设备都是磁盘文件。编写程序时需要添加文件流头文件#include<fstream>，首字母f是"file"的缩写。

若用f1作为输入对象，f2作为输出对象，可以使用如下定义：

```
ifstream   f1("输入文件名.扩展名");
ofstream   f2("输出文件名.扩展名");
```

例如：

```
ifstream   f1("求和.in");
ofstream   f2("求和.out");
```

例11-1 输入两个整数 a 和 b，求它们的和。

输入格式（文件：求和.in）：输入两个整数，范围是［-100，100］。

输出格式（文件：求和.out）：输出一个整数。

输入样例：

50 100

输出样例：

150

程序如下：

```
1   #include<iostream>
2   #include<fstream>                //添加文件流头文件
3   using namespace std;
4   int main()
5   {
6       ifstream f1("求和.in");
7       ofstream f2("求和.out");
8       int a,b;
9       cin>>a>>b;
10      cout<<a+b;
11      return 0;
```

```
12  }
```

说明：

（1）程序第 6 句定义了一个输入流文件（ifstream）类型变量 f1，初始化指向文本文件"求和.in"。

（2）程序第 7 句定义了一个输出流文件（ofstream）类型变量 f2，初始化指向文本文件"求和.out"

（3）程序第 9 句类似于标准输入流 cin，用">>"从变量 f1 读入数据。f1 可以认为表示文件的输入缓冲区。

（4）程序第 10 句类似于标准输出流 cout，用"<<"将数据输出到变量 f2。f2 可以认为表示文件的输出缓冲区。

注意：f1 和 f2 是流文件类型变量名，可以依照 C++的文件命名规定来命名。

NOI 比赛要求数据文件的文件名默认在"当前目录"下，即和程序在同一文件夹里，所以不需要标注目录路径。

程序中没有关闭文件的语句（比如：fi.close()，f2.close()），在程序结束时会自动关闭文件，因此在比赛时可以省略。

例 11-2　文件结束的处理。

已知文件中有不超过 100 个的正整数，计算它们的和。

输入格式（文件 sum.in）：1 行，多个整数，范围是 [1，1000]。

输出格式（文件 sum.out）：输出一个整数。

输入样例：

20　8　10　7

输出样例：

45

程序如下：

```
#include<iostream>
#include<fstream>            //添加文件流头文件
using namespace std;
ifstream f1("sum.in");       //定义输入流文件类型变量 f1,指向"sum.in"
ofstream f2("sum.out");      //定义输出流文件类型变量 f2,指向"sum.out"
int x, sum;
int main()
{
    sum=0;
    while(f1>>x)   //利用如果"f1>>x"失败,则返回 FALSE 的特点判断文件是否结束
        sum+=x;
    f2<<sum<<endl;
```

```
        return 0;
    }
```

读者一定注意到了：定义输入流文件类型变量 *f*1、定义输出流文件类型变量 *f*2 和定义整型变量 *x*、*sum* 这三个语句写在了"int main（）"的前面，这是 C++允许的。这样书写主程序看起来更清晰。

说明：

当数据个数未知时，需要程序判断文件是否结束。可以参照上例设置条件"f1>>x"，如果失败，就返回 FALSE，以此来判断文件是否结束，还可以利用 eof（）函数来进行判断，eof 意为"end of file"。

程序如下：

```cpp
#include<iostream>
#include<fstream>
using namespace std;
ifstream f1("sum.in");
ofstream f2("sum.out");
int x, sum;
int main()
{
    sum=0;
    while(f1.eof())          //文件没有结束就循环
    {
        f1>>x;
        sum+=x;
    }
    f2<<sum<<endl;
    return 0;
}
```

例 11-3　从键盘输入文件名和数据，自动生成数据文件。

分析：由于文件名要从键盘多次输入，文件变量不能初始化，打开文件时需要使用 open 函数，关闭文件时需要使用 close 函数。

程序如下：

```cpp
1   #include<iostream>
2   #include<fstream>
3   #include<string>
4   using namespace std;
5   ofstream fout;
```

```
6   string fname, f1, f2;
7   int x, y;
8   int main()
9   {
10  for(int i=0; i<5; i++);
11  {
12      cout<<"请输入文件名: ";
13      cin>>fname;                       //键盘输入文件名
14      cout<<"请输入 x 和 y: ";
15      cin>>x>>y;                        //键盘输入数值
16      fout.open((fname+".in").c_str()); //打开输入文件".in"
17      fout<<x<<"  "<<y<<endl;           //输出 x 和 y
18      fout.close();                     //关闭".in"文件
19      fout.open((fname+".out").c_str()); //打开输出文件".out",
20      fout<<x*y<<endl;                  //输出 x*y
21      fout.close();                     //关闭".out"文件
22  }
23      return 0;
24  }
```

说明：

（1）程序第 5 行定义了一个输出流文件变量 fout。由于文件名从键盘输入，不能在定义 ifstream 文件变量时初始化。

（2）程序第 16、第 19 行中使用成员函数 open 打开文件，相当于文件的缓冲区对应到磁盘文件中。由于 open 的参数是 C 风格的字符数组，string 类型要使用 c_str（）函数转换。

（3）程序第 18、第 21 行使用 close 函数关闭文件，即把输出缓冲区的内容复制到文件中。

请注意：例 11-1 中没有使用 close 函数，是因为程序运行结束时会自动关闭文件。

11.3.2　文件指针 FILE 的操作

C++提供了 FILE 文件结构指针类型变量。由于 FILE 是在<cstdio>内定义的，使用时要添加这个头文件。

例 11-4　排序函数 sort。输入 N 个不超过 10 000 的正整数，将它们递增排序并输出。

输入格式（文件 sort.in）：第 1 行，一个整数 N，范围是［1，10000］；第 2 行，N 个整数，范围是［1，10000］。

输出格式（文件 sort.out）：输出排序后的 N 个整数。

输入样例：

5

4 3 5 1 2

输出样例：

1 2 3 4 5

分析：当本题的数据输入/输出量很大时，需要考虑数据的输入/输出效率。建议使用效率较高的 fscanf 和 fprintf 来实现输入/输出，利用文件结构 FILE 指针变量编程。

程序如下：

```cpp
#include<cstdio>
#include<algorithm>
using namespace std;
FILE *f1, *f2;                          //定义了两个 FILE*类型的变量 f1和 f2
int N, a[10001];
int main()
{
    f1 = fopen("sort.in", "r");         //打开文件"sort.in"
                                        //参数"r"表示以只读(read)方式打开文件
    f2 = fopen("sort.out", "w");        //打开文件"sort.out"
                                        //参数"w"表示以只写(write)方式打开文件
    fscanf(f1, "%d", &N);
    for(int i=0; i<N; i++)
        fscanf(f1, "%d", &a[i]);
    sort(a, a+N);
    for(int i=0; i<N; i++)
        fprintf(f2, "%d \t", &a[i]);
    return 0;
}
```

说明：

程序选用了 fscanf() 读入数据，使用方式与格式读入 scanf 基本相同，最后多了一个文件指针参数 "&N"。程序同时选用了 fprintf() 来输出数据，使用方式与格式输出 prinf 基本相同，最后多了一个文件指针参数 "a[i]"。

对于这类文件的读入方式，判断文件是否结束通常使用函数 feof(文件指针变量)，返回值是真或假。

程序如下：

```cpp
#include<cstdio>
using namespace std;
FILE *f1, *f2;
```

```
int x, s;
int main()
{
    f1=fopen("s.in","r");
    f2=fopen("s.out","w");
    s=0;
    while(!feof(f1))                    //文件没有结束就循环
    {
        fscanf(f1,"%d",&x);
        printf("%d",x);
        s+=x;
    }
    fprintf(f2,"%d \n",s);
    return 0;
}
```

下面列出的是这类文件操作的另一些常见函数。

（1）读入字符函数：

```
fgetc()
```

（2）写入字符函数：

```
fputc()
```

（3）读入字符数组函数：

```
fgets()
```

（4）写入字符数组函数：

```
fputs()
```

11.4　文件的重定向

在 NOIP 复赛、NOI 竞赛和一些中小学信息学竞赛中都要求使用文件作为数据的输入和输出，例如：记事本（.txt）文档等。程序需要对数据文件进行操作，通常只需要同时打开一个输入文件和一个输出文件，因此文件的操作可以使用一种简便的方法：输入/输出文件重定向。

标准输入和标准输出的概念如下：

（1）cin 或 scanf 使用的输入设备是键盘，被称为标准输入：stdin。

（2）cout 或 printf 使用的输出设备是显示器，被称为标准输出：stdout。

C++语言可以使用 freopen 函数将 stdin 和 stdout 重新定向到相关的文件，使原来的标准输入和标准输出转变成文本输入和文本输出。

应用 freopen() 函数以只读方式 r(read) 打开输入文件"＊.in"。"＊"为文本文件名。

说明：程序后面使用标准输入和标准输出就相当于对文件进行读和写的操作。

格式：

```
freopen("*.in", "r", stdin);
```

应用 freopen() 函数以写入方式 w(write) 打开输出文件"＊.out"。

格式：

```
freopen("*.out", "w", stdout);
```

应用 fclose() 关闭文件：

格式：

```
fclose(stdin);
fclose(stdout);
```

例 11-5　输入 n 个数，将它们按从大到小的顺序输出（$n <= 10000$）。

输入文件（排序.in）：第一行输入数 n，表示参与排序的有 n 个数；

第二行输入 n 个数。

输出文件（排序.out）：输出排序后的 n 个数，两两之间用一个空格隔开。（最后有空格）

输入示例：

6

7 3 5 4 2 9

输出示例：

9 7 5 4 3 2

程序如下：

```
#include<bits/stdC++.h>
using namespace std;
int main()
{
    freopen("排序.in", "r", stdin);    //重定向只读文件"排序.in"到 stdin
    freopen("排序.out", "w", stdout);//重定向只写文件"排序.out"到 stdout
    int a[1000], n, i;
    cin>>n;
    for(i=0; i<n; i++)
    {
        cin>>a[i];
```

```
    }
    sort(a,a+n);                    //排序函数
    for(i=n-1;i>=0;i--)
    {
        cout<<a[i]<<" ";
    }
    return 0;
}
```

在 C++程序中使用 freopen 函数将 stdin 和 stdout 重新定向到文本文件，使原来的标准输入和输出转变成文本输入和输出。当程序编译运行时，有时会出现编译成功的提示，如图 11-1 所示，也有时并不出现"已编译"的提示。随后出现的输出（＊.exe）窗口里不能输入信息，也没有输出内容，如图 11-2 所示。

图 11-1　编辑成功提示

图 11-2　输出（＊.exe）窗口

需要做的操作步骤是：

（1）在程序源代码所在的文件夹里新建"＊.in"文件，在里面输入"cin>>"语句需要输入的内容后单击"文件"菜单的"保存"命令。如图 11-3 所示。

（2）查看文件夹里自动生成的"＊.out"文件，那里会出现运行结果，如图 11-4 所示。

参加上机竞赛时，选手编写程序后，一定希望看到程序的编译情况，此时可以将两个 freopen 语句标记为注释语句，如图 11-5 所示。这样就取消了到文本文件的重定向，保持了原来的标准输入和输出，就能正常编译和运行了。

图 11-3   "排序.in" 记事本窗口

图 11-4   "排序.out" 记事本窗口

```
1  #include<bits/stdc++.h>
2  using namespace std;
3  int main()
4  {
5      //freopen("排序.in","r",stdin);      //定义输入文
6      //freopen("排序.out","w",stdout);   //定义输出文
7      int a[1000],n,i;
8      cin>>n;
```

图 11-5   标记注释窗口

重要提示

    在确保程序编译运行正确后，一定要删除注释标志"//"，恢复重定向语句。然后再次编译运行程序，或者单击"文件"菜单的"保存"命令，保存重定向的设置。

    如果删除注释标志"//"后，没有保存重定向的设置，会造成没有测试数据，成绩为0分的情况。这是初学者上机竞赛存在的普遍问题，请读者千万注意。

习 题 11

1. 输入三条边的长度，请判断它们能否组成一个三角形。

【输入文件】输入文件：三角形 . in

文件共一行，有三个用空格分开的正整数 a、b、c（$1 \leqslant a$、b、$c \leqslant 50$），分别表示题中三条边的长度。

【输出文件】输出文件：三角形 . out

文件共一行，是一个字符串。若能构成一个三角形，输出"Yes"，否则输出"No"。请注意字母大小写。

【样例输入 1】

3 4 5

【样例输出 1】

Yes

【样例输入 2】

9 2 6

【样例输出 2】

No

2. 输入 N 个不超过 10000 的正整数，将它们逆向输出。

【输入文件】输入文件名：逆向 . in

第 1 行，一个整数 N，范围是 [1，10000]；

第 2 行，N 个整数，范围是 [1，10000]。

【输出文件】输出文件名：逆向 . out

N 个整数。

【样例输入】

5
1 2 3 4 5

【样例输出】

5 4 3 2 1

3. 手机通讯录里保存了很多人的姓名和电话号码。已知手机里 4 人的姓名和电话号码，请根据姓名找到对应的电话号码。

【输入文件】输入文件名：phone. in

第 1 行，一个数 n，表示手机通讯录里有 n 个人；

下面 n 行，每行一个字符串和一个数字表示一个人的姓名和电话号码；

下一行一个数字 m；

后面 m 行，每行一个字符串表示要查找人的姓名。

【输出文件】输出文件名：phone. out

输出 m 行，分别为查找到的姓名所对应的电话号码。

【样例输入】

```
3
father 12345678
mather 13579246
teacher 24687531
2
father
teacher
```

【样例输出】

```
12345678
24687531
```

4. 在任意的一个四位自然数范围内，输出符合以下要求的四位自然数 ABCD，并统计它们的个数。

（1）这个四位自然数是素数。

（2）它的前两位数 AB 和后两位数 CD 都是完全平方数。

【输入文件】输入文件名：四位数 . in

文件中只有一行，包含用一个空格隔开的两个四位自然数 M 和 N（其中 $1000 \leqslant M < N \leqslant 9999$）。

【输出文件】输出文件名：四位数 . out

前若干行：每行一个数，为所有满足上述条件的自然数；

最后一行：只有一个数，为满足上述条件的自然数的个数。

【样例输入】

```
1000  5000
```

【样例输出】

```
1601
1609
2549
4909
4
```

第 12 章

数据结构

数据（Data）是对客观事物的符号表示，是所有能输入到计算机中并被计算机程序处理的符号的总称。一个数字、一个单词、一篇文章、一本书、一张图片、一首歌曲等都是数据。

数据元素（Data Element）是数据的基本单位，在计算机程序中通常作为一个整体来处理。一个数据元素由多个数据项（Data Item）组成，数据项是具有独立含义的最小标识单位。

数据之间的相互关系叫数据结构。常用的标准数据结构包括线性表、栈、队列、树和图等。

12.1　线性表

线性表是一种简单的数据结构，它是由 n 个相同数据类型的元素构成的有限序列，通常记作 $(a_1, a_2, \cdots, a_{n-1}, a_n)$。

举例如下。

数列：3，5，7，9，12；

某城市最近 5 年的年平均气温：26.9 ℃，26.7 ℃，27.1 ℃，26.8 ℃，27.2 ℃；

学生成绩表：见表 12-1。

表 12-1　学生成绩表

学号	成绩
9901	580
9902	567
9903	590
9904	601
9905	612

线性表的数据元素可以是任意类型的，但同一线性表中的元素必须是同一类型的。在研究线性表的结构及表中各元素的关系时，常将元素称为结点（Node）。线性表中第一个元素称为首结点，最后一个元素称为终端结点。一个非空线性表有且只有一个首结点，有且只有一个终端结点。在线性表中，首结点的位置称为表头，终端结点的位置称为表尾。

线性表中的元素个数叫作线性表的长度。长度为 0 的线性表叫作空表。

设线性表 $L=a_1, a_2, \cdots, a_{n-1}, a_n$，则结点 a_i 的前趋是 a_{i-1}（$2 \leqslant i \leqslant$ 表长度），结点 a_i 的后继为 a_{i+1}（$i \leqslant$ 表长度-1）。在线性表中，除首结点和终端结点外，其他结点都有且仅有一个前趋结点，有且仅有一个后继结点。首结点没有前趋结点，终端结点没有后继结点。

12.1.1　线性表的存储

设线性表的元素类型为 datatype（在应用中可按需要而定），则线性表可用 C++语言描述如下：

```
#define MAXSIZE    线性表容量
typedef struct
{    DataType data[MAXSIZE];
     int length;
}SqList;
```

其中，数据域 data 是一维数组，线性表的第 1，2，$\cdots$，n 个结点分别存放在数组中的第 1，2，$\cdots$，length 个元素中，如图 12-1 所示。length 的值既是线性表的终端结点在顺序表中的位置，又是线性表的长度（length $=n$）。符号常量 MAXSIZE 规定了线性表的容量。从 length$+1$ 到 MAXSIZE 之间的存储单元是当前的空闲区（备用区）。

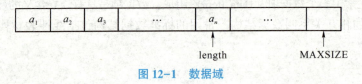

图 12-1　数据域

设有如下变量定义：

```
SqList L;
```

L 是一个线性表，由 data 域和 length 域组成。L 中的第 i 个结点是 L. data $[i-1]$，L 的终端结点是 L. data $[$L. length$-1]$。若线性表在内存中的首地址（即元素 a_1 的地址）是 b，且每个结点占 k 个字节，则 a_2 的地址就是 $b+k$，a_i 的地址是 $b+(i-1)*k$；a_n 的地址是 $b+(n-1)*k$；a_{MAXSIZE} 的地址是 $b+(\text{MAXSIZE}-1)*k$；线性表在内存中的末地址是 $b+$MAXSIZE$*k-1$。

12.1.2　线性表的基本操作

1. 插入 INS（L，X，i）

在表中第 i（$1<=i<=n$）个位置上，插入新结点 X，使得包含 n 个元素的线性表

$(a_1, \cdots, a_{i-1}, a_i, a_{i+1}, \cdots, a_n)$ 变为包含 $n+1$ 个元素的线性表 $(a_1, \cdots, a_{i-1}, X, a_i, \cdots, a_n)$。

程序如下：

```
//将元素 X 插入到顺序表 L 的第 i 个位置
void ins(SqList *L, datatype X, int i)
{
    int j;
    if(*L).length=maxsize
       {cout<<"表满"; return; }
     if(i<1 || i>(*L).length+1)
       {cout<<"非法位置"; return; }
     for(j=L.length-1; j>=i-1; j--)
       (*L).data[j+1]=(*L).data[j];       //依次向后移动元素
     (*L).data[i-1]=X;                     //插入新结点 X
     (*L).length++;                        //表长度增1
}
```

2. 删除 DEL（L，i）

删除表中第 i（$1<=i<=n$）个结点，使得包含 n 个元素的线性表 $(a_1, \cdots, a_{i-1}, a_i, a_{i+1}, \cdots, a_n)$ 变为包含 $n-1$ 个元素的线性表 $(a_1, \cdots, a_{i-1}, a_{i+1}, \cdots, a_n)$。

程序如下：

```
//删除线性表 L 中第 i 个位置上的结点
void del(SqList *L, int i)
{
   int  j;
   if(i<1 || i>(*L).length)
     {cout<<"非法位置"; return; }
   for(j=i; j<=(*L).length-1; j++)
     (*L).data[j-1]=(*L).data[j];       //依次向前移动元素
   (*L).length--;                        //表长度减1
}
```

3. 定位 LOC（L，X）

在线性表 L 中从前往后顺序查找第一个值为 X 的结点，若找到则返回该结点的序号，否则返回 0。

程序如下：

```
int  loc(SqList *L, datatype X)
{
   int j;
```

```
  for(j=0;j<(*L).length;j++)
    if((*L).data[j]==X) return j+1; //从前往后顺序查找,找到返回序号
  return 0;                         //未找到,返回0值
}
```

4. 初始化 INI(L)

```
void ini(SqList *L)
{
  (*L).length=0;          //将表长修改为0
}
```

5. 访问表元素 GET(L, i)

假定线性表 L 已经存在，要访问表中第 i 个结点的值。

```
DataType get(SqList L,int i)
{
  return L.data[i-1];
}
```

6. 求表长 LEN(L)

```
int len(SqList L)
{
  return L.length;
}
```

12.2　栈

栈是一种特殊的线性表，它只允许在表头进行插入和删除操作。表头称为栈顶，表尾称为栈底。栈的插入操作称为入栈，栈的删除操作称为出栈。栈可以想象为一个只在上端开口的筒状容器，里边叠放了若干个盘子，每个盘子相当于一个数据元素。每次从容器中向外取盘子时，只能拿到最上面的一个；每次向容器中放盘子时，只能放到一叠盘子的最上面。

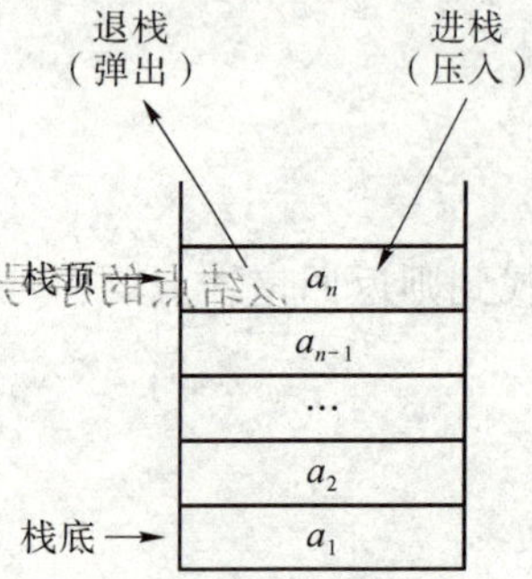

图 12-2　栈

因为栈只允许从一端进行入栈和出栈操作，所以先入栈的元素必然后出栈，即先进后出（First in Last Out），简写为 FILO，这是栈的一个基本特征。

如图 12-2 所示，栈的元素为 a_1，a_2，a_3，…，a_n，则 a_1 为栈底元素，a_n 为栈顶元素，入栈序列为 a_1，a_2，a_3，…，a_n，出栈序列为 a_n，…，a_3，a_2，a_1。

12.2.1　栈的存储

　　栈可以用一维数组来存储。将栈底固定在数组的第一个元素，同时用一个变量指示当前栈顶元素的下标。当变量的值为 0 时，表示栈是一个空栈；当变量的值等于数组长度时，表示栈已满。这个变量具有指示栈顶元素位置的作用，通常将这个变量称为栈顶指针。栈可用 C++语言描述如下：

　　例如：

```
#define MAXSIZE   栈容量
typedef struct
{  DataType data[MAXSIZE];
   int top;              // top=-1表示空栈,top=MAXSIZE-1表示栈满
}Stack;
```

　　这样定义的类型 Stack 就可以用来表示栈了。其中，data 域是栈元素的存储空间，top 是栈顶指针，MAXSIZE 代表栈的容量。

12.2.2　栈的操作

　　栈的操作主要有：

　　（1）将栈置空。

　　（2）入栈操作（将元素从栈顶压入栈）。

　　（3）出栈操作（将栈顶元素删除）。

　　（4）判断栈是否溢出（若此栈定义了最大容量）。

　　设有如下栈的定义：

```
#define MAXSIZE   100
typedef struct
{  DataType data[MAXSIZE];
   int top;
}Stack;
```

　　下面以函数的形式实现了栈的几种操作。

```
//判断栈 s 是否满,若栈满则函数返回 True,否则返回 False
bool isfull(Stack s)
{
  bool full;
  if(s.top==MAXSIZE-1)
      full=True;
  else
```

```
      full=False;
    return full;
  }
//判断栈 s 是否为空,若栈空则函数返回 true,否则返回 false
bool isempty(Stack s)
{
  bool empty;
  if(s.top==-1)
    empty=true;
  else
    empty=false;
  return empty;
}
//置栈 s 为空栈
void initstack(Stack *s)
{
  (*s).top=-1;
}
//让一个数据元素为 x 的结点进入 s 栈
void push(Stack *s,datatype x)
{
  if((*s).top=MAXSIZE-1)
  {
    cout<<"栈已满! "<<endl;
    return;
  }
  (*s).top++;
  (*s).data[(*s).top]=x;
}
//将栈 s 的栈顶元素删除,并传递出来
void pop(Stack *s,datatype *x);
{
  if((*s).top=-1)
  {
    cout<<"栈空! "<<endl;
    return;
  }
  *x=(*s).data[(*s).top];
  (*s).top--;
}
```

12. 2. 3 栈的应用实例

例 12-1　已知栈 S 的入栈序列为 {'a'，'b'，'d'，'c'，'e'}，求其出栈序列。

分析：根据栈的"先进后出"的特点可知，出栈序列应为'e'，'c'，'d'，'b'，'a'。

例 12-2　已知一个栈的入栈序列为 {1，2，3，4，5，6，7}，经过如下对该栈的操作：

入栈、入栈、入栈、出栈、入栈、入栈、出栈，求出栈序列。

分析：根据题意可知，入栈和出栈操作如下：

入栈	入栈	入栈	出栈	入栈	入栈	出栈
1	2	3	3	4	5	5

所以出栈序列为 {3，5}。

例 12-3　给定一个栈，入栈序列为 {1，2，3，4，5}，则不可能的出栈序列为（　　）。

A. {1，2，3，4，5}　　　　　　　B. {2，1，4，3，5}

C. {5，4，3，2，1}　　　　　　　D. {4，2，3，1，5}

分析：根据栈的先进后出的特点可知，

A 选项对应的操作序列为：

入栈	出栈	入栈	出栈	入栈	出栈	入栈	出栈	入栈	出栈
1	1	2	2	3	3	4	4	5	5

B 选项对应的操作序列为：

入栈	入栈	出栈	出栈	入栈	入栈	出栈	出栈	入栈	出栈
1	2	2	1	3	4	4	3	5	5

C 选项对应的操作序列为：

入栈	入栈	入栈	入栈	入栈	出栈	出栈	出栈	出栈	出栈
1	2	3	4	5	5	4	3	2	1

D 选项，要想 4 先出栈，操作序列必须为：

入栈	入栈	入栈	入栈	出栈
1	2	3	4	4

而下一个出栈的只能为 3 或者 5，所以 {4，2，3，1，5} 序列不可能，因此本题选 D。

例 12-4　利用栈完成十进制数转换为二进制数。

```
program p12_ 1;
#define MAXSIZE   100
typedef struct
{
```

```
    int data[MAXSIZE];
    int top;
}Stack;                          //以上代码完成栈类型定义
                                 //以下代码写入 main 函数体中

    Stack s;
    int i, j, n, r;
    cout<<"请输入一个十进制数: ";
    cin>>n;                      //n 中存放待转换的十进制数
    r=2;                         //r 存储进制
    s.top=-1;                    //将栈 s 置为空

    while (n>0)                  //除到 n 为 0 的时候结束
    {
        s.top++;
        s.data[s.top]=n%r;
        n=n/r;
    }
    for(i=s.top; i>=0; i--)
    {
        cout<<s.data[i];         //将栈 s 中的数依次弹出, 实现倒取余
    }
    cout<<endl;
```

12.3 队　列

队列是另一种特殊的线性表。它只允许在一端进行插入操作，在另一端进行删除操作。允许删除的一端叫做队首，允许插入的一端叫做队尾；插入操作叫做入队，删除操作叫做出队。队列的元素出入操作是遵循"先进先出"原则的，即 First In First out（FIFO）。这类似于在食堂排队买饭，新来的人只能在队尾加入队伍，队里的人只能在队首买饭并出队；先入队的人先买饭出队，后入队的人后买饭出队。

设队列为 a_1，a_2，a_3，…，a_n，则 a_1 是队首元素，a_n 是队尾元素。队列按 a_1，a_2，a_3，…，a_n 的顺序入队，再按 a_1，a_2，a_3…，a_n 的顺序出队。如图 12-3 所示。

图 12-3　队列

队列的存储可用数组来实现。下面是一个例子：

```
#define MAXSIZE   100
typedef struct
{  DataType data[MAXSIZE];
   int head, rear;              //head是队首，rear是队尾

}Queue;
```

队列的操作主要有入队、出队、置空队、判断队列是否满等。

例 12-5 已知队列的入队序列为 {'a', 'b', 'c', 'd', 'e'}，并且全部依次入队，求出队序列。

分析：根据"先进先出"原则，出队序列应与入队序列相同。因此，出队序列应为 {'a', 'b', 'c', 'd', 'e'}。

12.4 树

树（Tree）是一种重要的非线性结构。在现实问题中，有许多数据都是按树形结构组织的，例如一个家族中每个人的关系，一个国家的行政区划的关系，等等。

以一个家族的成员结构来理解树的概念，请参看图 12-4。

图 12-4 家族成员结构

图 12-4 中，贾代善有两个孩子，分别是贾赦和贾政；贾赦有两个孩子，分别是贾迎春和贾琏；贾政有三个孩子，分别是贾元春、贾宝玉和贾探春。

这个家族的结构类似于一棵倒置的树。其中，"树根"是贾代善；树根分出两个"树枝"，分别是贾赦和贾政；其余的人都是"树叶"。图中的线段描述了家族成员之间的关系。显然，以贾代善及其所有后代构成的一个大家庭是一个大的树形结构；贾赦及其孩子又构成一个小家庭，是一个小的树形结构；同理，贾政及其孩子也构成一个小家庭，是一个小的树形结构。

12.4.1 树的定义

1. 树的概念

树是一种数据结构，它是由 n（$n>=0$）个有限节点组成的一个具有层次关系的集合，

把它叫做"树"是因为它看起来像一棵倒挂的树。也就是说，它是根朝上，而叶朝下的。它具有以下的特点：每个节点有零个或多个子节点；没有父节点的节点称为根节点；每一个非根节点有且只有一个父节点；除了根节点外，每个子节点可以分为多个不相交的子树。

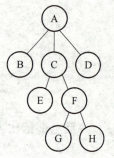

图 12-5　树

树是 n（$n>=0$）个结点的有限集 T。T 为空时称为空树，若不为空，则它满足如下两个条件：（1）有且仅有一个特定的称为根（Root）的结点；（2）其余的结点可分为 m（$m>=0$）个互不相交的子集 $T1$，$T2$，…，Tm，其中每个子集本身又是一棵树，称为根的子树（Subtree）。

树的递归定义表明了树的固有特性：一棵非空树是由若干棵子树构成的，而子树又可由若干棵更小的子树构成。

例如，有如图 12-5 所示的一棵树。

根据树的定义 $T=$ {A，B，C，D，E，F，G，H}，其中 A 是根的结点，T 中其余结点分别分成三个互不相交的子集，即 $T1=$ {B}，$T2=$ {C，E，F，G，H}，$T3=$ {D}。$T1$、$T2$ 和 $T3$ 是三棵根为 A 的子树；$T2$ 含有 $T21=$ {E}，$T22=$ {F，G，H} 两棵子树。

2. 树的基本术语

若一个结点有子树，那么该结点称为子树根的"双亲"，子树的根是该结点的"孩子"。有相同双亲的结点互为"兄弟"。一个结点的所有子树上的任何结点都是该结点的后裔。从根结点到某个结点的路径上的所有结点都是该结点的祖先，以图 12-6 为例。

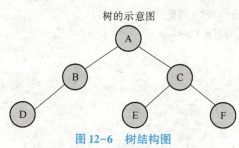

树的示意图

图 12-6　树结构图

结点的度：结点拥有的子树的数目，图 12-6 中结点 C 的度为2。

叶子：度为零的结点，图 12-6 中 D、E、F 都是叶子结点

树的度：树中结点的最大的度，图 12-6 中结点 C 的度最大，为 2，因此树的度为2。

层次：根结点的层次为1，其余结点的层次等于该结点的双亲结点的层次加1。

树的高度：树中结点的最大层次，图 12-6 中树的高度为3。

无序树：如果树中结点的各子树之间的次序是不重要的，可以交换位置。

有序树：如果树中结点的各子树之间的次序是重要的，不可以交换位置。

森林：由 0 个或多个不相交的树组成。对森林加上一个根，森林即成为树；删去根，树即成为森林。

12.4.2　二叉树

二叉树是树形结构的一个重要类型。实际问题中的许多数据都可抽象成二叉树的形式，一般的树也能用很简单的方法转换成二叉树进行存储，而二叉树的存储结构和算法都较为简单，因此，二叉树的应用十分广泛。

1. 二叉树的定义

二叉树是每个节点最多有两个子树的树结构。它有五种基本形态：二叉树可以是空集；可以只有一个根结点；可以只有左子树或右子树；也可以既有左子树又有右子树。

二叉树的五种基本形态如图 12-7 所示。

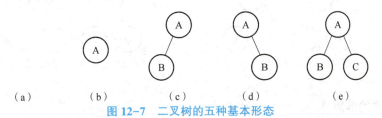

（a） （b） （c） （d） （e）

图 12-7 二叉树的五种基本形态

其中，（a）为空树，（b）为只有一个根结点的树，（c）为只有左子树的二叉树，（d）为只有右子树的二叉树，（e）为既有左子树又有右子树的二叉树。

2. 二叉树性质

性质 1：二叉树第 i 层上的结点数目最多为 2^{i-1}（$i \geq 1$）（如图 12-8 所示）。

性质 2：深度为 k 的二叉树至多有 2^k-1 个结点（$k \geq 1$）。

性质 3：在任意一棵二叉树中，若终端结点的个数为 n_0，度为 2 的结点数为 n_2，则 $n_0=n_2+1$。

性质 4：包含 n 个结点的二叉树的高度至少为 log2（$n+1$）。

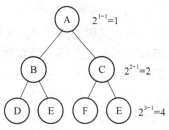

图 12-8 二叉树结构图

3. 不同形态二叉树

1）满二叉树

一棵深度为 k 且有 2^k-1 个结点的二叉树称为满二叉树。其特点是：①每一层上的结点数都达到最大值。即对给定的深度，它是具有最多结点数的二叉树。②满二叉树中不存在度数为 1 的结点，满二叉树的结点的度要么为 0（叶子结点），要么为 2（非叶子结点），每个结点均有两棵高度相同的子树，且树叶都在最下一层上。

图 12-9 是一个深度为 4 的满二叉树。

2）完全二叉树

若一棵二叉树至多只有最下面的两层上结点的度数小于 2，并且最下一层上的叶结点都集中在该层最左边的若干位置上，这样的二叉树称为完全二叉树。特点是叶子结点只能出现在最下层和次下层，且最下层的叶子结点集中在树的左部，显然，满二叉树必定是完全二叉树，而完全二叉树不一定是满二叉树。在满二叉树的最下一层上，从最右

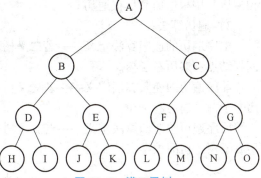

图 12-9 满二叉树

边开始连续删去若干结点后得到的二叉树仍然是一棵完全二叉树。在完全二叉树中，若某个结点没有左孩子，则它一定没有右孩子，即该结点必定是叶结点。

在图 12-10 中，结点 C 没有左孩子而有右孩子 F，故它不是一棵完全二叉树。

如图 12-11 所示是一棵完全二叉树。

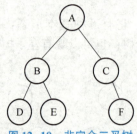
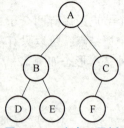

图 12-10　非完全二叉树　　　　　图 12-11　完全二叉树

4. 二叉树的遍历

所谓遍历是指沿着某条搜索路线，依次对树中每个结点做一次且仅做一次访问。访问结点所做的操作取决于具体问题的需要。遍历是二叉树最重要的运算之一，是在二叉树上进行其他运算的基础。

1）遍历方案

从二叉树的递归定义可知，一棵非空的二叉树由根结点及左、右子树这三个基本部分组成。因此，在任一给定结点上，可以按某种次序执行三个操作：访问结点本身（N）；遍历该结点的左子树（L）；遍历该结点的右子树（R）。

以上三种操作可以有 6 种执行次序：NLR、LNR、LRN、NRL、RNL、RLN。其中，前三种次序与后三种次序对称，故只讨论先左后右的前三种次序即可。

2）三种遍历的命名

根据访问结点操作发生位置命名：

NLR——前序遍历，访问结点的操作发生在遍历其左右子树之前。

LNR——中序遍历，访问结点的操作发生在遍历其左右子树之间。

LRN——后序遍历，访问结点的操作发生在遍历其左右子树之后。

由于被访问的结点必是某子树的根，所以 N（Node）、L（Leftsubtree）和 R（Right subtree）又可解释为根、根的左子树和根的右子树。NLR、LNR 和 LRN 分别又可以称为先根遍历、中根遍历和后根遍历。

3）遍历算法

中序遍历的递归算法定义——若二叉树非空，则依次执行如下操作：遍历左子树；访问根结点；遍历右子树。

前序遍历的递归算法定义——若二叉树非空，则依次执行如下操作：访问根结点；遍历左子树；遍历右子树。

后序遍历的递归算法定义——若二叉树非空，则依次执行如下操作：遍历左子树；遍历右子树；访问根结点。

例 12-6　给定一棵二叉树，如图 12-12 所示，判断其是否为完全二叉树。

分析：根据完全二叉树的定义可知，该树不是完全二叉树，因为 E 的左子树为空，而其右子树不为空。所以它不符合完全二叉树的定义，因此也一定不是满二叉树了。

例 12-7　给定如图 12-13 所示的二叉树，分别写出它们的前序、中序、后序遍历。

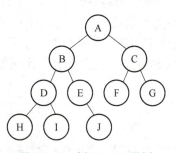 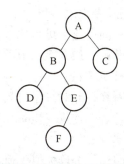

图 12-12　例 12-6 二叉树　　　　图 12-13　例 12-7 二叉树

分析：根据三种遍历的定义，可得：（1）前序遍历为 ABDEFC；（2）中序遍历为 DBFEAC；（3）后序遍历为 DFEBCA。

例 12-8　一棵树的前序遍历为 ABDECFGHI，中序遍历为 DBEAFCHIG。请画出这棵树，并写出它的后序遍历。

分析：根据前序遍历的定义可知，前序序列中的第一个结点"A"是整棵树的根；在中序遍历中找到根，根左边的全部结点即是左子树的结点，根右边的全部结点即是右子树的结点。由此可画出该树的第一层结构。

之后，用同样的方法分析左子树：左子树包括 D、B、E 三个结点，在前序遍历中最先出现的是 B，因此 B 是左子树的根结点；在中序遍历的左子树元素（D、B、E）中，左子树根 B 左边的 D 是 B 的左子树，左子树根 B 右边的 E 是 B 的右子树。由此可再画出该树的第二层结构中的左子树部分，如图 12-14 所示。

按照这样的方法进行递归分析，直到找到的每棵子树都不再有子树时，即得到整棵树的结构。最后的结果如图 12-15 所示。

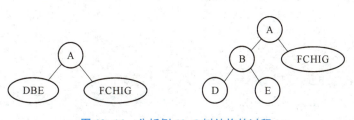 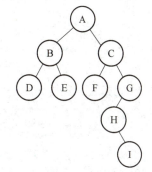

图 12-14　分析例 12-8 树结构的过程　　　　图 12-15　例 12-8 的树结构

12.5　二分法

12.5.1　二分查找可以解决的问题

二分法指二分查找，可以解决预排序数组的查找问题。只要数组中包含 T（即要查找的值），那么通过不断地缩小包含 T 的范围，最终就可以找到它。一开始，范围覆盖整个数组，将数组的中间项与 T 进行比较，可以排除一般的元素，范围缩小一半。就这样反复比较、反复缩小范围，最终就会在数组中找到 T，或者确定原以为 T 所在的范围实际为空。对于包含 N 个元素的表，整个查找过程大约要经过 Log（2）N 次比较。

注意：二分查找是针对有序的数组而言的。

二分查找也称折半查找（Binary Search）。

1. 目的

给定一个数组和一个目标值，返回该目标值在数组中第一次出现位置的下标。

2. 限制

（1）该数组必须满足顺序存储结构。（2）必须按关键字大小有序排列。

3. 原理

每次取数组正中间的值与目标值比较，若相等则返回该中间值的下标，若目标值大于中间的值，则取中间值的后半部分作为一个新的数组（保留原下标），重复第一步的操作，若目标值小于中间的值，则取该中间值的前半部分作为一个新的数组（保留原下标），重复第一步的操作。

12.5.2　二分查找的相关代码

```cpp
#include<iostream>
using namespacestd;
int binary_search(int arr[], int n, int key)
{
    int left=0;         //数组的首位置,即 arr[0]处
    int right=n-1;      //数组的最后一个位置,即 arr[n-1],数组大小为 n
                        //循环条件一定要注意

    while (left<=right)
    {
        int mid=left+((right-left)>>1);
//此处的 mid 的计算一定要放在 while 循环内部,否则 mid 无法正确更新;并且此处用移
//位代替除以 2 可以提高效率,而且可以防止溢出
                if(arr[mid]>key)//数组中间位置的数大于要查找的数,那么就在
                                //中间数的左区间找
                {
                        right=mid-1;
                }
                else if(arr[mid]<key)
                        //数组中间位置的数小于要查找的数,那么就在
                        //中间数的右区间找
```

```
                {
                        left=mid+1;
                }
                 else
                {
                        return mid; //中间数刚好是要查找的数字
                }
        }
        //执行流如果走到此处说明没有找到要查找的数字
        return -1;
}
```

测试用例如下：

```
void Test()
{
        int arr[5]={1, 3, 5, 9, 10 };
        int ret1=0, ret2=0, ret3=0;
    ret1 = binary_search(arr, 5, 9);
    cout<<ret1<<endl;
    ret2=binary_search(arr, 5, 5);
    cout<<ret2<<endl;
    ret3=binary_search(arr, 5, 2);
    cout<<ret3<<endl;
}
```

例 12-9 给定数组 num[10] = {1, 2, 3, 4, 5, 6, 7, 8, 9, 10}；目标值 target 为 3。

第一步：取数组中间的值，中间下标 mid=(0+9)/2=4，num[mid]=5；因为 3<5，取 5 的前半部分作为一个新的数组，即 {1, 2, 3, 4}，该数组保留原来的下标值。

第二步：重复第一步，中间下标 mid=(0+3)/2=1，num[1]=2；因为 3>2，取 2 的后半部分作为一个新的数组，即 {3, 4}，该数组保留原来的下标值。

第三步：重复第一步，中间下标 mid=(2+3)/2=2，num[2]=3；因为 3=3，所以返回值为 2。

代码实现：

```
int binarySearch(int num[], int low, int high, int key)
{
    while (low <=high)
    {
```

```
        int mid=(low+high)/2;
        if(num[mid]==key) return mid;
        else if(num[mid]>key) high=mid-1;
        else low=mid+1;
    }
    return -1;
}
```

至此，完成了二分查找的一般情况下的解决方法，但是还要考虑另一种情况：当数组存在重复元素的时候就会导致答案可能出错，因为要查找的是第一次出现的位置。

例 12-10　num［5］=｛1，2，2，2，3｝；target=2；采用上面的方法得出的是下标 2，而现在需要的答案是下标 1。

所以对上面的代码进行如下改进，若目标值小于或等于中间的值则继续对前一部分进行操作。

```
int binarySearch(int num[], int low, int high, int key)
{
    int mid= (low+high)/2;
    while (low<high)
    {
        if(num[mid]>=key) high=mid;
        else if(num[mid]<key) low=mid+1;
        mid= (low+high)/2;
    }
    return num[mid]==key ? mid: -1;
}
```

习 题 12

一、选择题

1. 下列不属于线性数据结构的是（　　　）。

　　A. 线性表　　　　　B. 队列　　　　　　C. 栈　　　　　　　D. 树

2. 下列描述正确的是（　　　）。

　　A. 栈的操作是先进先出　　　　　　B. 栈的操作是先进后出

　　C. 队列的操作是先进先出　　　　　D. 队列的操作是先进后出

3. 给定栈的入栈序列 1、2、3，共有几种可能的出栈序列？（　　　）

　　A. 1　　　　　　　B. 2　　　　　　　C. 3　　　　　　　D. 5

4. 给定队列的入队顺序 1、2、3，共有几种可能的出队序列？（　　）

　　A. 1　　　　　　B. 2　　　　　　C. 3　　　　　　D. 4

5. 对于顺序表来说，访问任一节点的时间复杂度是（　　）。

　　A. O(1)　　　　B. O(n)　　　　C. O(log2n)　　　D. O(n2)

6. 在具有 n 个节点的双键表中做插入、删除运算，平均时间复杂度为（　　）。

　　A. O(1)　　　　B. O(n)　　　　C. O(log2n)　　　D. O(n2)

7. 经过下列运算后，QueueFront(Q) 的值是（　　）。

　　IniQueue(Q)；EnQueue(Q，a)；EnQueue(Q，a)；DeQueue(Q，x)；

　　A. a　　　　　　B. b　　　　　　C. 1　　　　　　D. 2

8. 一个栈的入栈序列是 a，b，c，则栈的不可能的输出序列是（　　）。

　　A. acb　　　　　B. abc　　　　　C. bca　　　　　D. cab

9. 循环队列是空队列的条件是（　　）。

　　A. Q→rear ＝＝ Q→front

　　B. （Q→rear+1）％maxsize ＝＝ Q→front

　　C. Q→rear ＝ 0

　　D. Q→front ＝ 0

10. 设 S3 ＝"IAM"，S4 ＝"A TERCHER"，则 Strcmp(S3，S4) ＝（　　）。

　　A. 0　　　　　B. 小于 0　　　　C. 大于 0　　　　D. 不确定

二、填空题

1. 数据元素是数据的＿＿＿＿＿。

2. 数据的逻辑结构是对数据之间＿＿＿＿＿的描述。

3. 对于一个具有 n 个节点的单链表，在已知 p 所指节点后插入一个新节点的时间复杂度是＿＿＿＿＿；在给定值为 X 的节点后插入一个新节点的时间复杂度是＿＿＿＿＿。

4. 对于栈，只能在＿＿＿＿＿插入和删除元素。

5. 循环队列进行 DeQuene(Q，x) 运算时，要执行的语句序列中有＿＿＿＿＿％QueqeSize。

6. 串的两种最基本的存储方式是＿＿＿＿＿和＿＿＿＿＿。

7. 对称矩阵的上三角元素 a[i，j] 的值存放在一维数组 V 的元素 V[k] 中，k 与 $i，j$ 的关系是 $k=$＿＿＿＿＿。

8. 稀疏矩阵的三元组中，第 2 列存储的是稀疏数组中非零元素所在的＿＿＿＿＿。

9. 已知二叉树有 50 个叶子节点，则二叉树的总节点数至少是＿＿＿＿＿。

10. 设有一棵二叉树有 4 个节点 a，b，c，d，分别带权 7，5，2，4，其带权路径最短为＿＿＿＿＿。

11. 二叉树按某种顺序线索化后，任一节点均有指向其前驱和后继的线索，这种说法＿＿＿＿＿。

12. 若要求一个稠密图 G 的最小生成树，最好用＿＿＿＿＿算法来求解。

13. 用迪杰斯特拉（Dijkstra）算法求 n 个顶点 e 条边的图中的某一顶点到其余各顶点间的最短路径的时间复杂度为＿＿＿＿＿。

14. 对于 n 个记录的集合进行快速排序，在最坏情况下所需要的时间是＿＿＿＿＿。

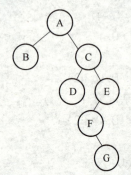

图12-16　习题三二叉树

15. 在堆排序和快速排序中，若初始记录接近正序或反序，则选用＿＿＿＿＿。

三、给定一棵二叉树如图12-16所示，写出它的前序、中序、后序遍历。

四、一棵树的中序遍历为BEDGFAC，后序遍历为EGFDBCA，画出这棵树。

五、给定表（119，14，22，1，66，21，83，27，56，13，10），请按表中元素的顺序构造一棵平衡二叉树，并求其在等概率情况下查找成功的平均长度。

第13章

常用算法

在前面的章节中，我们对算法进行了简单的介绍。算法就是解决问题的方法，它是编写程序的依据，是程序设计工作的基础。在计算机学科中，研究算法具有重要的意义。本章对常用的几种算法做一些简单介绍。

13.1 穷举法

在程序设计中，经常需要根据给定的一组条件来求满足条件的解。例如，求 200 以内的质数，求各位数字的立方和与其本身相等的三位数，等等。如果能找到明确的求解公式或计算规则，那么就可以很容易地写出相应的程序。但是，对于许多问题，都难以找到明确的公式和计算规则。遇到这样的问题怎么办呢？穷举法是比较适合解决这类问题的一种算法。其基本思路是：根据问题给定的一部分条件，列出所有的可能解，然后再逐一验证哪些可能解能够满足问题的全部条件，从而得到问题的真正的解。显然，穷举法是基于计算机的"快速运行"这一特点设计的算法。穷举法又叫作枚举法。

穷举法是效率最低的一种算法，因为它需要列举出许多个可能解（这些可能解中也许只有很少一部分才是真正的解），程序往往需要运行很长时间。但是，穷举法的优点也很明显。穷举法的思路简单，容易编写程序，只要时间足够，穷举法能够很容易地求出问题的全部正确解。设计穷举算法时，应该尽可能多地将不符合条件的情况预先排除，以便尽快求出问题的解。

穷举法的算法模式为：

（1）根据部分条件，确定可能解的范围（一般通过循环结构来实现）。

（2）用其余的条件对可能解进行验证，确定是否为真正的解。

（3）用优化语句缩小搜索范围，跳过一些显然不正确的可能解，缩短程序运行时间。

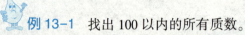 **例13-1**　找出 100 以内的所有质数。

分析：质数具有很明显的特征，即"只能被自身和 1 整除"，但是没有明显的计算公式，因此适合使用穷举法。

首先确定可能解的范围：1 到 100 之间的全部整数。

验证条件为：若数 n 不能被 2 到 $n-1$ 之间的任何整数整除，则 n 是质数。

程序如下：

```cpp
#include "iostream"
using namespace std;
int main()
{
  int m, n;
  bool bl;                        //标识是否为质数
  for(n=2; n<=100; n++)           //指数的寻找范围
  {
    bl=true;                      //先假设待检查数为质数
    for(m=2; m<=n-1; m++)         //除数的取值范围
    if(n%m==0)                    //看是否能整除
    {
        bl=false;                 //能整除将标识位置为 false
        break;                    //不是质数退出循环
    }
    if(bl)
        cout <<"    "<<n;         //标志位值为 true 就输出
  }
  return  0;
}
```

注意：虽然我们可以用上述方法解决问题，但是如果要找 3 000 或更大的数以内的质数，计算机执行循环的次数会很多。所谓程序优化就是在保证程序结果正确前提下精简程序的过程。

思考：编写查找 1~100 中的偶数并输出的程序。

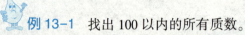 **例13-2**　古希腊人称因子的和等于数本身的数叫完全数（自身因子除外），编写一程序求 2~10 000 内的所有完全数。

分析：所谓因子是指能被本数整除的数。如 28 的因子是 1、2、4、7、14，且 1+2+4+7+14=28，则 28 是一个完全数。因此，确定搜索范围是 2~10 000。根据完全数的定义，

先找出所有因子，再验证所有因子之和是否等于该数。

程序如下：

```
#include "iostream"
using namespace std;
int main()
{
    int m, n, k;
    for(m=2; m<=10000; m ++)        //寻找范围
    {
        k=0;                        //将累加和 k 置为0
        for(n=1; n<=m-1; n++)       //假设 m 的可能因子共 m-1个
            if(m%n==0) k=k+n;       //如果余数为0,就将 n 累加到 k
        if(m==k) cout<<""<<m;       //m 若是完全数就输出
    }
    return  0;
}
```

思考：如果对上题要求输出格式为 28＝14＋7＋4＋2＋1，程序应如何修改？

13.2　排序算法

在现实工作中，经常需要对数据进行排序，例如年龄排序、成绩排序等。排序算法的类型非常丰富，这里介绍几种常用的排序算法。

13.2.1　冒泡排序

冒泡排序算法的基本思想是：将待排序的数据序列看做竖直排列的一串"气泡"，值较小的数据比较轻，因此要往上浮，值较大的数据比较重，因此要向下沉。在冒泡排序算法中，按照从左向右的顺序，从左边的第一个元素开始，依次比较相邻位置的两个数据元素，如果逆序则交换它们的位置，这样进行一趟比较交换后，最大值交换到最后位置。然后，对除最大数外的其余数进行第二趟比较，比照第一趟方法按照从左向右的顺序，从左边的第一个元素开始，依次比较相邻位置的两个数据元素，如果逆序则交换它们的位置，这样就为次大的元素找到了合适的位置。以此类推，直到剩余一个数，就得到了一个从小到大的序列。

例如：给定序列为 12，3，46，28，2，9，用冒泡排序的算法将序列排成从小到大的升序序列。

原序列	12	3	46	28	2	9
第一趟：	3	12	28	2	9	46

说明：12 与其后数据比较，因为 12>3，与 3 交换，所以序列变为：3　12　46　28　2　9；接着，12 与 46 比较，不交换；然后 46 与 28 比较，因为 46>28，与 28 交换，所以序列变为：3　12　28　46　2　9；46 与 2 比较，因为 46>2，与 2 交换，所以序列变为：3　12　28　2　46　9；46 与 9 比较，因为 46>9，与 9 交换，所以序列变为：3　12　28　2　9　46。这样在第一趟比较中，6 个数进行了 5 次比较，就找到最大数放到了最后。

同理，后续排序过程如下。

第二趟：	3	12	2	9	28	46
第三趟：	3	2	9	12	28	46
第四趟：	2	3	9	12	28	46
第五趟：	2	3	9	12	28	46

冒泡排序的主结构：

```
for(i=1;i<n;i++)              //n 个数要比较 n-1 趟，i 为比较趟数
for(j=0;j<n-i;j++)           //每一趟需要比较 n-i 次
if(a[j]>a[j+1]){交换 a[j]和 a[j+1]}  //降序将">"换成"<"即可
```

例 13-3　给定数据序列长度 n，将该数列排成从大到小的降序序列。

程序如下：

```
#include "iostream"
using namespace std;
int  main()
{
    int a[200];
    int n,i,j, temp;
    cout<<"请输入数据序列长度 n 的值: ";
    cin>>n;                  //由键盘输入待排序数个数 n
    for(i=0; i<n; i++)       //由键盘输入待排序数 a[0]-a[n-1]
        cin>>a[i];
    for(i=1;i<n;i++)         //进行 n-1 趟比较
    for(j=0;j<n-i;j++)       //在每一趟中进行 n-i 次两两比较
        if(a[j]<a[j+1])      //如果前面的数小于后面的数
        {
            temp=a[j];
            a[j]=a[j+1];
            a[j+1]=temp;     //交换两个数的位置,使大数到前面
        }
    cout<<"从大到小的序列为: ";
    for(i=0; i<n; i++)       //输出 n 个数
        cout<< a[i]<< " ";
```

```
    cout<<endl;
    return 0;
}
```

13.2.2　插入排序

基本思想：设有 n 个数据已按照要求排列好，存放在数组之中。将一个待排序的数据元素插入到前面已经排好序的数列中的适当位置，使数列依然有序；直到待排序数据元素全部插入完为止。

排序过程如下。

示例：设 $n=8$，有下列 8 个数，要求从小到大的顺序排列，每次插入时数据的变化如下。

```
初始：        [49]   38  65  97  76  13  27  49
J=1 (38)：[38  49]   65  97  76  13  27  49
J=2 (65)：[38  49  65]   97  76  13  27  49
J=3 (97)：[38  49  65  97]   76  13  27  49
J=4 (76)：[38  49  65  76  97]   13  27  49
J=5 (13)：[13  38  49  65  76  97]   27  49
J=6 (27)：[13  27  38  49  65  76  97]   49
J=7 (49)：[13  27  38  49  49  65  76  97]
```

其中，每一步的括号（）内的数为待插入数据，[ ] 内为已排好的数列。

程序如下：

```cpp
#include "iostream"
using namespace std;
int  main()
{
    int r[8]={49,38,65,97,76,13,27,49};
    int i,j,t;
    for(i=1; i<8; i++)          //等待插入数的下标1-7
    {
        t=r[i];                 //待插入数 r[i]暂存到 t
        j=i-1;                  //取出已排好序的数的最大下标到 j
        while(t<r[j])           //如果待插入数比有序数列中数小就比较下去
        {
            r[j+1]=r[j];        //有序数列中参与比较的数后移
            j--;                //有序数列中待比较数下标前移
        }
        r[++j]=t;               //待插入数 t 插入到指定下标位置++j
```

```
        }
        for(i=0;i < 8; i++)      //输出8个数
            cout<<r[i]<<" ";
        return  0;
    }
```

13.2.3　快速排序

快速排序是在冒泡排序基础上的优化排序法，几乎是目前所有排序方法中速度最快的方法。在快速排序中，数据比较是从两端向中间进行的，一次同时从两个子序列中进行比较定位，减少了比较次数和交换次数。

基本思想：在当前无序区 R [1..H] 中任取一个数据元素作为比较的"基准"（不妨记为 X），用此基准将当前无序区划分为左右两个较小的无序区：R [1..$I-1$] 和 R [$I+1$..H]，且左边的无序子区中数据元素均小于等于基准元素，右边的无序子区中数据元素均大于等于基准元素，而基准 X 则位于最终排序的位置上，即 R [1..$I-1$] $\leq X \leq R$ [$I+1$..H] （1$\leq I \leq H$），当 R [1..$I-1$] 和 R [$I+1$..H] 均非空时，分别对它们进行上述的划分过程，直至所有无序子区中的数据元素均已排序为止。

排序过程如下。

假设 $n=8$，有下列 8 个数，要求按从小到大的顺序排列，每次交换时数据的变化如下。

初始：[49 38 65 97 76 13 27 49]

一次划分过程（选第一个元素 49 为基准，I 从左向右移动，J 从右向左移动）后，各趟排序之后的状态：

第一次交换后：[27　38　65　97　76　13　49　49]

第二次交换后：[27　38　49　97　76　13　65　49]

J 向左扫描，位置不变，第三次交换后：[27　38　13　97　76　49　65　49]

I 向右扫描，位置不变，第四次交换后：[27　38　13　49　76　97　65　49]

通过一次划分，将 49 放在它应有的位置，然后再对它左、右两个序列进行快速排序，每次的结果如下：

初始：[49　38　65　97　76　13　27　49]

第一趟排序之后，划分子序列：[27　38　13]　49　[76　97　65　49]

第二趟排序之后：[13]　27　[38]　49　[49　65]　76　[97]

第三趟排序之后：13　27　38　49　49　[65]　76　97

最后的排序结果：13　27　38　49　49　65　76　97

对无序区 r[ll, lr] 做划分，算法用函数描述如下：

```
//DataType 为数组类型,ll 指向数组序列左,lr 指向数组序列右,p1 指针指向值为
//基准数所指向的位置下标
void partp1(DataType r[], int ll, int lr, int *p1)
```

```
{
    int i,j,x;
    i=ll,j=lr,x=r[ll];
    while(i !=j)
    {
        while(j>i&&r[j]>=x)      //自右向左扫描,查找第一个小于 x 的元素
            j--;
        if(i<j)                  //如果找到小于 x 的元素
        {
            r[i]=r[j];           //元素移动到左边
            i++;                 //左边指针向右移动一位
        }
        while(j>i&&r[i]<=x)      //自左向右扫描,查找第一个大于 x 的元素
            i++;
        if(i<j)                  //如果找到大于 x 的元素
        {
            r[j]=r[i];           //元素移动到右边
            j--;                 //右边指针向左移动一位
        }
        r[i]=x;                  //基准结点插入到正确位置
        *pl=i;                   //记录下插入位置
    }
}
```

13.3　回溯算法

回溯算法是一种搜索算法,适用于根据一组给定的条件来搜索问题的解。

例 13-4　从 1 到 X 中选出 N 个数字,排成一列,相邻两数不能相同,求所有可能的排法。每个数可以选用零次、一次或多次。例如,当 $N=3$、$X=3$ 时,排法有 12 种:121、123、131、132、212、213、231、232、312、313、321、323。

分析:以 $N=3$,$X=3$ 为例,这个问题的每个解可分为三个部分:第一位,第二位,第三位。先写第一位,第一位可选 1、2 或 3,根据从小到大的顺序,此处选 1;那么,为了保证相邻两数不同,第二位就只能选 2 或 3 了,此时选 2;最后,第三位可以选 1 或 3,则选 1;这样就得到了第一个解"121"。然后,将第三位变为 3,就得到了第二个解"123"。此时,第三位已经不能再取其他值了,于是返回第二位,看第二位还能变为什么值。第二位可以变为 3,于是可以在"13"的基础上再给第三位赋予不同的值 1 和 2,得

到第三个解"131"和"132"。此时第二位也已经不能再取其他值了，于是返回第一位，将它变为下一个可取的值2，然后按顺序变换第二位和第三位，得到"212""213""231""232"。这样，直到第一位已经取过了所有可能的值，并且将每种情况下的第二位和第三位都按上述思路取过一遍，得到该问题的全部解。

由以上过程可以看出，回溯法的思路是：问题的每个解都包含 N 部分，先给出第一部分，再给出第二部分……直到给出第 N 部分，这样就得到了一个解。若尝试到某一步时发现已经无法继续，就返回到前一步，修改已经求出的上一部分，然后再继续向后求解。这样，直到回溯到第一步，并且已经将第一步的所有可能情况都尝试过之后，即可得出问题的全部解。

程序如下：

```cpp
#include "iostream"
using namespace std;
int  main()
{
    const int N=3,X=3;
    int a[N]={1,2,X };
    int p,c,i;
    cout<<endl;
    p=0;                          //第一位下标为0
    c=1;                          //从1开始选数字
    while(true)
    {
      while(true)
      {
        if((p==0)||(c!=a[p-1]))//如果是第一位或填入值不与前一位相同
        {
          a[p]=c;                 //数字 c 填入 p 位
          if(p==N-1)              //如果填完最后一位
          {
              for(i=0;i<N;i++) cout<<a[i]<<" ";//输出排好的数字序列
                cout<<endl;
          }
          p++;                    //排位下移
          c=1;                    //下一位从1开始
        }
        else
        {
          c++;                    //下一位要排的数字
        }
```

```
    if((p>N-1)‖(c>X)) break; //当数字排完或无数字可选
    }
    while (true)
    {
    p--;                      //向前回溯
    if((a[p]<X)‖(p==-1)) break; //回溯到有数字选择或位置选择的位置
    }
    if(p>-1)  c=a[p]+1;       //若非首位,将数字变为下一个可选数字
    if(p==-1)  break;         //首位回溯完毕,程序结束
    }
    return  0;
}
```

13.4　递推法

13.4.1　递推法概念

递推法是一种数学方法,它是计算机用于数值计算的一个重要算法。所谓递推,是指针对问题利用已知条件一步一步地推出问题的解,或从问题一步一步地推出条件。引入一个例子来说明递推概念。例如,有一组数规律如下:0,5,5,10,15,25,40,…,x_n,…,要求 x_n 的值,根据前面序列数的规律找出一种运算关系。如:5=5+0,10=5+5,15=5+15,25=10+15,40=15+25,…,$x_n = x_{n-1} + x_{n-2}$,…。所以,当知道 n 的值时,如 $n=10$,就可以通过前面的规律导出:每一个数都是前两个数相加得到的,$n=10$ 对应的数 x_n 应推出为 175。

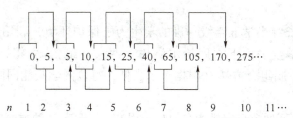

n　1　2　3　4　5　6　7　8　9　10　11…

13.4.2　递推算法特点

一个问题的求解需要一系列的计算,而已知条件和所求问题之间具有某种相互联系。如果可以找到计算过程之间的数量关系,通过这个关系可以从条件推出要解决的问题(也叫顺推)或者从问题推出已知条件(也叫逆推),这种关系被称为递推式。这种

算法可以将比较复杂的运算分成若干步重复的简单运算，充分发挥计算机运算速度快的特点。

例13-5　对13.4.1中的数字序列，编程求第 n 项的数值。

分析：由上面的分析可以得到 $x_n = x_{n-1} + x_{n-2}$，这就是此题的数量关系式，也叫递推式。同时，有初值 $x=0$，$y=5$。根据递推算法导出程序如下：

```cpp
#include "iostream"
using namespacestd;
int  main()
{
    long x,y,z;
    int i,n;
    cout<<"input n: ";              //提示输入的语句
    cin>>n;                         //输入 n 的值
    x=0;                            //第一个数
    y=5;                            //第二个数
    for(i=3; i<=n; i++)             //循环 n-2 次
    {
        z=x+y;                      //根据前两个数计算第三个数
        x=y;
        y=z;                        //不断改变 x,y 的值
    }
    cout<<z;
    return 0;
}
```

例13-6　长青小学五年级一班的学生为了保护环境，利用星期日去上山植树，需要组织一部分男学生去山下水库抬水浇树（两人一组），先将这些学生排成两列纵队，可以有多少种不同组合方法（根据个子高低，每位同学只能同同一排或前后同学组合）。

分析：先来看一下如果只安排两名男生，甲和乙，只有一种方法：

甲🧍⟷🧍乙

若有4名男生，方法一：甲1乙1，甲2乙2；方法二：甲1甲2，乙1乙2。

甲1🧍⟷🧍乙1　甲1🧍　🧍乙1

甲2🧍⟷🧍乙2　甲2🧍　🧍乙2

若有 6 名男生：

甲 1 ⬍←——————→⬍乙 1　　甲 1 ⬍←——————→⬍乙 1

甲 2 ⬍←——————→⬍乙 2　　甲 2 ⬍　　　　　　⬍乙 2

甲 3 ⬍←——————→⬍乙 3　　甲 3 ⬍　　　　　　⬍乙 3

甲 1 ⬍　　　　⬍乙 1

甲 2 ⬍　　　　⬍乙 2

甲 3 ⬍←——————→⬍乙 3

组合方法有：

方法一：甲1乙1，甲2乙2，甲3乙3。

方法二：甲1乙1，甲2甲3，乙2乙3。

方法三：甲1甲2，乙1乙2，甲3乙3。

因此得出队列的排数与组合的方法数有如下关系：

两列纵队有　　　一排（2 个人）　组合方法一种即：$x_1 = 1$

两排（4 个人）　　　　两种即：$x_2 = 2$

三排（6 个人）　　　　三种即：$x_3 = x_1 + x_2$

⋮　　　　　　⋮　　　　　　　　　⋮

最终导出有 n 排时（有 $2n$ 个人），组合方法有 x_n 种，$x_n = x_{n-1} + x_{n-2}$。

此题的递推式是从问题推到已知：从 $x_n = x_{n-1} + x_{n-2}$，推到 $x_{n-1} = x_{n-2} + x_{n-3}$，……推到 $x_2 = 2$，$x_1 = 1$。

程序如下：

```cpp
#include "iostream"
using namespace std;
int  main()
{   long x,y,z;
    int j,n;
    cout<<"input n: ";
    cin>>n;
    x=0;
    y=1;
    for(j=1;j<=n;j++)          //j 为纵队的排数
    {
        z=x+y;                 //z 为不同排数时的组合方法数
        x=y; y=z;
    }
```

```
cout<<"有"<<n<<"排男生参加抬水,组合方法有"<<z;
return 0;
}
```

思考：读者自己能找出还有哪些问题可以用递推算法来解决？

递归就是函数或过程的调用，递归包括直接递归和间接递归。能用递归算法来求解的问题一般应该满足三个条件，即：需要解决的问题可以化为子问题，而子问题的求解方法与原问题的求解方法相同，只有数量的差别；递归调用的次数有限；有递归结束的条件。因此，分析每一个问题首先要按以上三条来检查一下是否适合应用递归算法。

例 13-7　用递归方法编写程序，根据 n 的值运算 f 的结果，关系式如下（也是斐波那契数列中第 n 个数的求解关系式）：

$$f_n=\begin{cases}0 & n=0,\\1 & n=1,\\f_{n-1}+f_{n-2} & n>1.\end{cases}$$

算法 1：利用递归
程序如下：

```
#include "iostream"
using namespace std;
int fib(int n)                //定义函数 fib,计算函数 fn
{
    int c;
    if(n==0)c=0;
    else  if(n==1)c=1;
    else  c=fib(n-1)+fib(n-2);
    return c;
}
int  main()
{
    int m,p;
    cout << "input m: ";
    cin>>m;
    p=fib(m);                 //在本函数中调用已定义函数 fib
    cout<<p;
    return 0;
}
```

这是一个直接调用函数本身的直接递归法，它是根据从大到小的处理方法，也就是先把 fib(n) 拆分为 fib($n-1$) 和 fib($n-2$)，一直拆分到 fib(0) 和 fib(1) 结束，递归次数最多 2^{n-1} 次。

递归使一些复杂的问题处理起来简单明了，尤其在学习算法设计、数据结构时更能体会到这一点。但是，递归在每次执行时都要为局部变量返回地址分配栈空间，这就降低了运行效率，也影响了递归算法的应用。

算法 2：

递推算法按从小到大顺序讨论。

fib(0)=0, fib(1)=1, fib(2)=fib(1)+fib(0)=1…

fib(n)=fib(n-1)+fin(n-2)

程序如下：

```
#include "iostream"
using namespace std;
int   main()
{
    int f[20];
    int m, n;
    f[0]=0;
    f[1]=1;
    cout<<"input n:";
    cin>>n;
    for(m=2;m<n;m++)
        f[m]=f[m-1]+f[m-2];
    cout<<"f["<<n-1<<"]="<<f[n-1]<<endl;
    return 0;
}
```

通过这两个程序的比较可以看到，递推算法比递归算法效率要高得多。

13.5 高精度数值处理

13.5.1 什么是高精度数值处理

由于计算机运算是有模运算，数据范围的表示有一定限制，如整型 int（C++中 int 与 long 相同）表达范围是（$-2^{31} \sim 2^{31-1}$），unsigned long（无符号整数）范围是（$0 \sim 2^{32-1}$），最大值都为几十亿。如果采用实数型，则能保存最大的 double 只能提供 15~16 位的有效数字，即只能精确表达数百万亿的数。因此，在计算位数超过十几位的数时，不能采用现有类型，只能自己编程计算。

高精度计算时一般用一个数组来存储一个数，数组的一个元素对应于数的一位，表示时，由于数计算时可能要进位，为了方便，将数由低位到高位依次存在数组下标对应由低到高的位置上。另外，在申请数组大小时，一般只考虑了最大的情况，在很多情况下，表示有富余，即高位有很多0，可能造成无效的运算和判断，因此，一般将数组的第0个下标对应位置来存储该数的位数。如：3485（三千四百八十五）表达在数组 a[10] 上情况是：

下标	0	1	2	3	4	5	6	7	8	9
内容	4	5	8	4	3	0	0	0	0	0

说明：位数　个位　十位　百位　千位

在计算加减乘除时，采用列竖式方法。

注意：高精度计算时一般用正数，对于负数，通过处理符号位来修正。

1. 以字符串输入

```cpp
#include <iostream>
#include<string>
using namespace std;
const int N=100;                        //最多100位
int main()
{
    int a[N+1], i;
    string s1;
    cin>>s1;                            //数 s1
    memset(a, 0, sizeof(a));           //数组清0
    a[0]=s1.length();                  //数的位数
    for(i=1; i <=a[0]; i++)
        a[i]=s1[a[0]-i]-'0';           //将字符转为数字并倒序存储
    for(i=1; i <=a[0]; i++) cout << a[i];
    cout<<endl;
    getchar();
    return 0;
}
```

2. 直接读入

```cpp
#include <iostream>
#include<string>
using namespace std;
const int N=100;                        //最多100位
int main()
{
    int a[N+1], i, s, key;
    cin>>key;                          //输入数 key
```

```
    memset(a,0,sizeof(a));          //数组清0
    i=0;                            //第0位开始
    while (key)
    {
        a[++i]=key%10;              //取第i位的数
        key=key/10;
    }
    a[0]=i;                         //共i位数
    getchar();
    return 0;
}
```

3. 直接初始化（用 a[ ] 存储）

初始化为0：`memset(a,0,sizeof(a));`

初始化为1：`memset(a,0,sizeof(a));a[0]=1;a[1]=1;`

以下程序都只写函数，不写完整程序，所有高精度数存储都满足上述约定。

13.5.2　高精度数比较

程序代码如下：

```
int compare(int a[],int b[])
//比较a和b的大小关系,若a>b则为1,a<b则为-1,a=b则为0
{
    int i;
    if(a[0]>b[0]) return 1;         //a的位数大于b,则a比b大
    if(a[0]<b[0]) return -1;        //a的位数小于b,则a比b小
    for(i=a[0];i>0;i--)             //从高位到低位比较
    {
        if(a[i]>b[i]) return 1;
        if(a[i]<b[i]) return -1;
    }
    return 0;                       //各位都相等则两数相等
}
```

13.5.3　高精度数加法

程序代码如下：

```
int plus(int a[],int b[])           //计算a=a+b
```

```
{
    int i, k;
    k=a[0]>b[0] ? a[0]:b[0];        //k是a和b中位数最大的一个的位数
    for(i=1; i<=k; i++)
    {
        a[i+1]+=(a[i]+b[i])/ 10;    //若有进位,则先进位
        a[i]=(a[i]+b[i]) % 10;      //计算当前位数字
    }
    if(a[k+1]>0) a[0]=k+1;          //修正新的a的位数(a+b最多只能有一个
                                    //进位)
    else a[0]=k;
    return 0;
}
```

13.5.4　高精度数减法

程序代码如下：

```
int gminus(int a[], int b[])
//计算a=a-b,返回符号位,0:正数 1:负数
{
    int flag, i;
    flag=compare(a, b);         //调用比较函数判断大小(函数见13.5.2)
    if(flag==0)                 //相等
    {
        memset(a, 0, sizeof(a)); return 0;
    }                           //若a=b,则a=0,也可在return前加一句
                                //a[0]=1,表示是1位数0
    if(flag==1)                 //大于
    {
        for(i=1; i <=a[0]; i++)
        {
            if(a[i]<b[i])
            {
                a[i+1]--; a[i]+=10;   //若不够减则向上借一位
            }
            a[i]=a[i]-b[i];
        }
```

```
        while (a[a[0]]==0) a[0]--;   //修正 a 的位数
        return 0;
    }
    if(flag==-1)              //小于,则用 a=b-a,返回-1
    {
        for(i=1; i<=b[0]; i++)
        {
            if(b[i]<a[i])
            {
                b[i+1]--; b[i]+=10;   //若不够减则向上借一位
            }
            a[i]=b[i]-a[i];
        }
        a[0]=b[0];
        while (a[a[0]]==0) a[0]--;   //修正 a 的位数
        return -1;
    }
}
```

13.5.5 高精度数与低精度数乘法运算规则

程序代码如下:

```
bign multi(bign a, int b)
{
    bign c;
    int carry=0;
    for(int i=0; i<a.len; i++){
        int temp=a.d[i] * b+carry;
        c.d[c.len++]=temp % 10;
        carry=temp / 10;
    }
    while (carry!=0)
    {
        c.d[c.len++]=carry% 10;
        carry/=10;
    }
    return c;
```

```
}
```

13.5.6　高精度与低精度的除法

程序代码如下：

```
bign divide(bign a, int b, int &r)    //r为余数,这里表示为引用
{
    bign c;
    c.len=a.len;
    for(int i=a.len-1; i>=0; i--){
        r=r*10+a.d[i];
        if(r<b) c.d[i]=0;
        else{
            c.d[i]=r / b;
            r=r%b;
        }
    }
    while (c.len-1>=1 && c.d[c.len-1]==0){
        c.len--;
    }
    return c;
}
```

13.6　动态规划

13.6.1　动态规划

动态规划算法通常用于求解具有最优性质的问题。

1. 基本概念

动态规划是运筹学中用于求解决策过程中的最优化数学方法。当然，本书关注的是作为一种算法设计技术，作为一种使用多阶段决策过程最优的通用方法。

动态规划过程是：每次决策依赖于当前状态，又随即引起状态的转移。一个决策序列就是在变化的状态中产生出来的，所以，这种多阶段最优化决策解决问题的过程就被称为动态规划。

2. 基本思想与策略

动态规划的基本思想与分治法类似，也是将待求解的问题分解为若干个子问题（阶段），按顺序求解子阶段，前一子问题的解，为后一子问题的求解提供了有用的信息。在

求解任一子问题时，列出各种可能的局部解，通过决策保留那些有可能达到最优的局部解，丢弃其他局部解。依次解决各子问题，最后一个子问题就是初始问题的解。由于动态规划解决的问题多数有重叠子问题这个特点，为减少重复计算，对每一个子问题只解一次，将其不同阶段的不同状态保存在一个二维数组中。动态规则与分治法最大的差别是：适合于用动态规划法求解的问题，经分解后得到的子问题往往不是互相独立的（即下一个子阶段的求解是建立在上一个子阶段的解的基础上的进一步的求解）。

3. 适用的情况

能采用动态规划求解的问题的一般具有以下 3 个性质。

（1）最优化原理：假设问题的最优解所包括的子问题的解也是最优的，就称该问题具有最优子结构，即满足最优化原理。

（2）无后效性：即某阶段状态一旦确定，就不受这个状态以后决策的影响。也就是说，某状态以后的过程不会影响曾经的状态，仅仅与当前状态有关。

（3）有重叠子问题：即子问题之间是不独立的，一个子问题在下一阶段决策中可能被多次使用到（该性质并非动态规划适用的必要条件，可是假如没有这条性质，动态规划算法同其他算法相比就不具备优势）。动态规划将原来具有指数级时间复杂度的搜索算法改进成了具有多项式时间复杂度的算法。其中的关键在于解决冗余，这是动态规划算法的根本目的。动态规划实质上是一种以空间换时间的技术，它在实现的过程中，不得不存储产生过程中的各种状态，所以它的空间复杂度要大于其他的算法。

4. 动态规划的具体步骤

动态规划所处理的问题是一个多阶段决策问题，一般由初始状态开始，通过对中间阶段决策的选择，达到结束状态。这些决策形成了一个决策序列，同时确定了完成整个过程的一条活动路线（通常是求最优的活动路线）：

初始状态→│决策 1│→│决策 2│→…→│决策 n│→结束状态

动态规划的设计都有着一定的模式，一般要经历以下几个步骤。

（1）划分阶段：按照问题的时间或空间特征，把问题分为若干个阶段。在划分阶段时，注意划分后的阶段一定要是有序的或者是可排序的，否则问题就无法求解。

（2）确定状态和状态变量：将问题发展到各个阶段时所处的各种客观情况用不同的状态表示出来。当然，状态的选择要满足无后效性。

（3）确定决策并写出状态转移方程：因为决策和状态转移有着天然的联系，状态转移就是根据上一阶段的状态和决策来导出本阶段的状态。所以如果确定了决策，状态转移方程也就可写出。但事实上常常是反过来做，根据相邻两个阶段的状态之间的关系来确定决策方法和状态转移方程。

（4）寻找边界条件：给出的状态转移方程是一个递推式，需要一个递推的终止条件或边界条件。

一般，只要解决问题的阶段、状态和状态转移决策确定了，就可以写出状态转移方程（包括边界条件）。

在实际应用中，可以按以下几个简化的步骤进行设计：

（1）分析最优解的性质，并刻画其结构特征。

（2）递归的定义最优解。

（3）以自底向上或自顶向下的记忆化方式（备忘录法）计算出最优值。

（4）根据计算优值时得到的信息，构造问题的最优解。

 **例13-8　走台阶问题。**

有 n 级台阶，一个人每次上一级或者两级，请问有多少种走完 n 级台阶的方法？为了防止溢出，请将结果 Mod 1000000007。

给定一个正整数 n，请返回一个数，代表上楼的方式数。保证 n 小于等于 100 000。

解析： 这是一个非常经典的问题，设 $f(n)$ 为上 n 级台阶的方法，要上到 n 级台阶的最后一步有两种方式：从 $n-1$ 级台阶走一步；从 $n-2$ 级台阶走两步，于是就有了这个公式：$f(n)=f(n-1)+f(n-2)$。

代码如下：

```cpp
#include <iostream>
#include <string>
using namespace std;
#define N 20                        //台阶数为20
int f[N];                           //全局数组,存放决策表
int fun(int n)                      //返回台阶数为n的走法
{
    if(n==1||n==2)
    {
        return n;
    }
    f[n-1]=fun(n-1);                //若不为1或2则进行递归计算
    f[n-2]=fun(n-2);
    f[n]=f[n-1]+f[n-2];             //状态转移方程
    return f[n];
}

int main()
{
    int n;
    cout<< "输入台阶数n(n<20); ";
    cin>>n;
    f[n]=fun(n);
    cout<<f[n]<<endl;               //输出15阶的走法
    system("pause");
    return 0;
}
```

 习 题 **13**

一、选择题

1. 给定原始数据序列是有序的，对该序列进行排序，采用下列哪种排序方法最好？（　　）。

　　A. 快速排序　　　　B. 插入排序　　　　C. 选择排序　　　　D. 冒泡排序

2. 给定长度为 n 的数据序列，采用冒泡法进行排序，则比较的次数为（　　）。

　　A. n　　　　　　B. n^2　　　　　　C. $2n$　　　　　　D. $n(n-1)^2/2$

3. 给定长度为 n 的数据序列，采用插入排序法进行排序，则比较的次数最多为（　　）。

　　A. n　　　　　　B. $n(n-1)/2$　　　C. $2n$　　　　　　D. $n(n-1)$

二、编程题

1. 给定长度为 n（$n<=500$）的数据序列，将其排成从小到大的数据序列，并输出每个数据的原始输入顺序。例如：

输入：

5

1　3　2　7　6

输出：

1　1

2　3

3　2

6　5

7　4

2. 找出 1~3 000 中能被 17 整除的数据并输出显示。

3. 编辑一个程序对于给定的一个自然数 n，找出满足关系式 $s=q^n+p^n$，且 q、p、s 是自然数并都小于 1 000 的 s 值。

4. 在 $n×n$ 的国际象棋上的某一位置上放置一个马，然后采用象棋中"马走日字"的规划，要求马走过棋盘中的每一个格且不能重复，用回溯方法解决。

5. 用迭代方法求 $y=\sqrt[3]{x}$ 的值，x 由键盘输入，初始值是 $y_0=x$，迭代公式是 $y_{n+1}=\dfrac{2}{3}y_n+\dfrac{x}{3y_n^2}$，要求误差小于 10^{-6}。

6. 某班级为了表彰在运动会上的优秀者，班委会决定利用剩余的班费来购买奖品。奖品的价钱分为 6 元、5 元、4 元三种，为使购买奖品数量符合实际情况，请设计程序给出可参考的购买方案。

第 14 章

编译宏指令及编程小技巧

14.1　编译宏指令

在前面几章的程序中，经常能够看到如#include、#define之类的字样，它们是什么呢？又有什么用呢？它们就是编译宏指令，本节将对此进行详细讲解。由于本节中涉及内容均属于C标准范围，而多数C++标准并未对其进行任何扩充，为叙述方便，本节中一律使用名词"C语言"。

在正式讲解之前，有必要先简单介绍一下C程序的编译机制。现在的大多数C语言编译器分为预处理器和编译器两部分。预处理器只负责解释编译宏指令和删除注释，而编译器负责解释C语言的词法和语法并将程序编译成目标代码。一个待编译的程序会先被送入预处理器进行处理，然后再将处理出来的结果送进编译器。

从这一流程可以看出，编译宏指令的解释是一个完全独立的过程。在这一过程中，诸如保留字、变量、函数、表达式等概念尚未被引入，因此如果在本节的程序中看到被拆开的关键字或是不合语法的表达式，不必过于为此担心，这些程序经过预处理器处理完成后都是可以通过编译器的考验的。

讲了半天编译宏指令的概念，它的格式到底是什么样的呢？其实非常简单，所有的编译宏指令都是以字符"#"打头的一行内容。至于#后面是什么呢？请看下文。

14.1.1　重复利用——#include

在前面几章出现最多的大概就是#include 了。它究竟是什么呢？请看下面的内容。

语法：

```
#include <文件名>
```

或

```
#include "文件名"
```

功能：

把指定文件的内容全部照抄到#include 所在位置。然后预处理器从该文件的首部继续往下处理。如果文件名两边是尖括号，那么预处理器会在编译器默认目录里寻找指定的文件；如果是引号，预处理器会先在该#include 指令所在程序的目录寻找指定的文件，如果找不到，再去默认目录里找。

看到这里，读者大概已经明白#include 的实际用途了。没错，它就是用来实现重复利用的。有了#include，如果你写了一段得意的代码，再想放到其他程序里就不必复制粘贴了。看看下面的例子。

例 14-1

"得意的代码" max. h：

```cpp
//这个函数会返回参数 a、b 中的大者
int max(int a, int b)
{
    if(a>b) return a; else return b;
}
```

程序 age. cpp：

```cpp
//该程序从键盘读入 A、B 两人的年龄,并输出其中的较大者
#include <iostream>
#include "max. h"
using namespace std;
int main()
{
    int a, b;
    cout<<"输入 A 和 B 的年龄: ";
    cin>>a>>b;
    cout<<"年龄较大者: "<<max(a, b)<<endl;
    return 0;
}
```

程序 triangle. cpp：

//该程序从键盘读入三条线段的长度,如果它们能组成一个三角形,输出"Good!",否则输出"Bad!"

```cpp
#include <iostream>
#include "max.h"
using namespace std;
int main()
{
  int a,b,c,m;
  cout<<"输入三条线段的长度:";
  cin>>a>>b>>c;
  m=max(max(a,b),c);
  if(a+b+c-m>m)
    cout<<"Good!"<<endl;
  else
    cout<<"Bad!"<<endl;
  return 0;
}
```

注意到两个程序 age. cpp 和 triangle. cpp 都引用了 max. h 中的函数 max，实现了对函数 max 的重复利用。

14.1.2 缩写与宏——#define

如果要问最有技巧性的编译宏指令是哪一条的话，答案毫无疑问就是#define。尽管随着 C++标准的发展，它的大部分功能正在逐渐被 C++更清晰更有效的新语法所取代。但#define的某些作用仍然是简洁而不可替代的。

先来看一下#define 最基本的语法。

语法 1：

#define 标识符1 内容1

功能 1：

将该宏指令之后所有的标识符 1 替换为内容 1。

来看一个例子——迭代法计算 sqrt(2)。

例 14-2

```cpp
#include<math.h>
#include<stdio.h>
#define ZERO 0.000001
```

```
int main()
{
  double x;
  x=1.0;
  while(fabs(x*x-2.0)>ZERO)
    x=(x+2.0/x)/2.0;
  printf("%.8lf\n",x);
  return 0;
}
```

只需调节程序开头的 ZERO 定义即可调节整个运算过程的精度。对于更加复杂，会多次用到 ZERO 的问题，还能省去每次都要写若干 "0" 的麻烦并避免出现前后不一的错误。

这种形式的#define 主要用于定义一些重要或者可能经常变化的常量，以达到增加可读性、方便记忆和修改之类的功能，或者是用来实现 "缩写"，是实际应用中最常见的用法。如果读者想看更加典型的例子，不妨参阅编译器附带的 limits.h、.h 等负责常量定义的头文件。现行的 C++标准已经允许用 const 前缀而非#define 来定义常量。前述例 14-2 中的：

```
#define ZERO 0.000001
```

用新语法来写就是：

```
const double ZERO=0.000001;
```

新旧两种语法各有优势。const 定义的常量拥有类型可以更好地融入编译流程（比如把它赋值给 float 的时候会有更友好的 warning），而#define 定义的常量可以兼容其他 C "方言"，比如 C99 或 Objective C，在与其他平台或其他人代码对接的时候经常用到。

作为最强大的编译宏指令，#define 的功能还不止这些，来看一下#define 的一个高级用法。

语法 2：

```
#define 标识符(参数列表)内容
```

功能 2：

定义一个 "宏"，将后面出现的标识符替换为内容，并将内容中的各 "形参" 对应替换为调用时给出的 "值参"。

请看下面的例子。

 例 14-3　从键盘读入 A、B 两人的年龄，并输出其中的较大者。

```
#include <iostream>
#define MAX(x,y) (((x)>(y))?(x):(y))
using namespace std;
int main()
{
```

```
int a,b;
cout<<"输入 A 和 B 的年龄: ";
cin>>a>>b;
cout<<"年龄较大者: "<<MAX(a,b)<<endl;
return 0;
}
```

在上面的程序中，MAX(a，b) 会被预处理器按规则替换成（（(a)>(b)）? (a)：(b)）。从而达到了求出 *a*、*b* 中较大者的目的。

可以看出，#define 的这种用法看起来非常像是一个函数，其实现的功能也和函数非常相似。但要注意，它的作用机理和函数是完全不同的，#define 只是简单地将调用宏的位置替换成宏定义的内容，因此宏的参数除引号与小括号必须配对外，完全不受 C 语言语法的限制，只要能保证预处理器处理后的最终结果能通过编译，诸如单个的运算符、不配对的方括号，不完整的关键字之类的内容都可以出现在宏的参数中。最终宏的作用只和预处理器处理得到的结果有关，而与其本身的形式无关。

而函数和对函数的调用都是要通过编译器生成机器码的，因此自然写法上要受到 C 语言语法的诸多限制，但正因如此，编译器会保证函数最终发挥的作用（也就是生成的机器码）严格符合函数本身的描述。这个实现原理上的不同看似无关紧要，但忽略它可能会造成致命的问题，这一点会在 14.2.3 节中详细讲述。

宏定义中还有两种起特殊作用的符号。

（1）#x：参数 *x* 的字符串形式的内容。在同时输出算式和值的时候很方便。

 例 14-4

```
#include <stdio.h>
#define PRINT(exp) printf("%s=%d\n", #exp, (exp));
int main()
{
  int a;
  a=5;
  PRINT(a+1);
  PRINT(a*a);
  PRINT(2*a+3);
  return 0;
}
```

该程序会输出：

```
a+1=6
a*a=25
2*a+3=13
```

（2）a##b：将 a 和 b 连接。一般用于需要将参数和其他东西连接起来的场合。

 例 14-5

```
#define macro1(a, b, c) a##b c
int main()
{
   macro1(ret, urn, 0);
};
相当于
int main()
{
   return 0;
}
```

最后来看一个比较复杂的综合性例子。

 例 14-6 处理器模拟。

假想这样的一个 8 位处理器：内存有 256 字节，地址为 0～255。

处理器内部有一个能容纳 8 个单字节元素的堆栈 S 和一个 3bit 的栈指针 SP。为了描述方便，定义 ST(i) 为 S[SP+i]（即堆栈 S 中第 SP+i 个元素）。mem(i) 为内存地址 i 处的一个字节。

处理器共有 25 条指令，见表 14-1。

表 14-1　处理器的 25 条指令

十六进制代码	描述
00	END-运行结束
01	OUTST-输出 ST(0)
02	INPST-输入 ST(0)
03a	LOAD-将 mem(a) 压入堆栈，即 SP--；ST(0) ←mem(a)；
04a	STORE-将栈顶元素弹出到 mem(a)，即 mem(a) ←ST(0)；SP++；
05	POP-将栈顶元素弹出并舍弃。即 SP++；
06i	ADDS-加法 1：ST(0) ←ST(0) +ST(i)；
07i	SUBS-减法 1：ST(0) ←ST(0) -ST(i)；
08i	MULS-乘法 1：ST(0) ←ST(0) *ST(i)；
09i	DIVS-除法 1：ST(0) ←ST(0) /ST(i)；
0Ai	XCHS-交换 1：交换 ST(0) 和 ST(i)
0Bi	GCDS-最大公约数 1：ST(0) ←ST(0) 和 ST(i) 的最大公约数

十六进制代码	描述
0Ci	POWS-乘幂2：ST(0) ←ST(0) 的 ST(i) 次幂
0Da	ADDM-加法2：ST(0) ←ST(0) +mem(a)；
0Ea	SUBM-减法2：ST(0) ←ST(0) −mem(a)；
0Fa	MULM-乘法2：ST(0) ←ST(0) ＊ mem(a)；
10a	DIVM-除法2：ST(0) ←ST(0) ／mem(a)；
11a	XCHM-交换2：交换 ST(0) 和 mem(a)
12a	GCDM-最大公约数2：ST(0) ←ST(0) 和 mem(a) 的最大公约数
13a	POWM-乘幂2：ST(0)←ST(0) 的 mem(a) 次幂
14a	JMP-跳转1，执行完此指令后处理器从地址 a 处继续执行
15i	JST-跳转2，执行完此指令后处理器从 ST(i) 内的地址处继续执行
16a	JST0Z-条件跳转，若 ST(0) 为 0，执行完此指令后处理器从地址 a 处继续执行，否则处理器从该指令的下一条指令继续执行
17	LODST-将 ST(0) 复制一份压入堆栈，即 SP−−；ST(0) ←ST(1)；
18	OSTCH-输出 ASCII 码为 ST(0) 的字符

所有运算溢出后均舍弃高位，例如 SP＝7 时执行一条 POP 指令后 SP 会回到 0；计算 25＊12 会得到 44（也就是 300&255）。除法为整除，且程序保证不会除 0。

处理器从地址 0 开始执行指令。定义指令 a 的下一条指令为第一字节在指令 a 最后一字节下一字节的指令。如果不遇到特殊指令，处理器执行完一条指令后会继续执行该指令的下一条指令。

编程模拟这个处理器的运行。内存中的初始数据从文件"mem.in"输入。mem.in 中包含 256 个 2 位十六进制整数，表示内存地址 0~255 的值。

这里提供一个测试用的 mem.in：

```
03  F1  17  10  F1  16  12  17  0B  02  0E  F2  14  CA  05  0E
F2  14  05  01  0D  F2  16  19  14  02  17  16  41  17  03  F0
03  F4  14  D0  05  0A  01  17  07  02  0F  F1  03  F5  03  F3
14  D0  05  0A  01  0E  F2  03  14  18  05  03  25  18  05  14
1B  05  04  F6  03  F9  14  E1  05  03  F6  01  03  FA  14  E1
05  03  F6  10  FB  0D  FC  17  04  6C  0D  FD  04  5F  03  88
18  05  03  FB  14  E1  05  03  F6  01  0A  01  88  01  0A  01
02  07  01  16  7C  05  05  14  44  2B  2D  2A  03  FE  18  03
FF  18  03  FE  18  05  05  05  03  14  18  05  03  33  18  05
05  03  EC  0E  F2  16  9D  04  EC  03  EB  14  E1  03  ED  16
E0  03  A8  0D  F2  04  A8  03  AE  18  05  0E  F2  14  9F  43
50  55  20  53  69  6D  75  6C  61  74  69  6F  6E  20  64  65
```

6D	6F	20	62	79	20	48	51	4D	03	16	0E	05	05	14	14
0A	02	16	DD	0A	01	18	0A	01	0E	F2	14	D2	05	05	15
00	03	F6	0F	F7	0D	F8	04	F6	15	00	75	05	1B	00	00
20	02	01	32	24	2A	00	45	13	48	50	66	06	73	5E	5F

这个假想 CPU 上的程序会依次完成下列事情：

（1）输出 256 以内的质数表。

（2）输入一个数 x，然后输出一个高度为 x 的星号金字塔。

（3）输出随机算式（两数加、减或乘）并要求用户输入答案，答对时会输出"^_^"，答对五次后程序结束。

读者可以先尝试不使用#define 编写该题的程序，然后再阅读下面使用#define 简化程序编写的参考解答，以对#define 可能起到的作用有更深刻的理解。

参考解答：

```c
#include <stdio.h>
#include <string.h>

int mem_data[256];
int st[8];
int ip, sp;

//读入指令下一字节
#define LODSD mem_data[(((ip+=1)&=255)-1)&255]
//压栈
#define PUSH(d) (st[sp=((sp-1)&7)]=d)
//ST(0)
#define ST (st[sp])
//弹栈,do{}while(0)确保该宏能和一条语句完全等效,
//尤其是在 if 语句的场合.读者可以自己思考 do{}while(0)与其他做法如什么都不
//写、大括号之类的不同.
#define POP(d) do{d=ST; sp=((sp+1)&7);}while(0)
//本程序 case 语句的固定模式,用#define 做一下缩写
#define CASE(p,q) case p: q; break
//内存操作数
#define OPMEM (mem_data[LODSD])
//栈操作数
#define OPST (st[(LODSD+sp)&7])
//运算指令,d 为指令代码,op 为算符,t 为目标操作数
#define CALC(d,op,t) CASE(d, ST=((ST##op##t)&255))
//函数指令,d 为指令代码,op 为算符,t 为目标操作数
#define FUNC(d,op,t) CASE(d, ST=(op(ST,t)&255))
```

```cpp
//运算&函数指令集,d为起始指令代码,t为目标操作数
#define CAFUSET(d,t) \
CALC(d  ,+,t); \
CALC(d+1,-,t); \
CALC(d+2,*,t); \
CALC(d+3,/,t); \
FUNC(d+4,xchg,t); \
FUNC(d+5,gcd,t); \
FUNC(d+6,powx,t)

//交换,为使用宏FUNC,写成函数形式
inline int xchg(int a,int &b)
{
  int t;
  t=b; b=a;
  return t;
}
//最大公约数,使用辗转相除法
int gcd(int a,int b)
{
  if(a>b)return gcd(b,a);
  if(a==0)return b;
  return gcd(b%a,a);
}
//乘幂,使用二分法
int powx(int a,int b)
{
  long d;
  if(b==0)return 1;
  d=powx(a,b/2);
  if(b&1)
    return (d*d*a)&255;
  else
    return (d*d)&255;
}
//完成模拟工作的函数
void do_simulation()
{
  int d;
```

```
    ip=0;
    sp=0;
    for(;;)
    {
        d=LODSD;
        if(d==0)break;
        switch(d)
        {
        CASE(1,printf("%3d \t",ST));
        CASE(2,scanf("%d",&ST));
        CASE(3,PUSH(OPMEM));
        CASE(4,POP(OPMEM));
        CASE(5,POP(d));
        CAFUSET(6,OPST);
        CAFUSET(13,OPMEM);
        CASE(20,ip=LODSD);
        CASE(21,ip=OPST);
        CASE(22,if(ST==0)ip=LODSD;else LODSD);
        CASE(23,d=ST;PUSH(d));
        CASE(24,printf("%c",ST));
        }
    }
}
//读入 mem.in
void read_mem()
{
    FILE *f;
    int i;
    f=fopen("mem.in","r");
    for(i=0;i<256;i++)
        fscanf(f,"% x",&mem_data[i]);
    fclose(f);
}
//主函数
int main()
{
    read_mem();
    do_simulation();
    printf(" \n");
```

```
    return 0;
}
```

14.1.3　鱼和熊掌——#ifdef

喜欢经常动手写一些小程序的读者可能已经遇到过这样一些情景：

（1）好不容易实现了一个很复杂的函数，但是感觉算法不好，于是把代码通通注释掉又用新的算法写了一个，最后发现两种算法各有千秋，只好等整个程序完成后好好测试一下该用哪个。可是每次测试都得在函数体内部改一堆东西，很麻烦又容易出错，怎么办呢？

（2）好不容易写了一段很长的代码并加了大量注释，最后却发现这段代码多半派不上用场。删掉太可惜，但注释掉的话，/＊＊/不能嵌套，//加起来又很麻烦，怎么办呢？

（3）好不容易写了三个得意的作品 speaker.h、music.h 和 sound.h。其中 music.h 和 sound.h 都包含了 speaker.h。但当在 game.cpp 中同时包含 music.h 和 sound.h 之后，灾难性的后果发生了——speaker.h 被包含了两遍，其中被重复两遍的函数声明导致了整个程序无法编译通过，怎么办呢？

该#ifdef 和#ifndef 登场了。

语法：

```
#ifdef 标识符1
语句块1
#else
语句块2
#endif
```

（注：下划线部分为可选内容，下同）

功能：

如果标识符 1 被#define 定义过，那么编译语句块 1，否则编译语句块 2。

语法：

```
#ifndef 标识符1
语句块1
#else
语句块2
#endif
```

功能：

如果标识符 1 没有被#define 定义过，那么编译语句块 1，否则编译语句块 2。

现在，情景 1 中的问题可以很容易得到解决了：在函数体内设置若干#ifdef，然后只需改动一条#define，即可方便地切换两种算法。

看看下面的例子——分别使用蒙特卡洛算法和 arctan 展开式计算圆周率。

例 14-7

```c
#include <stdio.h>
#include <stdlib.h>
#include <math.h>
//#define MONTECARLO
//只需去掉上一行的注释,即可选用蒙特卡洛算法

//这两种算法都不是很合适的计算 PI 的算法,仅作为演示
double calcPI(long n)
{
  long i;
#ifdef MONTECARLO
  //Monte Carlo 算法
  long c=0;
  double x, y;
  for(i=0; i<n; i++)
  {
    x=double(rand())/RAND_ MAX-0.5;
    y=double(rand())/RAND_ MAX-0.5;
    if(x*x+y*y<=0.25)c++;
  }
  return double(c)/n*4.0;
#else
  //atan 展开式:
  //atan(1/sqrt(3))*6
  //2*sqrt(3)*(1-1/3/3+1/5/3/3-1/7/3/3/3+...)
  double p=0.0, t=1.0;
  for(i=0; i<n; i++)
  {
    p+=1.0/(2*i+1)*t;
    t/=-3.0;
  }
  return p*2.0*sqrt(3.0);
#endif
}

int main()
```

```
{
    long n;
    scanf("%ld", &n);
    printf("%.8lf \n", calcPI(n));
    return 0;
}
```

情景 2 同样容易处理——将需要屏蔽掉的代码放到一个#ifdef 里，并确保#ifdef 的那个标识符没被#define 过就可以了。由于#ifdef 可以嵌套，这个处理方式无论何时都是有效的。

情景 3 的处理就多少需要一些技巧了。读者可以先不看下面的例子而尝试自己解决。（改进的 14.1.1 中的 max.h，不会因为重复 include 而失效）。

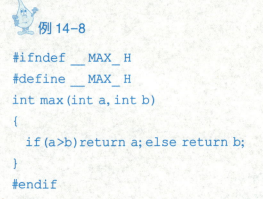

例 14-8

```
#ifndef __MAX_H
#define __MAX_H
int max(int a, int b)
{
    if(a>b) return a; else return b;
}
#endif
```

最后顺便提一句：#ifdef 还有一个增强版——#if。但其用法和#ifdef 基本相同，在此不赘述。

14.2　编程小技巧

14.2.1　超级表达式

C 语言有一个重要特点是拥有可以影响操作对象值的运算符，如 =、++、--、* = 等。对这一特点的巧妙运用，有时可以极大地简化程序的编写——因为可以将若干条语句写在同一个表达式里。下面来看一个例子：C 标准库函数 strcat 的简化版实现（和真正的 strcat 差别只有返回值）。

例 14-9

```
void strcat(char *__dest, char *__src)
{
    while(*__dest)__dest++; //将__dest 移动到串尾
```

```
    //注:这个循环如果写成 while(*(++__dest))将会无法处理空串
//而写成 while(*(__dest++))将会额外移动一个字节
    while(*(__dest++)=*(__src++));//再将串__src 拷贝到此处
}
```

如果读者觉得上面这个例子难以理解,不妨回忆一下以前学过的内容:

(1)"__dest++"表示将"__dest"的值加 1,但表达式本身的值是加 1 之前的值。

(2)while(*__dest) 表示当 *__dest 非 0 时循环,而 0 恰好是字符串的结束标志。

(3)*(__dest++)= *(__src++) 表示将__src 指向的字符赋给__dest 指向的位置,并将__dest 和__src 分别加 1。最后整体表达式的值是刚才被赋给 *__dest 的字符。

与常规写法对比:

```
void strcat(char*__dest, char *__src)
{
  while(*__dest)__dest++;
  while(*__src)
  {
    *__dest=*__src;
    __dest++;
    __src++;
  }
}
```

可以看出,这种超级表达式所带来的简洁性还是相当明显的。

14.2.2 千奇百怪的"for"

大多数时候,for 循环都是这样一副脸孔:

```
for(i=0;i<n;i++)
...;
```

但是,回忆一下 for 循环的定义,for(A;B;C) 等价于:

```
A;
while(B)
{
  ...
  C;
}
```

实际上,A、B、C 可以是任何内容。也就是说,大多这样的 while 都可以写成 for 的形式。不过,出于对可读性的考虑,通常会这么使用 for 中的三个表达式:

(1)初始化,通常是给"循环变量"赋"第一个"值。

（2）循环继续运行的条件，通常是"循环变量"没有越界或尚未达到特殊的结束标志。

（3）"循环变量"变成"下一个"值。

这里"循环变量""第一个""下一个"都只是一种抽象的概念，它们可以是任何东西，而不一定是"int i""0"和"i++"。

来看一个例子——迭代法计算 sqrt(2)。

例 14-10

```
#include <stdio.h>
#include <math.h>

int main()
{
  double x;
  for(x=1.0; fabs(x*x-2.0)>0.000025; x=(x+2.0/x)/2.0)
    printf("% .4lf \n",x);
  printf("% .4lf \n",x);
  return 0;
}
```

运行结果：

```
1.0000
1.5000
1.4167
1.4142
```

注意上例中的 for 循环：

初始化——x 赋迭代初值 1.0。

终止条件——x 达到精度要求 $|x^2-2| \leq 0.000\,025$。

"下一个"值——进行一步迭代 $x' = \left(x + \dfrac{2}{x}\right)/2$。

对比一下一般的写法：

```
#include <stdio.h>
#include <math.h>

int main()
{
  double x;
  x=1.0;
  while(fabs(x*x-2.0)>0.000025)
  {
```

```
  printf("% .4lf \ n",x);
    x=(x+2.0/x)/2.0;
  }
  printf("% .4lf \ n",x);
  return 0;
}
```

14.2.3 混乱的"简洁"

本章中各种技巧的侧重点在于使程序变得更加短小简洁。常言道,"有得必有失",这些技巧在带来简洁的同时也会带来混乱。

首先,来看一下#define 使用不当时的后果。

 例 14-11

```
#include <iostream>
#define POW2(x) x*x
using namespace std;
int main()
{
    cout<<POW2(1+1)<<endl;
    cout<<8/POW2(2)<<endl;
    //1<<2 的值是 4,如果读者没有学过移位运算,不妨自己试验一下
    cout<<POW2(1<<2)<<endl;
    return 0;
}
```

运行程序之前,先来猜一下输出结果吧,当然希望它是这样的:

4

2

16

那么,运行一下程序,就会发现理想与现实的差距——实际的输出结果是这样的:

3

8

122

这是为什么?仔细回想一下编译宏指令的定义,#define 是在编译前处理的。现在程序出了问题,手工处理一下#define 看看,就可以找出事实的真相,于是手工替换掉所有的POW2,得到这样的程序段:

```
int main()
{
    cout<<1+1*1+1<<endl;
    cout<<8/2*2<<endl;
    cout<<1<<2*1<<2<<endl;
    return 0;
}
```

这样，输出结果就一目了然了：

1+1*1+1结果为3

8/2*2结果为8

cout<<1<<2*1<<2会输出122

找到问题所在，自然也就可以解决——将#define 那一行改成：

```
#define POW2(x)((x)*(x))
```

即可。

再来看一下超级表达式使用不当时的后果：

例14-12   （无意义的程序，仅供测试）

```
#include <iostream>
using namespace std;
int main()
{
    int i,j,a[50]={0},b[50]={0};
    for(i=0;;i++)
    {
        cin>>a[i]>>b[i];
        if(a[i]==0&&b[i]==0)break;
    }
    for(i=j=-1;a[++i]!=0||b[++j]!=0;)
        cout<<i<<'  '<<j<<endl;
    return 0;
}
```

在 Dev-C++5.11，DEBUG 模式默认设置下编译运行，输入：

1 1

0 1

1 0

0 0

虽然期待的输出是这样的：

0 0

1 1

2 2

但是实际的输出相当匪夷所思：

0 -1

1 0

2 0

3 1

直观看来，问题似乎出在这个表达式上：

a[++i]!=0 || b[++j]!=0

回想一下"||"的性质——只要一个操作数非 0，结果就是 1。一般情况下这么做并不会出现问题，但当"||"的操作数是带有副作用的表达式时就不一样了。所以，一般的解决方式是避免使用这类表达式。

混乱的"简洁"不只发生在使用不当的情况，将一个完全正确的#define 和一个完全正确的超级表达式结合起来，有时也会发生不可预料的后果，比如下面这段程序。

例 14-13

```
#include <iostream>
#define POW2(x) ((x)*(x))
using namespace std;
int main()
{
    int x;
    x=5;
    cout<<POW2(++x)<<endl;
    cout<<x<<endl;
    return 0;
}
```

在 Dev-C++5.11 中，DEBUG 模式默认设置时输出为 49 7。在 TC++3.0 中，默认编译模式时输出为 42 7。而事实上，当时期望的结果是 36 6。

回想一下编译宏指令的定义，#define 是在编译前处理的，也就是说，实际上编译器得到的程序是这样的：

```
int main()
{
    int x;
```

```
        x=5;
        cout<<((++x)*(++x))<<endl;
        cout<<x<<endl;
        return 0;
    }
```

注意到（++x）*（++x）这个表达式，因为++x的副作用，不同的处理方式会得到不同的结果。但无论如何，都不可能得到最初想要的结果——36 6。

正是这个原因，通常都要大写来将#define出来的"函数"与一般的函数相区分，并且尽量避免将有副作用的表达式传递给这种"函数"。

最后，有一个常见的认识误区：#define或超级表达式可以加快程序的执行速度。实际上，对于超级表达式和对应的一般写法，编译器最终生成的机器代码不会有本质上的区别，因而不能指望有速度上的改善。#define的宏相对于函数而言虽然省去了调用时的消耗，但C++的inline机制完全可以抵消#define的这一优势。而#define因为原理的限制，一旦使用不当，很可能在"参数传递"的过程中造成很不必要的重复运算，请看下例。

例14-14 二分法求乘幂。

```cpp
#include <iostream>
using namespace std;
//#define USE_DEFINE
//去掉此注释选用#define写法,否则为函数写法
#ifdef USE_DEFINE
#define POW2(x) ((x)*(x))
#else
inline double POW2(double x)
{
  return x*x;
}
#endif

double pow(double a, long b)
{
  if(b==0)
    return 1;
  else
    if(b%2==0)
      return POW2(pow(a,b/2));
    else
```

```
      return POW2(pow(a,b/2))*a;
}

int main()
{
   long b;
   double a;
   cin>>a>>b;
   cout<<pow(a,b)<<endl;
   return 0;
}
```

输入 1.000 000 01 100 000 000，用#define 写法和函数写法分别运行一次，即可看到速度差别——#define 比函数写法要慢得多。

注意到在使用#define 写法时，pow 函数会被预处理器变成这样：

```
double pow(double a,long b)
{
   if(b==0)
      return 1;
   else
      if(b%2==0)
         return ((pow(a,b/2))*(pow(a,b/2)));
      else
         return ((pow(a,b/2))*(pow(a,b/2)))*a;
}
```

于是，pow 的递归调用由一次变成了两次，了解复杂度理论的读者可以分析出程序的复杂度由 $O(\log b)$ 变成了 $O(b)$，也就是说，#define 导致了运行时间数量级的增加。

实际上，导致这种后果的根本原因和例 14-13 是相同的——用有副作用的表达式作了宏的被使用两次或以上的参数。只要避免这种情况就可以防止此类现象的发生。但即便如此，#define 可能导致重复运算这一事实是无法改变的（比如说 POW2（x+1）仍然会导致 x+1 被计算两次），在不能通过编译器的代码优化抵消这一后果，而时间效率又极为重要的场合，此类问题还是需要特别注意的。

习 题 14

1. 试用#define 和 printf 函数实现 puts 函数的功能，并写一个 C++程序测试之。
2. 试用一个循环体只有一条输出语句的 for 循环，不定义 main 以外的函数，输出斐波

那契数列的前 n 项。

3. 写一个 .h 文件，使其包含一个如下的函数：

```cpp
void magic();
```

该文件被#include 一次时，调用 magic( ) 输出 "once"（未出现），#include 两次时输出 "twice"。并写一个 C++程序测试之。

4. 写一个程序，使得该程序不能通过编译，但在紧接该程序所有#include 之后，加入第 1 题的参考答案写法 1 中的#define 语句，然后所得程序能够通过编译，并观察运行时输出的结果。该程序中不得使用除#include 标准头文件之外的编译宏指令。

第 15 章

NOI Linux 操作系统

Linux 是一个多用户、多任务的操作系统，在稳定性及安全性方面有其独特的优势。

全国青少年信息学奥林匹克竞赛（NOI）和联赛（NOIP）的复赛要求使用 NOI Linux操作系统。在这里将介绍 NOI Linux 的基础操作，以适应信息学奥林匹克竞赛的需要。

15. 1　NOI Linux 系统的介绍和安装

15. 1. 1　Linux 系统介绍

在日常的生活和学习中，我们接触最多的操作系统是微软的 Windows，对于一名普通用户来说，客观来讲，Windows 系统确实很优秀，但对于一名计算机行业从业者，Windows 在安全性、可用性与高性能方面却难以让人满意。1991 年 10 月，芬兰赫尔辛基大学的在校生 Linus Torvalds 编写了一款名为 Linux 的操作系统，并加入了 GNU 源代码开放计划，自此在全世界开发者的不断完善下，Linux 系统得到了快速发展。相比于 Windows 系统，Linux 具有稳定、免费、安全和占用资源少的特点，在维持服务器稳定、嵌入式开发等活动中具有明显的优势。

15.1.2　NOI Linux 的介绍

时至今日，当我们提起 Linux 系统，所指的并不是最初的 Linux 系统，而是在 Linux 内核的基础上各个公司开发的成熟操作系统，Linux 系统版本有数百个之多，但它们依然都使用 Linus Torvalds 开发、维护的 Linux 系统内核，在众多的版本中，以 RedHat 和 Ubuntu 最为常用。为了给全国青少年信息学奥林匹克竞赛提供一个公平稳定的环境，CCF 在 Ubuntu 的基础上开发了一套用于 NOI 系列赛事的操作系统 NOI Linux，全国所有地区的选手编写的代码最终都是在该系统中进行评测。随着信息学竞赛的发展，越来越多的省份在信息学竞赛中只提供 NOI Linux 系统，不再提供常用的 Windows 系统，这就要求选手在日常的练习中要对 NOI Linux 系统有足够的了解和熟练的使用，在本节中，我们首先来学习 NOI Linux 系统的安装。

15.1.3　NOI Linux 的安装

1. 准备工作

安装 NOI Linux 系统有使用虚拟机和直接安装在电脑实体机上两种方法，在日常使用中，采用虚拟机安装的方法是更常用和便捷的。

在使用虚拟机安装 NOI Linux 系统之前，首先需要完成准备工作，即下载虚拟机软件和 NOI Linux 系统镜像：

第一步为下载虚拟机软件。在下面的演示中选用的是 VMware Workstation Player，这是一款功能强大的成熟虚拟机软件，约 138MB 大小，可以直接在 VMware 公司的中文官网上进行下载。VMware 公司为学生和教育工作者提供了免费版本用于非商业、个人和家用目的。

第二步是下载系统镜像。在 NOI 官网，提供了 NOI Linux 的镜像，最新版是在 2016 年 10 月 8 日更新的版本。下载文件名称是"noilinux-1.4.1.iso"。

2. 创建新虚拟机

（1）双击 VMware 软件的快捷图标，出现如图 15-1 所示界面，选择"创建新虚拟机"。

图 15-1　创建新虚拟机

（2）在如图 15-2 所示界面选择第三项"稍后安装操作系统"，然后单击"下一步"按钮。

注意：此时若选择第二项，则执行的是简易安装，并不是我们所需要的完整版本。

（3）在如图 15-3 所示界面中，客户机操作系统选择为"Linux"，版本为"Ubuntu"，然后单击"下一步"按钮。

图 15-2　选择安装模式

图 15-3　选择系统模式

（4）在如图 15-4 所示界面中自定义建立虚拟机的名称和在计算机中的存储位置，注意须确保有足够的存储空间，再单击"下一步"按钮。

（5）在如图 15-5 所示界面中选择最大磁盘大小，一般采用默认的 20GB 即可，在下方选项中选择"将虚拟磁盘存储为单个文件"，然后单击"下一步"按钮。

图 15-4　选择安装位置和名称

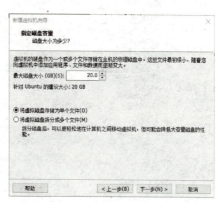

图 15-5　设定系统空间

（6）在如图 15-6 所示界面中，选择"自定义硬件"。

（7）在弹出的如图 15-7 所示界面的左侧选择"新 CD/DVD"，在右侧选择"使用 ISO 映像文件"，浏览选择在准备工作中下载好的 NOI Linux 镜像。接下来，在左侧单击"网络适配器"选项。

（8）在弹出的界面中选择"桥接模式"，单击右上角"关闭"按钮，如图 15-8 所示。最后返回如图 15-6 所示界面，单击"完成"按钮，即完成了创建虚拟机的操作。

图 15-6　设置硬件

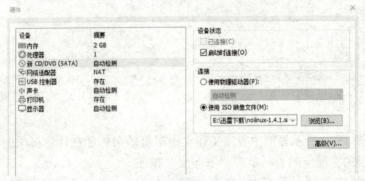

图 15-7　选择镜像路径

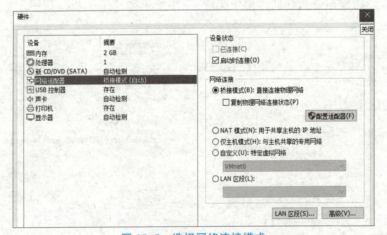

图 15-8　选择网络连接模式

3. NOI Linux 系统安装

（1）在如图 15-9 所示界面选择刚才创建的虚拟机，单击"播放虚拟机"按钮。虚拟机启动后出现如图 15-10 所示界面，选择"中文（简体）"语言和"安装 Ubuntu"。

（2）在如图 15-11 所示界面单击"继续"按钮，在图 15-12 所示界面选择"清除整个磁盘并安装 Ubuntu"，然后单击"现在安装"按钮。

（3）在如图 15-13 所示界面中选择时区，例如："beijing"（北京），单击"继续"按钮。在如图 15-14 所示界面中选择键盘布局为"汉语",然后单击"继续"按钮。等待完成安装后,单击"关闭"按钮。

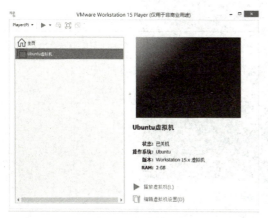

图 15-9　启动虚拟机

图 15-10　选择安装语言

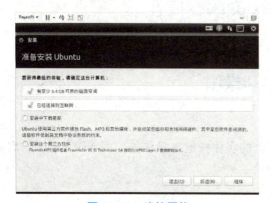

图 15-11　连接网络

图 15-12　选择覆盖方式

图 15-13　选择时区

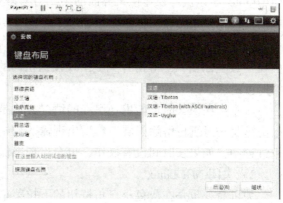

图 15-14　选择语言

在安装完成后根据提示需重启虚拟机,当出现如图 15-15 所示界面时即安装成功,系统默认的密码为"123456"。

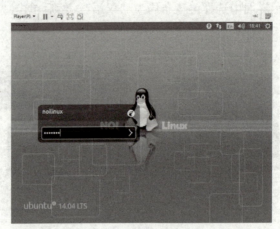

图15-15　安装成功界面

15.2　NOI Linux 的编程操作

15.2.1　NOI Linux 的基本概念和操作

1. 启动和退出 NOI Linux

在实体计算机上开机和关机是通过计算机上的实体按键来操作的，而 NOI Linux 的启动和退出是通过 VMware 软件的虚拟按键实现的。

1）启动 NOI Linux

双击 VMware 的快捷图标，在如图 15-9 所示虚拟机的左侧列表中，单击安装好的 NOI Linux 虚拟机。在虚拟机界面的第二行有绿色的三角图标。单击绿色图标右侧向下的灰色小三角按钮，弹出菜单如图 15-16 所示。菜单中的命令就相当于虚拟机的按键。单击"开机"命令，系统开始初始化，出现"软件更新"提示窗口，暂可选择"以后提醒我"或关闭窗口。等待片刻，出现输入密码的界面，输入默认密码"123456"，按 Enter 键即可进入 NOI Linux。

注意：在操作时可能出现黑屏的情况，这是 NOI Linux 自带的屏幕保护界面，单击或敲击键盘任意键可解除黑屏，然后出现输入初始密码界面，再次输入密码才能进入。在使用过程中，如果长时间没有操作，也会出现屏保界面。

2）关闭 NOI Linux

关机命令也是在灰色小三角按钮的下拉菜单下，分为关闭客户机和挂起客户机。关闭客户机就是传统意义上的关机。挂起客户机的功能是当有工作没有完成需要暂停时，可以不关闭运行中的程序，直接挂起。下次开机时的程序状态就是挂起前的状态，可以继续完成工作。但是要注意的是，在关机和挂起客户机时，计算机可能会出现卡顿，需要一定时间的等待。关机后，VMware 软件界面会自动消失，无须再关闭 VMware 软件。

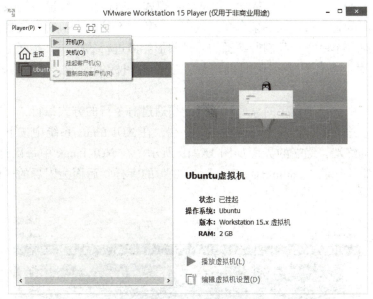

图 15-16　启动 NOI Linux

2. 终端的概念和打开方法

NOI Linux 也像 Windows 系统那样有美观的图形界面，通过图形界面可以进行复制、粘贴等常用的操作。进入图形模式如图 15-17 所示，在左上角单击"应用程序"按钮，在弹出的菜单中选择"附件"，单击"文件"选项，显示"主文件夹"窗口。窗口右侧是"主文件夹"内的文件图标，右键单击文件图标，在显示的菜单中可以进行打开、剪切、复制、重命名等操作，如图 15-18 所示。在图形界面的空白处单击右键，可以进行新建文件夹、新建文档等操作。在如图 15-18 所示"主文件夹"字样的左侧，有三个类似于 Windows 窗口界面右上角的按钮，功能也类似。例如：单击"×"按钮，可以关闭"主文件夹"界面。

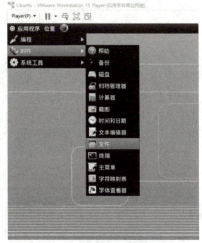

图 15-17　进入图形模式

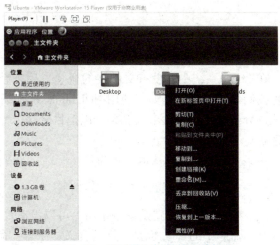

图 15-18　图形界面提供的文件操作

但是 NOI Linux 系统的标准操作方式是命令模式，通过命令行逐条输入命令，就像在进行编程。不同的是，每输入一条命令，按回车键后，系统机会执行对应的操作并显示结果，每一行就是一个命令。我们所熟悉的通过图形界面进行的操作，实际上是系统开发人员已经提前将对应操作的命令帮我们写好，当单击图标的时候，系统自动在后台执行命令。

在实际使用中，由于程序的编译和运行必须通过命令行的方式执行，所以我们需要了解基本的命令。输入命令行的工具就称之为终端，在 NOI Linux 系统中按下 Alt+Ctrl+T 组合键就可以打开终端，终端的界面如图 15-19 所示。在 NOI Linux 中每次打开新的终端，初始显示只有第一行的"noilinux@ubuntu：~ $"的字样，后面为闪烁的白色光标，表示输入的位置。

图 15-19　终端界面

3. 常用的 Linux 工作目录切换命令

在 Linux 系统中，没有文件夹的概念，用来替代文件夹描述文件位置的概念是目录。这里我们学习的重点是如何使用 NOI Linux 系统编程，也就是说在中学的学习阶段，大家无须过分纠结于目录这个概念，可以把目录这个专业的名词自己翻译成位置和文件夹来便于理解。

一条 Linux 命令的基本格式为：

命令名称 [命令参数] [命令对象]

[ ] 表示可选，也就是说一条命令可以没有命令参数和命令对象。下面在介绍具体的命令时，命令中的 [ ] 也是一样的含义。注意：命令名称、命令参数、命令对象之间请用空格键分隔。命令参数的含义是在执行基本命令的基础上，根据参数的不同执行更细致的功能，当无参数时则只执行基础功能。例如：ls 命令的基础功能是显示当前目录下的文件

名，如在后面加上"-l"参数，除了文件名还会显示文件属性、大小等信息。接下来介绍的这些都属于工作目录切换命令，这些是我们必须掌握的命令。因为后续的编译和运行操作必须在终端用命令方式执行，我们要编译某个文件，必须先在终端中切换到此文件所在目录下才能执行，否则系统不知道要编译的文件存放在哪里。

1）pwd 命令

pwd 命令用于显示用户当前所处的工作目录，格式为：

pwd [参数]

在一般使用中直接输入"pwd"命令即可。打开终端后直接输入"pwd"，显示当前路径为"/home/noilinux"，表示在 home 目录下的 noilinux 子目录中。这就是默认的文件位置，如图 15-20 所示。

我们可以在图形界面的文件工具中找到此位置。操作方法是在系统界面左上角的"应用程序"菜单里，选择"附件"子菜单下的"文件"命令，选择左侧的"计算机"命令，打开 home 文件夹，找到并打开 NOI Linux 文件夹，这就是我们打开终端时默认所处的位置。

2）ls 命令

ls 命令用于显示当前目录下的文件，格式为：

ls [参数] [文件]

在一般使用中直接输入"ls"即可，如图 15-20 所示，在默认目录下直接输入"ls"，会显示 Desktop、Documents、Downloads、Music、Pictures、Public 和 Videos（分别是桌面，文件，下载，音乐，图片，公用和视频）七个文件。

3）cd 命令

cd 命令用于切换工作路径，格式为：

cd [目录名称]

这个命令应该是最常用的一个 NOI Linux 命令了。可以通过 cd 命令迅速、灵活地切换到不同的工作目录。如图 15-20 所示，在默认位置输入"cd Desktop"，然后输入"pwd"命令，此时的路径变为"/home/noilinux/Desktop"。注意因为 Linux 系统严格区分大小写，所以不能输成"desktop"。

图 15-20　NOI Linux 常用命令效果

除了常见的切换目录方式，还可以使用"cd -"命令返回到上一次所处的目录，使用"cd ."命令进入上一级目录。同学们可以试一试。

在日常使用中，还有一些常用的操作，如复制、粘贴、剪切、新建等文件操作，这些都可以通过 NOI Linux 的图形界面方便地完成，无须使用命令，感兴趣的读者可以自行学习。

15. 2. 2　NOI Linux 编程

在 NOI Linux 中有一些图形编程软件，例如 GUIDE。但是这些软件非常不稳定，在编写程序的过程中，软件随时可能崩溃，必须频繁进行保存。为了避免这种问题，在日常使用中，通常采取 Vim 编辑器和记事本两种软件来编程。我们首先来看如何使用 Vim 编辑器。

1. Vim 编辑器

Vim 编辑器默认安装在当前所有的 Linux 操作系统上，它之所以能得到广大厂商与用户的认可，原因在于 Vim 编辑器中设置了三种模式——命令模式、末行模式和输入模式，每种模式分别又支持多种不同的命令快捷键，这大大提高了工作效率，而且用户在习惯之后也会觉得相当顺手。要想高效率地操作文本，就必须先搞清这三种模式的操作区别以及模式之间的切换方法。

（1）命令模式用于控制光标移动，可对文本进行复制、粘贴、删除和查找等工作。

（2）输入模式用于正常的文本录入。

（3）末行模式用于保存或退出文档以及设置编辑环境。

三种模式之间的切换快捷键如图 15-21 所示，其中由命令模式转到输入模式有"a"，"i"，"o"等多种按键。其中，"a"键是在光标后面一位切换到输入模式，"i"键是在光标当前位置切换到输入模式，而"o"键则是在光标的下面再创建一个空行。一般我们最常用的是"i"键，从光标当前位置切换到输入模式。下面我们以在 Vim 编辑器中编写经典的"Hello World!"程序为例，详细介绍编程过程。

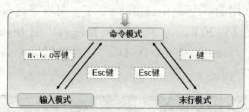

图 15-21　Vim 模式切换快捷键

首先打开终端，输入"cd Desktop"后按 Enter 键，切换到桌面目录，输入"Vim+文件名"就可以使用 Vim 打开该文件。在此程序中输入"Vim main. cpp"后按 Enter 键，此时如果桌面上已经有名为"main. cpp"的文件，就会直接将其打开，否则系统会自动在桌面上建立"main. cpp"这个文件。选择这个位置也是便于在桌面上直接观察不存在该文件时系统直接建立文件的操作，上述操作过程如图 15-22 所示。

输入上述命令后按 Enter 键，进入 Vim 编辑器。每一行开头有一个"～"，最下方有"main. cpp"［新文件］的字样，这是 Vim 的命令模式。在编程之前需要转换为输入模式，方法是按下"i"键，此时最下方的字样变为插入，就可以开始编程了。

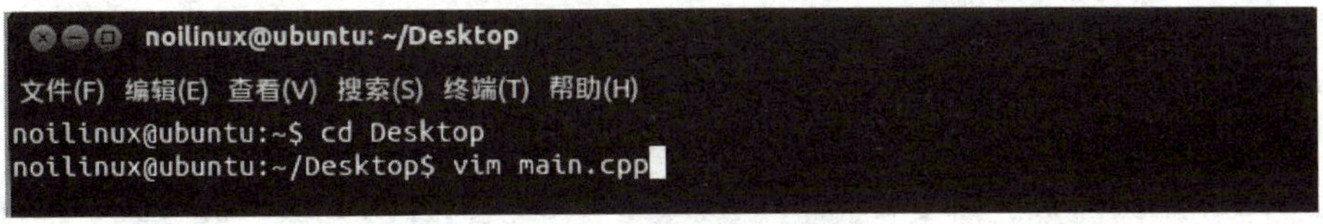

图 15-22 进入 Vim 编译器

输入全部程序代码后，需要保存代码以供编译。保存程序的操作方法是：

（1）按下 Esc 键转换到命令模式。

（2）按下"："键转换到末行模式，此时输入字符"w"，按 Enter 键可以保存文件；输入字符"q"，按 Enter 键可以退出 Vim，返回终端。如果输入字符"wq"，按 Enter 键可以保存并退出，如图 15-23 所示。现在已经通过 Vim 输入了"Hello World"代码，并在末行模式下在底部输入了字符"wq"，此时按下 Enter 键，会返回终端，即如图 15-22 所示状态。

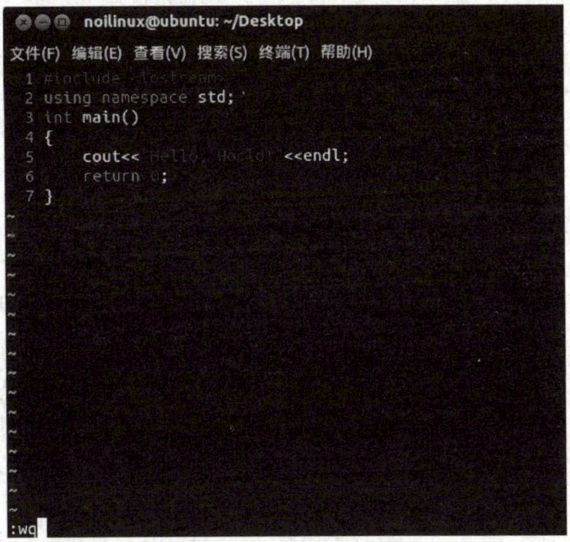

图 15-23 Vim 界面

在终端界面如果发现编写的程序有错误，需要在终端再次输入"vim main.cpp"命令，返回 Vim 界面进行修改。此时更快捷的方法是按"↑"或"↓"方向键，可以直接调用之前输入过的命令。

在命令模式下还有很多常用的命令，汇集列在表 15-1 中。需要注意的是，一定要在命令模式下输入，而不是输入模式。

表 15-1 Vim 操作命令

命令	作用
q!	不保存退出
dd	删除（剪切）光标所在整行
5dd	删除（剪切）从光标处开始的 5 行
yy	复制光标所在整行
5yy	复制从光标处开始的 5 行
u	撤销上一步的操作
p	将之前删除（dd）或复制（yy）过的数据粘贴到光标后面

在终端中输入"vimtutor"，再按 Enter 键，可以查看 Vim 编辑器的详细使用说明。

到此我们已经掌握了使用 Vim 编辑器编写程序的一般方法，但是有一个问题就是此时的 Vim 没有自动设置行号、自动缩进、括号匹配等功能，使用起来并不方便。我们可以通过配置 Vim 来解决问题。在终端中输入"vim ~/.vimrc"并按 Enter 键，进入 Vim 配置文档，常用的配置的命令及功能见表 15-2。每行输入一条配置命令后保存并退出，再次打开 Vim 即可，并且重启后也无须重新配置。关于 Vim 编辑器的配置方案还有很多，通过周全的配置可以使 Vim 的界面和应用性达到高性能的程度，读者可自行在网络上查找配置方案。但要注意的是，在竞赛中，在新的主机上是需要重新进行 Vim 配置的，受时间所限 Vim 配置方案的复杂性不应过高。

表 15-2　Vim 配置命令

命令	作用
Set number	显示行号
Setautoindent	自动缩进
Setsmartindent	辅助自动缩进
Set mouse=a	激活鼠标

2. 记事本编程

另一种编程的方式是使用记事本。记事本的优势在于图形界面，虽然不能像 Vim 那样进行个性化配置，但是操作更加简单。在虚拟机界面的第三行选择"应用程序"菜单，单击"附件"子菜单下的"文本编辑器"即可打开软件，软件的名称为"gedit"。

打开软件后，第一步是调整文件类型由纯文本改为 C++。调整的按钮在软件右下角，显示有"纯文本"字样。在该位置单击，在弹出菜单中选择"C++"，选择完成后刚才的"纯文本"变为"C++"。然后可以像在 C++界面那样输入程序代码，如果此时程序代码有高亮显示，表明更改文件类型是成功的。编写完程序后，单击界面工具栏上的"保存"按钮进行保存（例如：文件名为"main.cpp"）。以输出"Hello World!"为例，效果如图 15-24 所示。

图 15-24　记事本编程界面

请注意：虽然记事本软件界面与 Dev C++类似，但它只有编程的功能，不能编译和运行。保存程序代码后，编译和运行需要返回到终端中操作。

15. 2. 3　NOI Linux 的编译和运行

1. 编译

以 "Hello World!"（保存代码的文件名为 "main. cpp"）程序为例，编译操作如下：

（1）打开终端，切换到程序所在目录。

（2）输入编译命令：g++ -o main main. cpp -lm，按 Enter 键运行。

其中 g++是编译器，-o 为编译选项，main 为编译后的文件名称，main. cpp 为编译的文件名称，-lm 为在编译时添加函数库。

具体的编译指令在信息学竞赛试卷中有明确的要求，如 2018 年 NOIP 第三题的编译要求如图 15-25 所示。如果编译存在错误，会提示错误信息和位置，如果没有错误则不会有任何提示。

对于 C++语言	g++ -o road road.cpp -lm	g++ -o money money.cpp -lm	g++ -o track track.cpp -lm
对于 C 语言	gcc -o road road.c -lm	gcc -o money money.c -lm	gcc -o track track.c -lm
对于 pascal 语言	fpc road.pas	fpc money.pas	fpc track.pas

图 15-25　竞赛编译要求

如图 15-26 所示，在第一次编译时，出现了拼写错误，把 "iostream" 写成了 "iosteam"。出现错误后，需要返回更改。按方向键 "↑"，再次输入 "vim main. cpp" 指令，返回 Vim 界面修改程序，保存代码。退出后再次编译，这次无出错提示，编译成功。注意在切换 Vim 修改错误时，不要忘记 Vim 的三种模式，需要调整到输入模式下才能更改程序。上述操作过程最终效果如图 15-26 所示，即第一次编译错误出现了提示，第二次编译成功无提示。

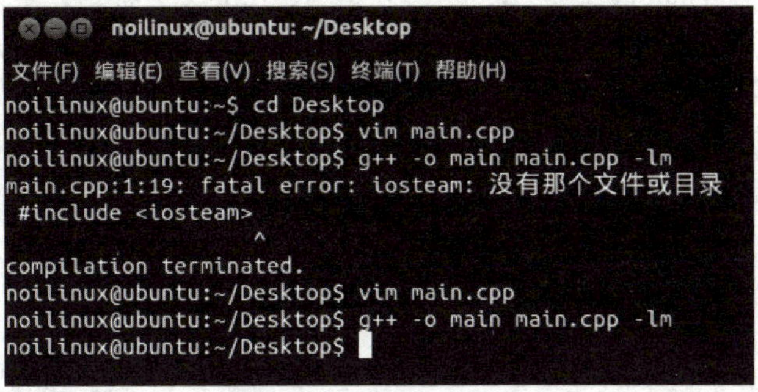

```
noilinux@ubuntu: ~/Desktop
文件(F) 编辑(E) 查看(V) 搜索(S) 终端(T) 帮助(H)
noilinux@ubuntu:~$ cd Desktop
noilinux@ubuntu:~/Desktop$ vim main.cpp
noilinux@ubuntu:~/Desktop$ g++ -o main main.cpp -lm
main.cpp:1:19: fatal error: iosteam: 没有那个文件或目录
 #include <iosteam>
                   ^
compilation terminated.
noilinux@ubuntu:~/Desktop$ vim main.cpp
noilinux@ubuntu:~/Desktop$ g++ -o main main.cpp -lm
noilinux@ubuntu:~/Desktop$
```

图 15-26　程序编译界面

2. 运行

在刚才的示例编译成功后，已经在 main. cpp 目录下生成了名为 "main. exe" 的可执行文件，运行程序还是需要在终端中执行。操作方法是：

（1）打开终端，切换到可执行文件所在目录。

（2）输入 "./文件名称"，按 Enter 键即可运行。

以 main 文件为例，输入"./main"，按 Enter 键，输出了"Hello World!"。这是直接输出结果的示例程序的执行效果。

为了观察需要输入数据的程序的执行效果，我们对 main.cpp 进行了更改，在显示"Hello World!"后面，换行增加了一个简单的"输入两个数，计算和"的程序代码，运行效果如图 15-27 所示。可看到在显示"Hello World!"后，换行输入 4 和 5（中间用空格分隔），按 Enter 键后输出结果为 9。此时程序运行过程结束，出现了新的命令行输入提示。在实际使用中，要注意换行输出的应用，使效果美观且便于调试。

图 15-27　程序运行界面

15.3　NOI Linux 系统下评测及注意事项

15.3.1　设置共享文件夹

在进行程序评测的时候，需要使用到题目的测试数据。而由于 NOI Linux 兼容的软件很少，在大多数时候这些数据都是在 Windows 环境中下载的。如何把 Windows 系统下的文件导入 NOI Linux 系统中呢？VMware 软件提供了一种办法，就是设置共享文件夹。此文件夹下的文件既可以在 Windows 中看到，也可以在 NOI Linux 下看到，是共享的。

设置共享文件夹，首先需要打开 VMware 软件，选中安装有 NOI Linux 的虚拟机，单击右键选择"设置"命令，出现如图 15-28 所示界面。在上方单击"选项"菜单，选中"共享文件夹"功能。此功能默认情况下是关闭的，可以看到此时启用菜单为灰色，"总是启用"选项无法选中。

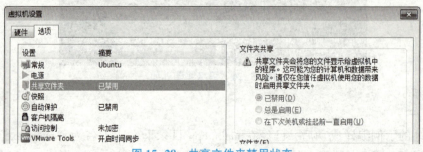

图 15-28　共享文件夹禁用状态

这是因为需要安装 VMware 工具软件。在没有安装 VMware 工具的时候，每次打开虚拟机系统初始化时会出现如图 15-29 所示的提示。单击"下载并安装"按钮即可进行软件的安装，安装完毕后关闭虚拟机。

图 15-29　安装工具提示

再次回到设置"共享文件夹"的位置，此时可见"总是启用"选项变为可操作状态。选择"总是启用"命令，单击"添加"按钮，按照"添加共享文件夹向导"进行操作，设置共享文件夹在 Windows 系统下的路径和文件名。例如：共享文件夹放置在 Windows 系统的 E 盘中，文件夹命名为"gongxiang"。设置完的效果如图 15-30 所示。

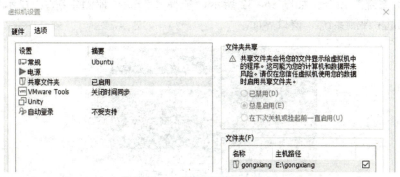

图 15-30　设置路径和文件名

接下来需要在 NOI Linux 系统中找到这个共享文件夹。在 NOI Linux 窗口界面左上角利用"应用程序"→"附件"→"文件"命令，在出现的"主文件夹"界面里选中左侧的"计算机"选项，找到并打开"mnt"文件夹，双击进入此文件夹，打开里面的"hgfs"文件夹，即可看到之前设置的共享文件夹"gongxiang"。双击进入"gongxiang"文件夹，可以看到在 Windows 系统对应位置（按前面的示例应是 E 盘）的数据，如图 15-31 所示。

图 15-31　共享文件夹

在 NOI Linux 系统中，路径显示在左上位置，如图 15-31 所示，共享文件夹的路径为 mnt-hgfs-gongxiang。

15.3.2　NOI Linux 系统下的评测

在 Windows 系统下常用的评测软件是 cena 和 lemon，但是这两款软件在 Linux 系统中并不兼容。在 NOI Linux 中提供了专用的评测软件 Arbiter，这也是在各级竞赛中进行评测的软件。由于不同编译器的版本和比较方式的差别，同一份程序代码采用不同的评测软件测得的分数可能是不同的，甚至可以出现相差几十分的情况。

CCF 官方有着明确的规定，选手最终成绩以 Arbiter 软件的评测结果为准。所以为了熟悉考试环境，做到稳定发挥，选手们必须对 Arbiter 软件的评测方法有所掌握。在平时的练习中学会将程序代码进行评测，做到对评测标准心中有数。下面介绍 Arbiter 软件的使用方法。

首先在 NOI Linux 窗口左上的"应用程序"→"附件"下的第二个选项中，找到"Arbiter 评测系统"命令，如图 15-32 所示。选择"Arbiter 评测系统"，显示如图 15-33 所示的"Arbiter 评测系统"窗口界面。

图 15-32　评测系统选项

图 15-33　评测系统界面

在 Arbiter 评测系统界面的下方有三个按钮：NEW，OPEN，EXIT，功能分别是：NEW——创建新比赛，OPEN——打开已有的比赛，EXIT——退出。

在创建一场新比赛之前，需要提前建立一个空文件夹，此文件夹可以建在系统的任何位置。下面以在桌面创建一个名为"moni"的文件夹为例进行后续操作的讲述。

单击"NEW"按钮，创建一场新比赛。在弹出的"新建比赛"窗口中设置比赛名称和存储目录。比赛名称默认为"程序设计比赛"，选手可以重新命名。单击"存储目录"框右侧的"浏览"按钮，选择那个已有的空文件夹"moni"，如图15-34所示。然后单击"确定"按钮。

图 15-34　新建比赛

创建完成后，打开该文件夹（示例为"moni"文件夹），如图15-35所示。可以发现系统自动在该目录下创建了多个文件夹和setup. cfg文件，这些文件夹是用来存储试题数据和选手代码的，具体的功能我们后面再做介绍。

图 15-35　系统自动创建的文件夹和文件

此时还不能对这些文件进行编辑，需要根据比赛的要求进行试题配置，将比赛数据保存后才能进行编辑，否则会出现错误。在如图15-36所示的"试题概要"下方空白处，单击右键出现"添加考试"按钮。单击"添加考试"按钮后出现"第1场-机试"字样。右键选中该位置单击，单击"添加试题"按钮后在"第1场-机试"左侧出现"+"号，如图15-37所示。

图 15-36　添加考试

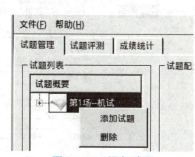

图 15-37　添加试题

单击"+"号出现刚刚添加的试题，初始的默认名称为"unknown"，试题的初始设置如图15-38所示。需要按照题目要求编辑题目信息。设置内容包括名称、分值、测试点数量、时间限制、内存限制、比较方式、编译器等。

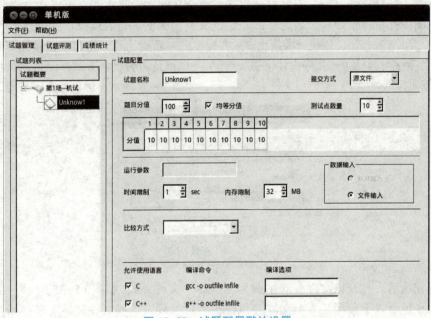

图 15-38　试题配置默认设置

以 2018 年 NOIP 竞赛第二题 money 为例，从上到下需要更改的有：试题名称改为
"money"，测试点数量改为 20，内存限制改为 512MB。在比较方式的选择上，建议采用
"字符串比较"和"多行单字符串（过滤行内空格）"，这种比较方式通常可以应对绝大
多数 NOIP 题目。如果题目有特殊要求，可以选择其他方式。最后在 C 语言和 C++语言的
编译选项中，输入"-lm"以保证和 NOIP 要求完全一致。注意"l"是英文字符，不是数
字 1。设置完成的效果如图 15-39 所示。

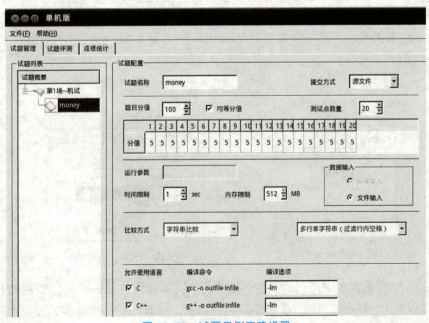

图 15-39　试题示例正确设置

　　到这里，已经完成了题目的配置，单击如图 15-40 所示程序左上角文件菜单下的"保存"命令，存储上述设置。然后关闭 Arbiter 系统，开始将评测数据、选手代码以及选手信息放在正确的文件夹下。

　　打开存储比赛数据的文件夹，其中 evaldata 用于存放所有的评测数据，所以它不能包含任何子文件夹。players 用于存放选手代码，result 用于存放评测过程中的详细日志以及得分。在一般的使用中，只需要了解这几个文件夹即可。输入数据的文件名必须为"problemX. in"，输出数据的文件名必须为"problemX. ans"，X 表示测试点的序号。以 money 这道题目为例，evaldata 文件夹中的内容如图 15-41 所示。

图 15-40　保存设置　　　　　　　　图 15-41　evaldata 文件夹设置

　　接下来储存选手代码。打开 players 文件夹，如果评测多位选手，要为每个人单独建一个文件夹。文件夹名称即为学生编号（示例为 001），文件夹下又必须包含以题目命名的子文件夹（如 money、math、park、cheese 等），每个文件夹下的源代码文件也必须以题目命名，这其实和 NOIP 考场要求一致。目录结构如图 15-42 所示，如图片上显示的路径，在 players 文件夹创建了 001 文件夹，在 001 文件夹里创建了 money 文件夹，money 文件夹里存放选手代码，名称为"money.cpp"。

图 15-42　players 文件夹设置

　　设置完成后再次打开 Arbiter 系统，单击"打开"按钮，如图 15-43 所示。在弹出菜单中找到刚才在新建比赛时设置的存储比赛数据的文件夹（示例为"moni"文件夹）。打开该文件夹，选中"setup. cfg"这个文件，单击"Open"按钮，就可以回到刚才创建的比赛。

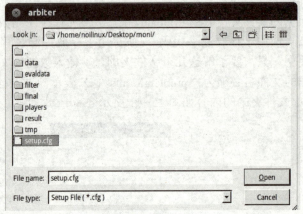

图 15-43　打开已存在的比赛

打开比赛后，切换到试题评测选项卡，首先添加选手，输入姓名和编号，编号必须和刚才 players 文件夹中的选手编号完全一致，如图 15-44 所示。之前的示例 players 文件夹中的选手编号为 001，所以此时编号也为 001。

图 15-44　添加选手

添加完选手后进行测试，在选手姓名前勾选，在左上角选择评测第 1 场，单击左下角"评测选定选手"按钮，等待评测完成即可，如图 15-45 所示。评测完成后，评测状态会显示评测成功，并显示得分情况。

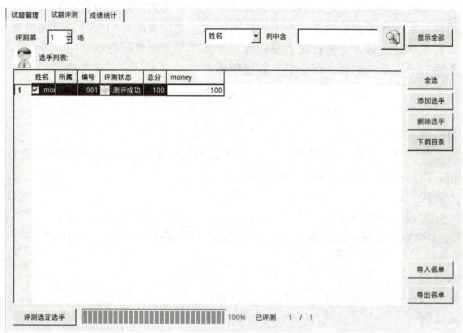

图 15-45　评测结果

15.3.3　NOI Linux 编程注意事项

1. 大小写敏感

在 Windows 系统下，文件名大小写不敏感，例如，"A. CPP"与"a. cpp"没有区别。Linux 视文件名为二进制数据，所以严格区分大小写，考试时一定要看清题目的要求。

2. 字符串结束标志

在 Windows 系统下，判断一行字符串是否结束时用 while（c! ='\n'），而在 NOI Linux 系统下不能这样判断。因为在 Windows 下，两行文本间有回车符（ASCII 13）和换行符（ASCII 10）。而在 NOI Linux 下，只有换行符（ASCII 10）。

3. 避免使用预设函数和变量名

在 NOI Linux 系统中有很多预设的函数和变量，有着特定的含义和取值，在编程时避免比如 find、power、max 之类已有的标识符，变量名也不能为 y0、y1。

15.4　对拍

对拍是指对两个不同的程序提供相同的输入数据，比较输出结果是否相同的操作。对拍常用于竞赛中。在竞赛中需要完成的是正解。正解是在很多基础算法的基础上进行整合优化得来的，通过选用合适的办法，不断提高算法的效率，直到满足题目的要求。

与正解相对应的是暴力算法。暴力算法适应的数据范围有限，当超过数据范围时会出现超时等情况，但是暴力算法得到的结果是正确的。

通过将不确定是否完全正确的代码和暴力算法进行对拍，可以对代码的正确性进行验证。对拍对选手的水平和心理素质有着较高的要求，无意义的对拍会导致时间浪费和心理焦虑。只有在平时的练习中进行过大量的练习才能在考场上进行熟练应用。

下面用一个简单的例题来体会对拍的过程和难点。

例 15-1

题目描述

输入 n 个整数，进行 m 次询问，每次询问输入两个整数 x 和 y，输出第 x 个数到第 y 个数之和。（$1 \leq n \leq 100000$，$1 \leq m \leq 50000$）

输入格式

第一行为两个整数 n 和 m。第二行输入 n 个整数，用空格间隔，每个整数的范围在 $[-10000，10000]$ 之间。接下来 m 行，每行输入两个整数 x 和 y，表示一次询问的区间（$x<=y$）。

输出格式

m 行，每行一个整数，对应一次提问的答案。

输入样例

```
5 3
2 3 5 8 9
1 2
2 2
3 5
```

输出样例

```
5
3
22
```

15.4.1　在 Windows 系统下对拍

1. 准备对拍代码

第一步是写好两份代码，一份是针对于此题编写的答案代码，只是对于题目提供的样例能够通过，不能确定其正确性。另一份是暴力代码，此代码在一定数据范围内完全正确，但时间复杂度过高不符合题目要求。这是对拍的第一个难点，选手必须能写出一份完全正确的暴力代码，并且明确保证暴力代码正确的数据范围。以此题为例，正解为前缀和，暴力做法为直接用循环求 x 到 y 的和。两种代码如下。

1）正解前缀和代码

```cpp
#include<cstdlib>
#include<cstdio>
#include<iostream>
```

```cpp
using namespace std;
int sum[100005];
int main()
{
freopen("data.in","r",stdin);              //从文件data.in中读入数据
freopen("ZhengJie.out","w",stdout);        //输出文件为ZhengJie.out
int i,n,m,tmp,x,y;
scanf("%d%d",&n,&m);
for(i=1;i<=n;i++)
{
scanf("%d",&tmp);
 sum[i]=sum[i-1]+tmp;
}
for(i=1;i<=m;i++)
{
scanf("%d%d",&x,&y);
printf("%d\n",sum[y]-sum[x-1]);
}
        return 0;
}
```

2) 暴力求解代码

```cpp
#include<cstdlib>
#include<cstdio>
#include<iostream>
using namespace std;
int a[100005];
int main()
{
    freopen("data.in","r",stdin);    //注意,暴力程序读入的数据仍然是data.in
    freopen("BaoLi.out","w",stdout); //暴力程序输出文件是BaoLi.out
    int n,m,i,j,x,y,ans;
    scanf("%d%d",&n,&m);
    for(i=1;i<=n;i++)
        scanf("%d",&a[i]);
    for(i=1;i<=m;i++)
    {
    scanf("%d%d",&x,&y);
    ans=0;
    for(j=x;j<=y;j++)
            ans+=a[j];
```

```
        printf("% d \n",ans);
        }
    return 0;
}
```

2. 编写数据生成器代码

接下来需要编写一个数据生成器的代码，用来生成多组测试数据，这是对拍的第二个难点。对于不同的题目，输入数据的格式和要求是不同的。例 15-1 的数据只是单纯的整数，比较简单。但是 NOIP 以上级别竞赛难度的题目要求都是较复杂的，常常需要生成树和图等复杂的数据结构，编写生成数据的程序对选手水平有非常高的要求。

在生成数据时，rand( ) 函数常用于生成随机数，但是要注意的是，rand( ) 函数并不是真正的随机，也就是说多次随机生成的数可能是完全相同的。为了生成真正的随机数，可以令随机数的值和时间相关，加入 srand(time(NULL))语句即可。

例 15-2　生成数据的代码文件命名为"MakeDate"，代码如下：

```
#include<cstdlib>    //加入这个头文件才能使用随机函数 rand()
#include<cstdio>
#include<ctime>      //加入这个头文件就能以时间为种子初始化随机函数
#include<iostream>
using namespace std;
int main()
{
    freopen("data.in","w",stdout);   //注意:该程序生成的数据保存
                                     //在 data.in 中
    srand(time(NULL));               //重要:初始化随机函数,以时间为种子
    int n=rand()% 10000+1;           //生成一个1到10000之间的随机整数 n
    int m=rand()% 10000+1;
    printf("% d % d \n",n,m);
    for(inti=1;i<=n;i++)printf("% d ",rand()% 20000-rand()% 10000);
                                     //生成−10000到10000间的数
    printf(" \n");
    for(int i=1;i<=m;i++)
    {
    int x=rand()% n+1;               //保证生成的数据是 x<=y
    int y=x+rand()% n+1;
    if(y>n)y=n;
    printf("% d % d \n",x,y);
    }
    return 0;
}
```

3. 进行对拍

操作步骤如下：

（1）对 ZhengJie.cpp、BaoLi.cpp、MakeDate.cpp 进行编译，得到 ZhengJie.exe、BaoLi.exe、MakeDate.exe 三个可执行文件。

（2）编写批处理脚本。先创建一个文本（.txt）文件，命名为"对拍.txt"。输入下面的例 15-2 批处理代码，保存并关闭文件。

例 15-2 的批处理代码

```
@ echo off
:loop
MakeDate.exe
ZhengJie.exe
BaoLi.exe
fc ZhengJie.out BaoLi.out
if noterrorlevel 1 goto loop
pause
:end
```

（3）在"对拍.txt"文件所在的文件夹里，单击"查看"菜单，勾选"文件扩展名"选项，如图 15-46 所示。

图 15-46　在"查看"菜单里，勾选"文件扩展名"

（4）将"对拍.txt"文件格式由".txt"改为".bat"，变成"对拍.bat"，图标变为 ⚙。再将 ZhengJie.exe、BaoLi.exe、MakeDate.exe 和对拍.bat 四个文件保存在同一文件夹内，如图 15-47 所示。

名称	修改日期	类型	大小
BaoLi.exe	2020/3/9 19:19	应用程序	1,954 KB
MakeDate.exe	2020/3/9 19:20	应用程序	1,880 KB
ZhengJie.exe	2020/3/10 8:12	应用程序	1,954 KB
对拍.bat	2020/3/9 19:18	Windows 批处理...	1 KB

图 15-47　对拍文件执行前状态

（5）双击执行这个文件夹里的"对拍.bat"文件，出现黑屏将陆续显示对拍的过程和比较的结果，直到比较完全部数据后结束。例 15-2 提供的两份代码，对拍结果显示均为无差异，如图 15-48 所示。如果对拍时出现不同结果，会显示不一致的内容并停止执行。请注意：对拍的过程有时可能会很漫长。

图 15-48　对拍批处理程序运行结果

　　对拍结束后文件夹中会多出三个文件，其中 data.in 中保存的是数据生成器生成并输入测试的数据，ZhengJie.out、BaoLi.out 保存的是对拍过程中两份代码的输出。如图 15-49 所示。

名称	修改日期	类型	大小
BaoLi.exe	2020/3/9 19:19	应用程序	1,954 KB
BaoLi.out	2020/3/10 9:26	OUT 文件	18 KB
data.in	2020/3/10 9:26	IN 文件	22 KB
MakeDate.exe	2020/3/9 19:20	应用程序	1,880 KB
ZhengJie.exe	2020/3/10 8:12	应用程序	1,954 KB
ZhengJie.out	2020/3/10 9:26	OUT 文件	20 KB
对拍.bat	2020/3/9 19:18	Windows 批处理...	1 KB

图 15-49　对拍文件执行后状态

　　需要注意的是，例 15.1 只是提供了一种可以使用的批处理程序代码，程序代码还有很多其他的写法。也可以不使用批处理的方法，直接用 C++语言编写，读者可以自行查找相关方法。

15.4.2　在 NOI Linux 系统下对拍

1. 准备对拍代码和编写数据生成器代码

　　还是以例 15-2 来进行说明如何在 NOI Linux 操作系统下对此题的两份代码进行对拍。首先 NOI Linux 系统和 Windows 系统下完成的代码内容是完全相同的，也就是说可以直接将 ZhengJie.cpp、BaoLi.cpp 和 MakeData.cpp 复制到 Linux 虚拟机的共享文件夹中以供测试。为了后续操作的方便，建议在 Linux 系统中，在桌面建立一个名为"duipai"的新文件夹，将上述三个文件从共享文件夹复制到该文件夹中。

　　如果在 NOIP 复赛中进行对拍，需要在 NOI Linux 系统下编写正解和暴力求解代码文件 ZhengJie.cpp、BaoLi.cpp，再编写好数据生成器代码文件"MakeData.cpp"。将这三个文件放入桌面建立的名为"duipai"的文件夹中。

2. 进行对拍

　　操作步骤如下：

　　（1）对文件 ZhengJie.cpp、BaoLi.cpp、MakeDate.cpp 进行编译，得到 ZhengJie.exe、BaoLi.exe、MakeDate.exe 三个可执行文件。注意在之前的章节已经讲过 NOIL inux 系统下编译需要在终端进行，按下 Ctrl+Alt+T 组合键打开终端，终端的界面如图 15-19 所示。进入 duipai 文件夹目录，按照本章 15.2 节所述方法进行编译。

（2）编写 shell 脚本。

在 Windows 下使用的是批处理程序代码，文件的扩展名是 ".bat"。在 Linux 下需要使用 shell 脚本，文件扩展名为 ".sh"。在 duipai 文件夹中右击，选择 "新建文档" → "空白文档"，并命名为 "cmp.sh"，图标为 。双击打开 "cmp.sh"，输入下面例 15-2 的 shell 脚本代码。

例 15-2 的 shell 脚本代码

```bash
#! /bin/bash
while true; do
    ./MakeData > data.in
    ./ZhengJie < data.in > ZhengJie.out
    ./BaoLi < data.in > BaoLi.out
    if diffZhengJie.out BaoLi.out; then
    printf "AC \n";
else
    printf""WA \n";
    exit 0;
fi
done
```

完成脚本代码文件 "cmp.sh" 后，保存并关闭。此时 duipai 文件夹中有七个文件，如图 15-50 所示。

图 15-50　Linux 对拍执行前状态

（3）打开终端，输入 "sh cmp.sh" 语句执行脚本，开始对拍，对拍的过程和效果如图 15-51所示。

图 15-51　终端对拍执行过程

和 Windows 系统下对拍一样，对拍结束后文件夹中也会生成两个 ".out" 文件和一个

".in" 文件，其功能也和 Windows 下相同，如图 15-52 所示。

图 15-52　Linux 对拍执行后状态

习　题　15

一、单项选择题

1. 使用 Vim 进行编辑代码时，首先需要切换到输入模式，按下键盘上的（　　）键，可以由命令模式切换到输入模式。

　　A. A 键　　　　　B. I 键　　　　　　C. O 键　　　　　　D. 以上按键都可以

2. 在 Vim 的末行模式下，可以进行（　　）的操作。

　　A. 控制光标移动　　　　　　　　B. 保存或退出文档

　　C. 文本录入　　　　　　　　　　D. 对文本进行复制

3. 在使用 Arbiter 评测系统进行评测时，（　　）操作是错误的，会导致评测失败。

　　A. 输出数据的扩展名为 problemX.out

　　B. 打开 players 文件夹，为每位选手创建一个代码文件夹

　　C. 选手编号和 players 文件夹中的选手编号完全一致

　　D. 在开始评测前先保存题目设置

二. 程序设计题

1. 奖学金（NOIP 普及组 2007）

题目描述

　　某小学最近得到了一笔赞助，打算拿出其中一部分为学习成绩优秀的前 5 名学生发奖学金。期末，每个学生都有 3 门课的成绩：语文、数学、英语。先按总分从高到低排序，如果两个同学总分相同，再按语文成绩从高到低排序，如果两个同学总分和语文成绩都相同，那么规定学号小的同学排在前面，这样，每个学生的排序是唯一确定的。

　　任务：先根据输入的 3 门课的成绩计算总分，然后按上述规则排序，最后按排名顺序输出前五名名学生的学号和总分。注意，在前 5 名同学中，每个人的奖学金都不相同，因此，你必须严格按上述规则排序。例如，在某个正确答案中，如果前两行的输出数据（每行输出两个数：学号、总分）是：

5 279

这两行数据的含义是：总分最高的两个同学的学号依次是 7 号、5 号。这两名同学的总分都是 279（总分等于输入的语文、数学、英语三科成绩之和），但学号为 7 的学生语文成绩更高一些。如果你的前两名的输出数据是：

5 279

7 279

则按输出错误处理，不能得分。

输入格式

共 $n+1$ 行。

第 1 行为一个正整数 n（$n \leqslant 300$），表示该校参加评选的学生人数。

第 2 到 $n+1$ 行，每行有 3 个用空格隔开的数字，每个数字都在 0~100 之间。第 j 行的 3 个数字依次表示学号为 $j-1$ 的学生的语文、数学、英语的成绩。每个学生的学号按照输入顺序编号为 1 到 n（恰好是输入数据的行号减 1）。

输出格式

共 5 行，每行是两个用空格隔开的正整数，依次表示前 5 名学生的学号和总分。

输入输出样例

输入样例 1	输出样例 1	输入样例 2	输出样例 2
6	6 265	8	8 265
90 67 80	4 264	80 89 89	2 264
87 66 91	3 258	88 98 78	6 264
78 89 91	2 244	90 67 80	1 258
88 99 77	1 237	87 66 91	5 258
67 89 64		78 89 91	
78 89 98		88 99 77	
		67 89 64	
		78 89 98	

请在 NOI Linux 系统下使用记事本或 Vim 编译器完成，并在 Arbiter 系统下进行评测。

习题参考答案

习题 1 参考答案

一、简答题

1. C++语言是贝尔实验室的 Bjarne Stroustrup 博士（C++之父）对 C 语言进行改进和扩充后，于 1983 年研制出来的。

2. 选择主菜单运行中的菜单项编译，或者按快捷键 F9，就可以对程序进行编译。

注意：在窗口右上角的编译器要选择"TDM-GCC 4.9.2 32-bit Release"。

3. 选择"文件"→"新建"→"源代码"命令，或者直接按快捷键 Ctrl+N。每操作一次，可打开一个窗口。

通过鼠标单击选项卡标签，即可实现窗口的切换。

4. 所谓编译就是将 C++源程序一次性翻译成目标程序，以便计算机执行。而不是一行翻译一次（这叫解释）。

5. 使用 Dev-C++的主菜单不仅可以使用鼠标，也可以通过键盘。方法是按快捷键Alt+菜单中的字母。对于主菜单中的各菜单项用光标移动键操作就可以了。按 Esc 键两次或按Alt 键一次，可以由主菜单返回到编辑窗口。

二、分析题

本题考察对程序常规操作的掌握情况。

进入编辑窗口后，就可以输入程序，而后按快捷键 F9 编译，按快捷键 F10 运行。

程序的运行结果如下：

```
the sum is 3
all done!
```

三、释义题

错误信息的含义如下：

1. 缺少右括号

2. 缺少分号

3. 标识符未定义

4. cout 前面的语句缺少分号

5. 缺少终止字符"

习题 2 参考答案

一、简答题

1. C++源程序一般由以下几部分组成：

预处理命令如#include<iostream>

命名空间 using namespace std;

主函数 main().在主函数中可以有语句和子函数等,主函数有且只有一个.

2. 头文件中包括在程序中所必需的一些操作，一般放在#include 命令中进行预编译。例如 iostream 是一个头文件，该文件包含输入/输出操作所必需的标准输入/输出流对象。#include<iostream>的作用是在程序中可以使用输入/输出操作。

3. 对于使用标准输入/输出的 C++控制台程序（输出到 DOS 黑屏幕），一般会在#include<iostream>下面有一行语句 using namespace std;其作用是告诉编译器，之后用到的 cin、cout 等标准输入/输出，都是在 std 这个命名空间内定义的。

4. 程序中的注释只是为了阅读方便，并不执行。C++程序中的注释有以下两种书写格式。

（1）以"//"表示注释开始，注释内容不超过一行，多用于较短的程序注释。

（2）以"/*"开始，以"*/"结束，二者之间的所有字符都会被作为注释处理，此时的注释可以是一行，也可以是多行，适合大块的注释。

5. 标识符是以字母或下划线开头的字母、数字、下划线序列。注意不能与保留字同名，尽量避免与标准标识符同名，最好有一定的含义，大小写字母可以混用。例如，yu、y_zh合法，x+y、2xy 非法。

二、选择题

1. C　2. A　3. D　4. B　5. D

三、填空题

1. 6

2. (-b+sqrt (b*b-4*a*c)) / (2*a) 和 (-b-sqrt (b*b-4*a*c)) / (2*a)

3. (1) 0　　(2) 1　　(3) 0

4. 函数

5. 1　多

四、判断题

1. 错　　2. 错　　3. 对　　4. 对　　5. 错

五、

1. 6+4 * 9 * (8 % 5) -5

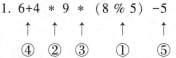

运算结果为109。

2. ((3>2) && (8<2)) || ! (2>1)

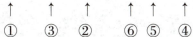

运算结果为 0。

六、C++表达式为：

1.(a+b) * (a-b)

2.sin(x)/(x-1)

3.sqrt(s * (s-a) * (s-b) * (s-c))

4.(a+b+c)/2

5.log(x+y)

6.x * pow(y,3)

七、程序运行结果为

6 9 7

9 7 9

习题 3 参考答案

一、简答题

1. 结构化程序设计的特点：

（1）程序必须严格由 3 种控制结构——顺序结构、选择结构和循环结构组成。每种结构都是一个独立模块，只有一个入口和一个出口。

（2）自顶向下，逐步求精的设计步骤。即先把问题分成几个子问题，再分别细化，逐步求精，到能直接用语句编程为止。

（3）对数据进一步抽象，并分成不同的数据类型，以便对数据进行准确的描述。

2. 使用赋值语句的注意事项：

（1）"="有方向性，从右向左，左边必须是变量。

（2）不要把赋值号"="和关系运算符"=="混为一谈。

（3）一次可以给多个变量赋值。

二、写出程序运行结果

1. s = 11

2. a = 6 b = 9

　a = 9 b = 6

三、编写程序

1. 程序如下：

```cpp
#include<iostream>
using namespace std;
main()
{
    int a, b, c, d, x;
    x=1989;
    a=x % 10;            //取出个位9
```

```
        x=x / 10;
        b=x % 10;                  //取出十位8
        x=x / 10;
        c=x % 10;                  //取出百位9
        d=x / 10;                  //取出千位1
        x=a*1000+b*100+c*10+d;
        cout<<x<<endl;
}
```

2. 程序如下：

```
#include<iostream>
using namespace std;
main()
{
        int x, h, m, s;
        cout<<"please input second"<<endl;
        cin>>x;
        h=x/3600;
        m=x%3600/60;
        s=x%3600%60;
        cout<<h<<" hour"<<endl;
        cout<<m<<" minute"<<endl;
        cout<<s<<" second"<<endl;
}
```

习题 4 参考答案

一、选择题：1. A　B　2. D　3. D　4. C　5. C　6. B

二、阅读程序写结果：1. 103　2. It is B. It is C. other.　3. 8910　4. 3

三、程序填空：1. ①y = 2 * x+3②else if（x = = 0）③else　2. ①switch（ch）②break
③break④default

四、编写程序

```
1. #include<iostream>
using namespace std;
int main()
{
        int a; cin>>a;
        if(a%3==0) cout<<"Yes!";
        return 0;
```

```cpp
}
```

2.

```cpp
#include<iostream>
using namespace std;
int main()
{
    float w, p; cin>>w;
    if(w<=20) cout<<w*1.68;
    else cout<<w*1.98;
    return 0;
}
```

3.
```cpp
#include<iostream>
using namespace std;
int main()
{
    char ch; int t; cin>>ch>>t;
    switch(ch)
    {
        case 'w': case 'W':
            if(t>=18 && t<=25) cout<<"Yes";
            else cout<<"No";
            break;
        case's': case 'S':
            if(t>=23 && t<=28) cout<<"Yes";
            else cout<<"No";
            break;
        case 'a': case 'A':
            if(t>=19 && t<=24) cout<<"Yes";
            else cout<<"No";
            break;
        default:
            cout<<"输入错误";
    }
    return 0;
}
```

习题 5 参考答案

一、选择题

1	2	3	4	5	6	7	8
B	C	D	A	D	C	D	D

二、阅读程序写结果

1	2	3	4
1024	13	101 5050	1275

三、写程序

1. 最高的分数程序清单：

```cpp
#include<iostream>
using namespace std;
int main(){
    int n, score, max=0;
    cin>>n;
    for(int i=0; i<n; i++){
        cin>>score;
        if(score>max)max=score;
    }
    cout<<max;
}
```

2. 计算星期几程序清单：

```cpp
#include <iostream>
using namespace std;
int main()
{
    int a, b, s=1;
    cin>>a>>b;
    for(int i=1; i<=b; i++)
        s=(s*a)%7;
    if(s==0) cout<<"Sunday";
    if(s==1) cout<<"monday";
    if(s==2) cout<<"Tuesday";
    if(s==3) cout<<"Wednesday";
    if(s==4) cout<<"Thursday";
    if(s==5) cout<<"Friday";
    if(s==6) cout<<"Saturday";
}
```

3. 水仙花数程序清单：

```cpp
#include <iostream>
using namespace std;
int main()
{
    int a, b, c;
    for(a=1; a<=9; a++)
        for(b=0; b<=9; b++)
            for(c=0; c<=9; c++){
                if((a*a*a+b*b*b+c*c*c)==(a*100+b*10+c))
                    cout<<a*100+b*10+c<<" \t";
            }
}
```

运行结果：153   370   371   407

习题6参考答案

一、选择题：1. C   2. C   3. D   4. D   5. A   6. D   7. C   8. A   9. B   10. D

二、读程序写结果：1.   3   7   15   2. a   b   c   3. 23   4. 7

三、程序填空

1. （1）pjz+=a[i]/N；（2）s=fabs（a[i]-pjz）；（3）cout<<t；

2. （1）n++；（2）ch=getchar（）；（3）str2[k]=str1[i]；（4）cout<<str2[i]；

四、编程题

1.

```cpp
#include<iostream>
using namespace std;
int main()
{
    float score[50]; int i, j;
    for(i=0; i<50; i++)   cin>>score[i];
    for(i=1; i<=49; i++)
        for(j=0; j<=49-i; j++)
            if(score[j]<score[j+1])   swap(score[j], score[j+1]);
    for(i=0; i<50; i++)
    {
        cout<<''<<score[i];
        if(i%10==9) cout<<endl;
    }
    cout<<endl; return 0;
```

```
}
```

2.
```cpp
#include <iostream>
using namespace std;
const int N=10;
int main()
{
    int a[N+1]={3,5,8,15,19,23,35,45,68,90};
    int k=N; int x; int i=0; cin>>x;
    do
        if(x<=a[i]) k=i;
    while(x>a[i++]&&i<N);
    for(i=N; i>k; i--)   a[i]=a[i-1];
    a[k]=x;
    for(i=0; i<N+1; i++)   cout<<a[i]<<'\t';
    return 0;
}
```

3.
```cpp
#include<iostream>
#include<iomanip>
using namespace std;
const  int n=8;                     //三角形的行数
int main()
{
    int a[n][n];
    a[0][0]=1;                      //设置第一行的值
    for(int i=1; i<n; i++)
    {
        a[i][0]=1;                  //第一列的值
        a[i][i]=1;                  //对角线上的值,也是每行末尾的值
        for(int j=1; j<i; j++)
            a[i][j]=a[i-1][j-1]+a[i-1][j]; //每一行中间的值
    }
    for(int i=0; i<n; i++)
    {
        cout<<setw(30-3*i)<<"";       //每一行的起始位置
        for(int j=0; j<=i; j++)   cout<<setw(6)<<a[i][j];
        cout<<endl;
```

```
    }
    return 0;
}
```

4.

```cpp
#include<iostream>
#include<iomanip>
using namespace std;
const int N=17;
const int M=3;
int pos, v, s;
bool a[N+1];
int main()
{
    for(pos=1; pos<=N; pos++) a[pos]=false;
    pos=0; s=0; v=N;
    do {
        pos++;
        if(pos==N+1) pos=1;
        if(a[pos]==false) s++;
        if(s==M){
            s=0; a[pos]=true; cout<<setw(5)<<pos; v--;
        }
    } while(v>0);
    return 0;
}
```

5.

```cpp
#include<iostream>
using namespace std;
int main()
{
    int L,M; int ans=0;                //ans用于计算剩下的树
    cin>>L>>M; int tree[L+1];           //输入的长度为L,则有L+1棵树
    for(int i=0; i<L+1; i++)           tree[i]=1;
    for(int i=0; i<M; i++)
    {
        int a,b; cin>>a>>b;            //读入每个起点和终点
        for(int j=a; j<=b; j++)        tree[j]=0;
    }
```

```
    for(int i=0; i<L+1; i++)
        if(tree[i])ans++;
    cout<<ans; return 0;
}
```

习题 7 参考答案

一、

1. a 和 b 都是形式参数。
2. m，n 是实际参数。

二、

a 和 b 是全局变量，i，j，m，n 是局部变量。

三、

1. 输出：

```
   94
229, 6
```

2. 输出：

```
s=154
```

四、

1.

```cpp
#include <iostream>
#include <cstring>
using namespace std;
void cs(char a[], int b[], int l)
{
    int i;
    b[0]=0;
    b[1]=0;
    b[2]=0;
    for(i=0; i<l; i++)
    {
        if(a[i]=='1')
        b[0]++;
        else if(a[i]=='2')
        b[1]++;
        else if(a[i]=='3')
        b[2]++;
        else
```

```
        continue;
      }
  }
int main(int argc, char**argv){
    char a[50];
    int b[50], l;
    gets(a);
    l=strlen(a);
    cs(a, b, l);
    cout<<b[0]<<" "<<b[1]<<" "<<b[2]<<endl;
    return 0;
}
```

2.

```
#include <iostream>
using namespace std;
int gys(int a, int b)
{
    int r;
    r=a%b;
    while(r!=0)
    {
        a=b;
        b=r;
        r=a%b;
    }
    return b;
}
int gbs(int a, int b)
{
    int gys(int, int);
    return(a*b)/gys(a, b);
}
int main(int argc, char**argv){
    int m, n;
    int gys(int, int);
    int gbs(int, int);
    cin>>m>>n;
    cout <<gys(m, n)<<" "<<gbs(m, n);
```

```
        return 0;
    }
3.
int zh(int b[], int n)
{
    int i=0;
    while(n>0)
    {
        b[i]=n%8;
        i++;
        n=n/8;
    }
    b[i]='\0';
    returni;
}
int main()
{
    int b[100];
    int n, a, i;
    cin>>n;
    a=zh(b, n);
    for(i=a-1; i>=0; i--)
    cout<<b[i];
    return 0;
}
```

习题 8 参考答案

一、填空题

1. string
2. using namespace std；
3. string str；
4. char cstr [ ] = "abc" ；
5. 0 "BOY"
6. 5

二、读程序

1. 输出结果为：

I'm Mr Li.

2. 输出结果为：

有敏感字符
检测结束

3. 运行结果：

I'm a new pupil
new pupil
new
abced
abd
AAAAA
I'm a

三、编程题

1.

```cpp
#include <iostream>
#include <string>
using namespace std;
int main(int argc, char** argv) {
    string a[10];
    string s;
    int k;
    for(int i=0; i<10; i++)
    {
        cin >>a[i];
    }
    for(int i=0; i<10; i++)
    {
        k=i;
        for(int j=i+1; j<10; j++)
        {
            if(a[k].size()<a[j].size())
            k=j;
        }
        if(k!=i)
        {
            s=a[k];
            a[k]=a[i];
            a[i]=s;
```

```
        }
    }
    for(int i=0; i<10; i++)
        cout <<a[i]<<endl;
    return 0;
}
```

2.

```cpp
#include <iostream>
#include <string.h>
using namespace std;
int main(int argc, char** argv) {
  char passwd[100], encrypted[100];
    int i, j, k, t, move;
        cout <<"请输入要加密的消息"<<endl;
        gets(passwd);
        cout <<"请输入偏移量(1-25)"<<endl;
        cin >>move;
        for(i=0; i<strlen(passwd); i++)
        {
            if(passwd[i] >= 'A' && passwd[i] <= 'Z')
            {
                passwd[i] = ((passwd[i]-'A')+move)% 26+'A';
            }
            else if(passwd[i] >= 'a' && passwd[i] <= 'z')
            {
                passwd[i] = ((passwd[i]-'a')+move)% 26+'a';
            }
        }
    cout <<passwd<<endl;
    return 0;
}
```

3.

```cpp
#include <iostream>
#include <cstring>
#include <string>
using namespace std;
```

```
int main(){
    string line="暴力情节禁止放映";
    cout <<"原文: "<<line<<endl;
    string str= "****";
        line=line.replace(line.begin(), line.begin()+4, str);
        //用 str 替换从指定迭代器位置的字符串
        cout <<"过滤后: "<< line << endl;
    return 0;
}
```

习题 9 参考答案

一、单项选择题

1. A   2. D

二、程序输出的结果是:

1. B；   2. 12；   3. *m=100   4. *p=1
                    *p=100   *(p+3)=6

三、不能实现。 可以改成如下程序：

```
#include<iostream>
using namespace std;
int main()
{
    int a[]={0,1,2,3,4,5,6,7,8,9};
    for(int m=0;m<10;m++)
        cout<<*(a+m)<<" ";
    cout<<endl;
    return 0;
}
```

四、参考程序:

```
#include<iostream>
using namespace std;
int main()
{
    int a,b,c;
    int *p, *q, *r;
    cout<<"输入 a、b、c=: ";
    cin>>a>>b>>c;
    p=&a; q=&b; r=&c;              // 指针 p 指向 a,q 指向 b,r 指向 c
```

```
    cout<<*p+1<<" ";                //输出 a 增加1
    cout<<*q+2<<" ";                //输出 b 增加2
    cout<<*r+3;                     //输出 c 增加3
    return 0;
}
```

五、参考程序：

```cpp
#include<iostream>
using namespace std;
int main()
{
    const int num=10;                   //10个学生参加游戏
    int n;                              //每次报数是 n 的学生离开
    int a[num];                         //学生数组
    int *p;
    int i;
    for(i=1,p=a;p<a+num;i++,p++)        //对学生编号
        *p=i;
    cout<<"请输入报数 n=";
    cin>>n;
    cout<<"参加游戏的学生: ";
    for(p=a;p<a+num-1;p++)
        cout<<*p<<", ";
    cout<<*p<<endl;
    int m=1;            //标识第 k 个离开的学生,当m=num 时,只剩下一个学生
    int b=-1;                           //标识数组下标
    cout<<"离开学生的顺序: ";           //输出离开的学生编号
    while(1)
    {
        for(i=0;i<n;)                   //在圈中数 n 个学生
        {
            b=(b+1)% num;
            if(a[b]!=0)i++;
        }
        if(m==num) break;
        cout<<a[b]<<", ";
        a[b]=0;                         //标识该学生已经离开
        m++;
    }
```

```
cout<<endl<<"最后胜利的学生: ";
cout<<a[b]<<endl;
return 0;
}
```

习题 10 参考答案

一、单项选择题

1. D   2. B   3. C   4. D   5. C   6. ① A ② D

分析：->运算符的优先级高于"＊"，故表达式＊p->y 等价于＊(p->y)，等价于 tab[0].y[0];表达式 (++p)->y 等价于 tab[1].y，直到遇到"\0"才结束输出。

二、写出下列程序的运行结果

1. 10   x

2. 20   y

3. 65 66 ×××× ××××（后两个为随机数）

三、参考程序：

```cpp
#include <iostream>
using namespacestd;
struct animal
{
    float weight;
    float feet;
};
int main()
{
    animal dog1, dog2, chicken;
    dog1.weight=15.4;
    dog2.weight=37.5;
    chicken.weight=3.6;
    dog1.feet=4.8;
    dog2.feet=10.6;
    chicken.feet=3.5;
    cout<<"The weight of dog1 is "<<dog1.weight<<"\n";
    cout<<"The weight of dog2 is "<<dog2.weight<<"\n";
    cout<<"The weight of chicken is "<<chicken.weight<<"\n";
    return 0;
}
```

习题 11 参考答案

1. 算法分析：三条线段组成一个三角形的条件是：其中任意两条线段长度的和大于第三条线段的长度。

程序如下：

```cpp
#include<iostream>
#include<stdio.h>
using namespace std;
int main()
{
    freopen("三角形.in","r",stdin);        //重定向只读文件
    freopen("三角形.out","w",stdout);       //重定向只写文件
    int a,b,c;
    cin>>a>>b>>c;
    if(a+b>c&&a+c>b&&b+c>a)
        cout<<"Yes";
    else cout<<"No";
    return 0;
}
```

2. 如果题目中有大规模数据输入输出时，建议使用 scanf 和 printf 语句。

程序如下：

```cpp
#include<cstdio>
#include<algorithm>
using namespace std;
int main()
{
    int N,a[10001];
    freopen("逆向.in","r",stdin);
    freopen("逆向.out","w",stdout);
    scanf("%d",&N);
    for(int i=0;i<N;i++)
        scanf("%d",&a[i]);
    for(int i=N-1;i>=0;i--)
        printf("%d",a[i]);
    return 0;
}
```

3. 算法分析：用字符串保存姓名，利用循环语句输入通讯录里的姓名和电话号码。利用双重循环搜索要查找的姓名，输出对应的电话号码。

程序如下：

```cpp
#include<iostream>
#include<stdio.h>
using namespace std;
int main()
{
    int n;
    cin>>n;
    string name[n];
    long phone[n];
    for(int i=0;i<n;i++)            //输入通讯录里的姓名和电话号码
        cin>>name[i]>>phone[i];
    int x;
    cin>>x;                        //输入要查找的人数
    string name2[x];
    for(int j=0;j<x;j++)
    {
        cin>>name2[j];             //输入要查找的姓名
        for(int i=0; i<n; i++)
        {
            if(name2[j]==name[i])//搜索要查找的姓名
            cout<<phone[i]<<endl;
        }
    }
    return 0;
}
```

4. 算法分析：利用 for 循环枚举给定范围内的数，应用素数函数 isprime 判断查找出素数。再分解出前两位和后两位数字，判断是否为完全平方数。

程序如下：

```cpp
#include<iostream>
#include<fstream>
#include<cmath>                              //添加数学库头文件
using namespace std;
ifstream f1("四位数.in");
ofstream f2("四位数.out");
bool isprime(int n)                          //应用素数函数查找素数,返回逻辑值
{
    int s,i;
```

```
    s=0;
    for(i=1; i<=n; i++)
        if(n%i==0)
            s++;
    if(s==2)
        return true;
    else
        return false;
}
bool pfang(int n)                        //查找完全平方数
{
    double s;
    s=sqrt(double(n));
    if(s==int(s))
        return true;
    else
        return false;
}
int main()
{
    int m,n,i,j,k,s,g=0;
    cin>>m>>n;
    for(i=m;i<=n;i++)                    //枚举给定范围内的数
    {
        if(isprime(i))                  //在素数中搜索
        {
            j=i%100;
            k=i/100;
            if(pfang(j) && pfang(k))     //前两位和后两位都是完全平方数
            {
                cout<<i<<endl;
                g++;
            }
        }
    }
    cout<<g<<endl;
    return 0;
}
```

习题 12 参考答案

一、1. D　2. BC　3. D　4. A　5. A　6. A　7. B　8. D　9. A　10. C

二、1. 基本单位　2. 逻辑关系　3. O（1）　　O（1）　4. 栈顶

5. Q->front=Q->rear+1　6. 顺序存储方式　键接存储方式

7. J*（j-1）/2+I　8. 列数　9. 99　10. 35

11. 错误　12. Prim　13. O（n²）　14. O（n²）

15. 堆排序

三、前序遍历：ABCDEFG；中序遍历：BADCFGE；后序遍历：BDGFECA

四、如图 12-17 所示。

五、如图 12-18 所示。

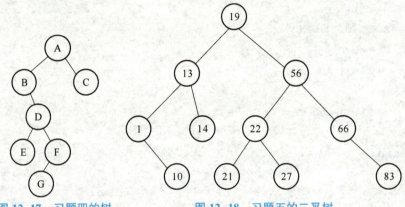

图 12-17　习题四的树　　　　图 12-18　习题五的二叉树

平均长度为 4。

习题 13 参考答案

一、1. B　　2. D　3. B

二、

1.

```cpp
#include "iostream"
using namespace std;
int  main()
{
    int a[500][2];
    int n, i, j, temp, num;
    cout<< "input n: ";
    cin>>n;
    cout<< "input"<<n<<"number: "<<endl;
    for(i=0; i<n; i++)
```

```
    {
        cin>>a[i][0];
        a[i][1]=i+1;
    }
    cout<<endl;
    for(i=0; i<n-1; i++)
    for(j=i+1; j<n; j++)
    if(a[i][0]>a[j][0])
    {
        temp=a[i][0];
        a[i][0]=a[j][0];
        a[j][0]=temp;
        num=a[i][1];
        a[i][1]=a[j][1];
        a[j][1]=num;
    }
    cout<<"output number: "<<endl;
    for(i=0; i<n; i++)
        cout<<a[i][0]<<"  "<<a[i][1]<<endl;
    cout<<endl;
    return 0:
}
```

2.

```
#include "iostream"
Using namespace std;
int  main()
{
    int i;
    for(i=1; i<=3000; i++)
    {
        if(i % 17==0)
            cout<<i<<" ";
    }
    return 0;
}
```

3.

```
#include "iostream"
Using namespace std;
```

```
int   main()
{
int q, p, s, qn, pn, n, i;
    cout<< "请输入指数 n 的值: ";
    cin>>n;
    for (q=1; q<1000; q++)
    for (p=1; p<1000; p++)
    {
        s=0;
        qn=1;
        pn=1;
        for (i=1;  i<=n; i++)
        {
            if (qn>=1000 || pn>1000) break;
            qn=qn*q;
            pn=pn*p;
        }
        s=qn+pn;
        if (s<1000)
            if (s>0) cout<<s<<"";
    return 0;
}
```

4.

```
#include"stdafx. h"
#include"iostream"
#include<iomanip>
using namespace std;
int n;
int qipanp[50][50];
int px[]={-1, 1, 2, 2, 1, -1, -2, -2 };
int py[]={2, 2, 1, -1, -2, -2, -1, 1 };
int w;

bool check(int x, int y)
{
if (x<1 || y<1 || x>n ||y>n || qipanp[x][y]!=0)  return false;
return true;
```

```
}

void shuchu(int n)
{
cout<<endl;
for(int i=1; i<=n; i++)
{

    for(int j=1; j<=n; j++)
        cout <<std::left<<setw(4)<<qipanp[i][j]<< " ";
    cout<<endl;
}
}
void tryp(int oldx, int oldy, int jishu)
{

if(jishu==n*n)
{
    cout<<"马在棋盘上行走的轨迹序号: ";
    shuchu(n); getchar(); getchar(); getchar(); exit(1);
}
for(int i=0; i<8; i++)
{
    if(check(oldx+px[i], oldy+py[i]))
    {
        int x=oldx+px[i];
        int y=oldy+py[i];
        qipanp[x][y]=jishu+1;
        tryp(x, y, jishu+1);
        qipanp[x][y]=0;
    }
}
}

int main()
{
cout<< "输入棋盘大小(n x n)n: ";
cin>>n;
int x, y;
```

```
cout<<"输入马放置的起始位置 x, y: ";
cin>>x>>y;
int jishu=1;
qipanp[x][y]=jishu;
tryp(x,y,jishu);
getchar();
return 0;
}
```

5.

```
#include "iostream"
using namespace std;
int  main()
{
    const double K=0.000001;
    double  x, y1, y2;
    cout<<"请输入 x 的值: ";
    cin>>x;
    y1=x;
    y2=2.0/3*y1+x/(3.0*y1*y1);
    int i=1;
    while (true)
    {
        y1=y2;
        y2=2.0/3*y1+x/(3.0*y1*y1);
        if(abs(y2-y1)<K) break;
    }
    cout<<"x = "<<x<<", "<<"³√x = "<<y2<<endl;
    return  0;
}
```

6.

```
#include "iostream"
using namespace std;
int  main()
{
    int x, a, b, c, i, j, k, n;
    bool bl=true;
    cout<<"请输入班费数额(元): ";
```

```
    cin>>x;
    a=x / 6;
    b=x / 5;
    c=x / 4;
    for(i=1; i<=a; i++)
    for(j=1; j<=b; j++)
    for(k=1; k<=c; k++)
    {
        if(i*6+j*5+k*4==x)
        {
            n=i+j+k;
            cout<<"6元,5元,4元奖品数分别为: "<<i<<", "<<j<<", "<<k<<"
奖品总数为: "<<n<<endl;
            bl=false;
        }
    }
    if(bl) cout<<"剩余班费不能用尽! "<<endl;
    return  0;
}
```

习题 14 参考答案

1. 提供两种参考写法。

写法 1：

```
#define puts(S) printf("%s \ n", (S))
```

写法 2：

```
#define puts(S) do{printf(S); printf("\ n"); }while(0)
```

2. 写法很多。

```
#include <stdio. h>
int main()
{
  int i, n, a, b;
  scanf("%d", &n);
  for(i=0, a=1, b=0; i<n; i++, a=b-a)
    printf("%d \ t", b+=a);
  return 0;
}
```

3. 这里提供三种有不同特点的参考写法。

第一种：

```
#ifndef __EXER_1_H
#include <stdio.h>
#define __EXER_1_H
void magic()
{
  puts("once");
}
#else
#define magic __magic_1
void magic()
{
  puts("twice");
}
#endif
```

第二种，使用了 C++ 功能：

```
#ifndef __EXER_1_H
#include <stdio.h>
#define __EXER_1_H
int __magic_number=0;
void magic()
{
  if(__magic_number==0)
    puts("once");
  else
    puts("twice");
}
#else
class __magic_class
{
  public:
  __magic_class()
  {
    __magic_number=1;
  }
}__magic_instance;
#endif
```

第三种，只对 main 形式为 int main（）的程序有效。

```c
#ifndef __EXER_1_H
#include <stdio.h>
#define __EXER_1_H
int __magic_number=0;
void magic()
{
  if(__magic_number==0)
    puts("once");
  else
    puts("twice");
}
#else
//fail if main() is void or have parameters
int __real_main();
int main()
{
  __magic_number=1;
  return __real_main();
}
#define main *__useless_variable;int __real_main
#endif
```

测试用的 C++ 程序：

```cpp
//在此处加入#include
int main()
{
  magic();
  return 0;
}
```

4. 参考程序：

```c
#include <stdio.h>
int main()
{
  puts(1);
  return 0;
}
```

说明：因为编译器不会对 printf 第二个及以后的参数进行类型检查，所以若将 puts

用#define和 printf 实现，将导致 puts 接受任意类型的参数。此时往往会输出难以预料的结果。

习题 15 参考答案

一、

1. D；2. B；3. A

二、

```cpp
#include<iostream>
#include<algorithm>
using namespace std;
structstu
{
    int num;                              //编号
    int c,m,e;
    int sum;
};
boolcmp(stu a,stu b)
{
    if(a.sum>b.sum) return 1;
    else if(a.sum<b.sum) return 0;
    else
    {
        if(a.c>b.c) return 1;
        else if(a.c<b.c) return 0;
        else
        {
            if(a.num>b.num) return 0;
            else return 1;
        }
    }
}
intmain()
{   stu student[310];
    int n;
    cin>>n;
    for(int i=1;i<=n;i++)
    {
        student[i].num=i;                 //录入编号
        cin>>student[i].c>>student[i].m>>student[i].e;      //输入
```

```
        student[i].sum=student[i].c+student[i].m+student[i].e;
                                            //计算总分
    }
    sort(student+1,student+1+n,cmp);
    for(int i=1;i<=5;i++)
        cout<<student[i].num<<' '<<student[i].sum<<endl;
    return 0;
}
```

解析

本题考察的本质在于对学生按成绩进行排序，但排序的规则较为复杂。分析可知，不同学生进行比较的各项数据都是唯一属于某一位学生的，可以建立学生结构体，采用结构体排序的方法。首先建立名为"stu"的结构体，每个结构体有"num"编号、"c"语文成绩、"m"数学成绩、"e"英语成绩、"sum"总成绩五项成员。结构体排序需要自定义比较规则 cmp 函数，可以采用以下定义的方法：

boolcmp（结构体名称 a，结构体名称 b）

```
{
/*此处为比较规则,当 return 1时表示 a>b,return 0时表示 a<b*/
}
```

如此题中 cmp 函数为

```
boolcmp(stu a,stu b)
{
    if(a.sum>b.sum) return 1;
    else if(a.sum<b.sum) return 0;
    else
    {
        if(a.c>b.c) return 1;
        else if(a.c<b.c) return 0;
        else
        {
            if(a.num>b.num) return 0;
            else return 1;
        }
    }
}
```

定义完比较函数后，使用 sort 函数调用即可，格式为 sort(a，b，cmp)。a 表示需要排序范围的左端点，b 为右端点，排序后为降序排列，依次输出数组的前五项即可。

第二十四届全国青少年信息学奥林匹克联赛初赛

提高组 C++语言试题

竞赛时间：2018 年 10 月 13 日 14：30～16：30

选手注意：

- 试题纸共有 10 页，答题纸共有 2 页，满分 100 分。请在答题纸上作答，写在试题纸上的一律无效。
- 不得使用任何电子设备（如计算器、手机、电子词典等）或查阅任何书籍资料。

一、单项选择题（共 10 题，每题 2 分，共计 20 分；每题有且仅有一个正确选项）

1. 下列四个不同进制的数中，与其他三项数值上不相等的是（　　　）。

　　A．$(269)_{16}$　　　　　　　　　　　B．$(617)_{10}$

　　C．$(1151)_8$　　　　　　　　　　　D．$(1001101011)_2$

2. 下列属于解释执行的程序设计语言是（　　　）。

　　A．C　　　　　　　　　　　　　　　B．C++P

　　C．Pascal　　　　　　　　　　　　　D．Python

3. 中国计算机学会于（　　　）年创办全国青少年计算机程序设计竞赛。

　　A．1983　　　　　　　　　　　　　　B．1984

　　C．1985　　　　　　　　　　　　　　D．1986

4. 设根节点深度为 0，一棵深度为 h 的满 k（k>1）叉树，即除最后一层无任何子节点外，每一层上的所有结点都有 k 个子结点的树，共有（　　　）个结点。

　　A．$(k^{h+1}-1)/(k-1)$　　　　　　B．k^{h-1}

　　C．k^h　　　　　　　　　　　　　D．$(k^{h-1})/(k-1)$

5. 设某算法的时间复杂度函数的递推方程是 T（n）=T（n-1）+n（n 为正整数）及 T（0）=1，则该算法的时间复杂度为（　　　）。

　　A．$O(\log n)$　　　　　　　　　　　B．$O(n\log n)$

　　C．$O(n)$　　　　　　　　　　　　　D．$O(n^2)$

6. 表达式 a＊d-b＊c 的前缀形式是（　　　）。

　　A．a d＊b c＊-

　　B．-＊a d＊b c

　　C．a＊d-b＊c

　　D．-＊＊a d b c

7. 在一条长度为 1 的线段上随机取两个点，则以这两个点为端点的线段的期望长度是（　　）。

　　A. 1/2　　　　　　　　　　　　　　B. 1/3

　　C. 2/3　　　　　　　　　　　　　　D. 3/5

8. 关于 Catalan 数 Cn =（2n）！／（n+1）！/n!，下列说法中错误的是（　　）。

　　A. Cn 表示有 n+1 个结点的不同形态的二叉树的个数。

　　B. Cn 表示含 n 对括号的合法括号序列的个数。

　　C. Cn 表示长度为 n 的入栈序列对应的合法出栈序列个数。

　　D. Cn 表示通过连接顶点而将 n+2 边的凸多边形分成三角形的方法个数。

9. 假设一台抽奖机中有红、蓝两色的球，任意时刻按下抽奖按钮，都会等概率获得红球或蓝球之一。有足够多的人每人都用这台抽奖机抽奖，假如他们的策略均为：抽中蓝球则继续抽球，抽中红球则停止。最后每个人都把自己获得的所有球放到一个大箱子里，最终大箱子里的红球与蓝球的比例接近于（　　）。

　　A. 1：2　　　　　　　　　　　　　　B. 2：1

　　C. 1：3　　　　　　　　　　　　　　D. 1：1

10. 为了统计一个非负整数的二进制形式中 1 的个数，代码如下：

```
int CountBit(int x)
{
    int ret=0;
    while(x)
    {
        ret++;
        _____;
    }
    return ret;
}
```

则空格内要填入的语句是（　　）。

　　A. x>>=1　　　　　　　　　　　　B. x&=x-1

　　C. x|=x>>1　　　　　　　　　　　　D. x<<=1

二、不定项选择题（共 5 题，每题 2 分，共计 10 分；每题有一个或多个正确选项，多选或少选均不得分）

1. 在 NOIP 初赛中，选手可以带入考场的有（　　）。

　　A. 笔　　　　　　B. 橡皮　　　　　　C. 手机（关机）　　　　D. 草稿纸

2. 2-3 树是一种特殊的树，它满足两个条件：

　　（1）每个内部结点有两个或三个子结点；

　　（2）所有的叶结点到根的路径长度相同。

　　如果一棵 2-3 树有 10 个叶结点，那么它可能有（　　）个非叶结点。

　　A. 5　　　　　　　B. 6　　　　　　　C. 7　　　　　　　D. 8

3. 下列关于最短路算法的说法正确的有（　　　）。

  A. 当图中不存在负权回路但是存在负权边时，Dijkstra 算法不一定能求出源点到所有点的最短路

  B. 当图中不存在负权边时，调用多次 Dijkstra 算法能求出每对顶点间最短路径

  C. 图中存在负权回路时，调用一次 Dijkstra 算法也一定能求出源点到所有点的最短路

  D. 当图中不存在负权边时，调用一次 Dijkstra 算法不能用于每对顶点间最短路计算

4. 下列说法中，是树的性质的有（　　　）。

  A. 无环

  B. 任意两个结点之间有且只有一条简单路径

  C. 有且只有一个简单环

  D. 边的数目恰是顶点数目减 1

5. 下列关于图灵奖的说法中，正确的有（　　　）。

  A. 图灵奖是由电气和电子工程师协会（IEEE）设立的

  B. 目前获得该奖项的华人学者只有姚期智教授一人

  C. 其名称取自计算机科学的先驱、英国科学家艾伦·麦席森·图灵

  D. 它是计算机界最负盛名、最崇高的一个奖项，有"计算机界的诺贝尔奖"之称

三、问题求解（共 2 题，每题 5 分，共计 10 分）

1. 甲乙丙丁四人在考虑周末要不要外出郊游。

已知①如果周末下雨，并且乙不去，则甲一定不去；②如果乙去，则丁一定去；③如果丙去，则丁一定不去；④如果丁不去，而且甲不去，则丙一定不去。如果周末丙去了，则甲_____（去了/没去）（1 分），乙_____（去了/没去）（1 分），丁_____（去了/没去）（1 分），周末_____（下雨/没下雨）（2 分）。

2. 方程 a * b =（a or b）*（a and b），在 a，b 都取 [0，31] 中的整数时，共有_____组解。（ * 表示乘法；or 表示按位或运算；and 表示按位与运算）

四、阅读程序写结果（共 4 题，每题 8 分，共计 32 分）

1.
```cpp
#include <cstdio>
int main(){
  int x;
  scanf("%d", &x);
  int res=0;
  for(int i = 0;i < x; ++i) {
    if(i * i % x==1){
      ++res;
    }
  }
  printf("%d", res);
  return 0;
}
```

输入：15

输出：＿＿＿＿＿＿

2.
```c
#include <cstdio>
int n, d[100];
bool v[100];
int main(){
  scanf("%d", &n);
  for(int i = 0; i < n; ++i) {
    scanf("%d", d+i);
    v[i] = false;
  }
  int cnt=0;
  for(int i = 0; i < n; ++i) {
    if(!v[i]) {
      for(int j = i; !v[j]; j = d[j]) {
        v[j] = true;
      }
      ++cnt;
    }
  }
  printf("%d \n", cnt);
  return 0;
}
```

输入：10 7 1 4 3 2 5 9 8 0 6

输出：＿＿＿＿＿＿

3.
```cpp
#include <iostream>
using namespace std;
string s;
long long magic(int l, int r) {
    long long ans=0;
    for(int i = l; i <= r; ++i){
        ans = ans * 4 + s[i] - 'a' + 1;
    }
    return ans;
}
int main(){
    cin >> s;
    int len = s.length();
    int ans = 0;
```

```cpp
for(int l1 = 0; l1 < len; ++l1) {
    for(int r1=l1; r1 < len; ++r1) {
        bool bo = true;
        for(int l2 = 0; l2 < len; ++l2) {
            for(int r2 = l2; r2 < len; ++r2) {
                if(magic(l1, r1)==magic(l2, r2)&&(l1 !=l2 || r1!=r2))
                    {
                        bo = false;
                    }
            }
        }
        if(bo) {
            ans += 1;
        }
    }
}
cout << ans << endl;
return 0;
}
```

输入：abacaba
输出：＿＿＿＿＿＿

4.
```cpp
#include <cstdio>
using namespace std;
const int N = 110;
bool isUse[N];
int n, t;
int a[N], b[N];
bool isSmall() {
    for(int i = 1; i <= n; ++i)
        if(a[i]!=b[i]) return a[i] < b[i];
    return false;
}
bool getPermutation(int pos) {
    if(pos>n) {
        return isSmall();
    }
    for(int i = 1; i <= n; ++i){
        if(!isUse[i]) {
            b[pos] = i; isUse[i] = true;
```

```
        if(getPermutation(pos + 1)) {
            return true;
        }
        isUse[i] = false;
        }
    }
    return false;
}
void getNext() {
    for(int i = 1; i <= n; ++i) {
        isUse[i] = false;
    }
    getPermutation(1);
    for(int i = 1; i <= n; ++i) {
        a[i] = b[i];
    }
}
int main() {
    scanf("%d%d", &n, &t);
    for(int i = 1; i <= n; ++i) {
        scanf("%d", &a[i]);
    }
    for(int i = 1; i <= t; ++i) {
        getNext();
    }
    for(int i = 1; i <= n; ++i) {
        printf("%d", a[i]);
        if(i == n) putchar('\n'); else putchar(' ');
    }
    return 0;
}
```

输入 1：6 10 1 6 4 5 3 2
输出 1：＿＿＿＿＿＿＿（3 分）
输入 2：6 200 1 5 3 4 2 6
输出 2：＿＿＿＿＿＿＿（5 分）

五、完善程序（共 2 题，每题 14 分，共计 28 分）

1. 对于一个 1 到 n 的排列 P（即 1 到 n 中每一个数在 P 中出现了恰好一次），令 q_i 为第 i 个位置之后第一个比 P_i 值更大的位置，如果不存在这样的位置，则 $q_i = n+1$。举例来说，如果 $n=5$ 且 P 为 1 5 4 2 3，则 q 为 2 6 6 5 6。

下列程序读入了排列 P，使用双向链表求解了答案。试补全程序。（第二空 2 分，其余 3 分）

数据范围 $1 \leqslant n \leqslant 10^5$。

```cpp
#include <iostream>
using namespace std;
const int N = 100010;
int n;
int L[N], R[N], a[N];
int main() {
    cin >> n;
    for(int i = 1; i <= n; ++i) {
        int x;
        cin >> x;
            (1)    ;
    }
    for(int i = 1; i <= n; ++i) {
        R[i] =     (2)    ;
        L[i] = i-1;
    }
    for(int i = 1; i <= n; ++i) {
        L[    (3)    ] = L[a[i]];
        R[L[a[i]]] = R[    (4)    ];
    }
    for(int i = 1; i <= n; ++i) {
        cout<<    (5)    << " ";
    }
    cout << endl;
    return 0;
}
```

2. 一只小猪要买 N 件物品（N 不超过 1 000）。

它要买的所有物品在两家商店里都有卖。第 i 件物品在第一家商店的价格是 a[i]，在第二家商店的价格是 b[i]，两个价格都不小于 0 且不超过 10 000。如果在第一家商店买的物品的总额不少于 50 000，那么在第一家店买的物品都可以打 95 折（价格变为原来的 0.95 倍）。

求小猪买齐所有物品所需最少的总额。

输入：第一行一个数 N。接下来 N 行，每行两个数。第 i 行的两个数分别代表 a[i]，b[i]。

输出：输出一行一个数，表示最少需要的总额，保留两位小数。

试补全程序。(第一空 2 分，其余 3 分)

```cpp
#include <cstdio>
#include <algorithm>
using namespace std;

const int Inf = 1000000000;
const int threshold = 50000;
const int maxn = 1000;

int n, a[maxn], b[maxn];
bool put_a[maxn];
int total_a, total_b;
double ans;
int f[threshold];

int main(){
    scanf("%d", &n);
    total_a = total_b = 0;
    for(int i = 0; i < n; ++i) {
        scanf("%d%d", a+i, b+i);
        if(a[i] <= b[i]) total_a += a[i];
        else total_b += b[i];
    }
    ans = total_a + total_b;
    total_a = total_b = 0;
    for(int i = 0; i<n; ++i) {
        if(      (1)      ) {
            put_a[i] = true;
            total_a += a[i];
        } else {
            put_a[i] = false;
            total_b += b[i];
        }
    }
    if(      (2)      ) {
        printf("%.2f", total_a * 0.95 + total_b);
        return 0;
    }
    f[0] = 0;
```

```
for(int i = 1; i < threshold; ++i)
    f[i] = Inf;
int total_b_prefix = 0;
for(int i = 0; i < n; ++i)
if(!put_a[i]) {
    total_b_prefix += b[i];
    for(int j = threshold - 1; j >= 0; --j) {
        if(    (3)    >= threshold && f[j] != Inf)
            ans = min(ans, (total_a + j + a[i])*0.95+    (4)    );
        f[j] = min(f[j] + b[i], j >= a[i] ?    (5)    : Inf);
    }
}
printf("% .2f", ans);
return 0;
}
```

第二十四届全国青少年信息学奥林匹克联赛初赛
提高组参考答案

一、单项选择题（共 10 题，每题 2 分，共计 20 分）

1	2	3	4	5	6	7	8	9	10
D	D	B	A	D	B	B	A	D	B

二、不定项选择题（共 5 题，每题 2 分，共计 10 分；每题有一个或多个正确选项，没有部分分）

1	2	3	4	5
AB	CD	ABD	ABD	BCD

三、问题求解（共 2 题，每题 5 分，共计 10 分）

1. 去了　没去　没去　没下雨（第 4 空 2 分，其余 1 分）

2. 454

四、阅读程序写结果（共 4 题，每题 8 分，共计 32 分）

1. 4

2. 6

3. 16

4. 输出 1：2 1 3 5 6 4（3 分）

　　输出 2：3 2 5 6 1 4（5 分）

五、完善程序（共计 28 分，以下各程序填空可能还有一些等价的写法，由各省赛区组织省专家审定及上机验证，可以不上报 CCF NOI 科学委员会复核）

		C++语言	分值
1	（1）	a［x］=i	3
	（2）	i+1	2
	（3）	R［a［i］］	3
	（4）	a［i］	3
	（5）	R［i］	3
2	（1）	a［i］*0.95<=b［i］ 或 b［i］>=a［i］*0.95	2
	（2）	total_a>=threshold 或 threshold<=total_a 或 total_a>=50000 或 50000<=total_a	3
	（3）	total_a+j+a［i］	3
	（4）	f［j］+total_b−total_b_prefix	3
	（5）	f［j−a［i］］	3

附录

附录一　ASCII 码表

字符	ASCII 码		字符	ASCII 码		字符	ASCII 码	
	十进制	二进制		十进制	二进制		十进制	二进制
NUL（空）	0	0000000	>	62	0111110	–	95	1011111
换行	10	0001010	?	63	0111111	、	96	1100000
空格	32	0100000	@	64	1000000	a	97	1100001
!	33	0100001	A	65	1000001	b	98	1100010
"	34	0100010	B	66	1000010	c	99	1100011
#	35	0100011	C	67	1000011	d	100	1100100
$	36	0100100	D	68	1000100	e	101	1100101
%	37	0100101	E	69	1000101	f	102	1100110
&	38	0100110	F	70	1000110	g	103	1100111
'	39	0100111	G	71	1000111	h	104	1101000
(	40	0101000	H	72	1001000	i	105	1101001
)	41	0101001	I	73	1001001	j	106	1101010
*	42	0101010	J	74	1001010	k	107	1101011
+	43	0101011	K	75	1001011	l	108	1101100
，	44	0101100	L	76	1001100	m	109	1101101
–	45	0101101	M	77	1001101	n	110	1101110
.	46	0101110	N	78	1001110	o	111	1101111
/	47	0101111	O	79	1001111	p	112	1110000
0	48	0110000	P	80	1010000	q	113	1110001
1	49	0110001	Q	81	1010001	r	114	1110010
2	50	0110010	R	82	1010010	s	115	1110011
3	51	0110011	S	83	1010011	t	116	1110100
4	52	0110100	T	84	1010100	u	117	1110101
5	53	0110101	U	85	1010101	v	118	1110110
6	54	0110110	V	86	1010110	w	119	1110111

续表

字符	ASCII 码		字符	ASCII 码		字符	ASCII 码	
	十进制	二进制		十进制	二进制		十进制	二进制
7	55	0110111	W	87	1010111	x	120	1111000
8	56	0111000	X	88	1011000	y	121	1111001
9	57	0111001	Y	89	1011001	z	122	1111010
:	58	0111010	Z	90	1011010	{	123	1111011
;	59	0111011	[	91	1011011	|	124	1111100
<	60	0111100	\	92	1011100	}	125	1111101
=	61	0111101	]	93	1011101	~	126	1111110
			^	94	1011110	△	127	1111111

有些 ASCII 字符（0~31）称为控制字符，可利用它们使计算机进行指定的操作。下表所列为常用的 ASCII 控制字符。

常用的 ASCII 控制字符

ASCII 码	控制字符	说明
7	Bell	使计算机蜂鸣器发声
8	Backspace	后退删除上一个字符
9	Tab	在屏幕上移动一个制表符位
10	Linefeed	使打印机走纸一行
11	Formfeed	使打印机走纸一页
13	Carriage return	光标下移一行

附录二　C++常见出错信息

编号	出错信息	出错情况
1	expected ' ; '	缺少 ";"
2	expected ' ('	缺少 "（"
3	expected ') '	缺少 "）"。
4	expected ' ; ' before ' cout'	cout 前面的语句缺少 ";"

编号	出错信息	出错情况
5	expected ' ='	缺少赋值号
6	missing terminating " character	缺少终止字符"
7	' p' was not declared in this scope	变量 p 未定义
8	invalid operands of types ' int'	int 类型变量的操作数无效
9	expression syntax error	表达式语法错误
10	expected primary-expression before ' =' token	需要申明变量
11	ld returned 1 exit status	编译器编译失败，返回失败值 1
12	invalid array assignment	无效的数组分配
13	overflow in implicit constant conversion［−Woverflow］	隐性常量转换溢出
14	' s' cannot be used as a function	函数中不能使用 s
15	stray ' \ 241' in program	源程序中有非法字符
16	redeclaration of ' int a'	a 重复声明
17	' printf' was not declared in this scope	printf 没被声明
18	initializer-string for array of chars is too long ［−fpermissive］	字符数组初始化时，字符串长度超出了数组定义
19	ISO C++ forbids comparison between pointer and integer ［−fpermissive］	指针和整型两种不同类型的数据无法比较

注：表中汇集了在 C++程序编译过程中发生错误时在编译区显示的出错提示。

附录三　C++常用词汇英汉对照

词汇	音标	中文	作用
append	［ə'pend］	添加，附加	向文件尾部添加数据
alternate	［'ɔːltəneɪt］	轮流，交替	转换键 Alt
array	［ə'reɪ］	排列，列阵	数组类型标志
backspace	［'bækspeɪs］	退格，回退	退格键
beep	［biːp］	蜂鸣声	使扬声器发出嘀嘀声
bool	［bʊl］	布尔型变量	布尔型
character	［'kærəktə（r）］	字符，字母	字符类型

续表

词汇	音标	中文	作用
case	[keɪs]	情况	分支语句的起始
cin	[sɪ：-ɪn]	标准输入设备	输入语句
close	[kləʊz]	关闭	关闭外部文件
constant	[ˈkɔnstənt]	常数，恒量	常量说明
continue	[kənˈtɪnjuː]	继续，连续	继续命令
control	[kənˈtrəʊl]	控制	控制键
copy	[ˈkɔpi]	复制，拷贝	复制命令
cout	[sɪː-aʊt]	标准输出流	输出语句
data	[ˈdeɪtə]	数据，资料	数据域
delete	[dɪˈliːt]	删除	删除键
directory	[dəˈrektəri]	地址簿	目录
disk	[dɪsk]	圆盘，唱片	磁盘
dispose	[dɪˈspəʊz]	排列，安排	动态指针类型
do	[duː]	做	当型循环语句保留字
else	[els]	否则	条件语句保留字
endl	[end]	结束	换行输出
enter	[ˈentə (r)]	送入，输入	回车键
error	[ˈerə (r)]	错误	出错信息
escape	[ɪˈskeɪp]	出，逃跑	退出键 Esc
exit	[ˈeksɪt]	退场，出口	退出命令
false	[fɔːls]	假，错误	逻辑值假
file	[faɪl]	文件	文件
find	[faɪnd]	寻找，找到	查找命令
float	[fləʊt]	浮动，漂流	浮点数
for	[fɔː (r)]	为了，因为	计数循环语句保留字
function	[ˈfʌŋkʃn]	函数，功能	函数
goto	[ˈgoʊˌtu]	去到	转向语句保留字
get	[get]	获得	读取线性表元素的值
home	[həʊm]	返回始位	返回行首键
if	[ɪf]	如果	条件语句保留字
include	[ɪnˈkluːd]	包括；包含；	将指定头文件嵌入源文件中
index	[ˈɪndeks]	索引，目录	索引命令
insert	[ɪnˈsɜːt]	插入	插入键

续表

词汇	音标	中文	作用
integer	[ˈɪntɪdʒə（r）]	整数	整型
iostream	[aɪ-əʊ-striːm]	输入/输出流	输入/输出流
label	[ˈleɪbl]	标号，标识符	标号说明
last	[lɑːst]	最后	线性表的终点
length	[leŋθ]	长度	字符串的长度
locate	[ləʊˈkeɪt]	确定地点	定位
main	[meɪn]	主要的	主函数
name	[neɪm]	名称	文件名
namespace	[neɪm speɪs]	命名空间	名字空间
new	[njuː]	新	新建命令
next	[nekst]	下一个	下一个按钮
open	[ˈəʊpən]	打开，开启	打开文件
overflow	[ˌəʊvəˈfləʊ]	溢出，充满	数值超出范围
page	[peɪdʒ]	页面	页
pause	[pɔːz]	中止，停留	暂停键
random	[ˈrændəm]	随意，任意	随机数
reset	[ˌriːˈset]	重新安排	由文件中读取数据
rewrite	[ˈriːraɪt]	重写，改写	向文件中写入数据
screen	[skriːn]	屏幕	（打印）屏幕键
scroll	[skrəʊl]	上卷	滚动键
shift	[ʃɪft]	替换，移动	换档键
size	[saɪz]	大小，尺寸	线性表容量
space	[speɪs]	空白	空格键
string	[strɪŋ]	线，一串	字符串类型
text	[tekst]	正文，原文	文本文件变量类型
tree	[triː]	树	树型结构
true	[truː]	真	逻辑值真
using	[ˈjuːzɪŋ]	使用，利用	利用名字空间
while	[waɪl]	当	当型循环保留字

附录四　C++程序设计中的常用数学知识

一、实数

1. 有理数

定义：有理数为整数（正整数、0、负整数）和分数的统称。数学上，有理数是一个整数 a 和一个正整数 b 的比，例如 3/8，通则为 a/b。0 也是有理数。有理数是整数和分数的集合，整数也可看做是分母为一的分数。

2. 无理数

定义：无理数，也称为无限不循环小数，不能写成两整数之比。若将它写成小数形式，小数点之后的数字有无限多个，并且不会循环。常见无理数如：所有质数的平方根、圆周率 π、常数 e。

3. 相反数

定义：只有符号不同的两个数互为相反数。相反数的性质是它们的绝对值相同。

表达式：若 a、b 互为相反数，则 a+b=0；若 a+b=0，则 a、b 互为相反数。

4. 绝对值

定义：绝对值是指一个数在数轴上所对应点到原点的距离，用"｜｜"来表示。｜b-a｜或｜a-b｜表示数轴上表示 a 的点和表示 b 的点的距离。

表达式：
$$|a| = \begin{cases} a & a>0 \\ \cdots \\ 0 & a=0 \\ \cdots \\ -a & a<0 \end{cases}$$

二、运算法则

1. 乘方

定义：乘方是求 n 个相同因数乘积的运算。乘方的结果叫作幂，a 叫作底数，n 叫作指数。

表达式：a^n

2. 平方

定义：指数为 2 的乘方，具有非负性。

表达式：n^2 或 $n{\char`^}2$

3. 平方根

定义：平方根，又叫二次方根，0 的平方根是 0。一个正数有两个实平方根，它们互为相反数。

表达式：$\pm\sqrt{n}$（$n>=0$）

4. 算术平方根

定义：平方根中属于非负数的平方根称之为算术平方根。

表达式：$\sqrt{n}$（$n>=0$）

三、排列组合

1. 数列

定义：数列是以正整数集（或它的有限子集）为定义域的函数，是一列有序的数。

表达式：数列的一般形式可以写成a_1，a_2，a_3，$\cdots$，a_n，a_{n+1}，$\cdots$，简记为$\{a_n\}$。

2. 加法原理

定义：加法原理是分类计数原理，常用于排列组合中。具体是指在做一件事情时，完成它有 N 类方式，第一类方式有M_1种方法，第二类方式有M_2种方法，$\cdots\cdots$，第 n 类方式有M_n种方法，那么完成这件事情共有 $N=M_1+M_2+\cdots+M_n$ 种方法。

公式：$N=M_1+M_2+\cdots+M_n$

3. 乘法原理

定义：乘法原理是分步计数原理，常用于排列组合中。具体是指在做一件事时，完成它需要分成 n 个步骤，做第一步有M_1种不同的方法，做第二步有M_2种不同的方法，$\cdots\cdots$，做第 n 步有M_n种不同的方法。那么完成这件事共有 $N=M_1\times M_2\times\cdots\times M_n$ 种不同的方法。

表达式：$N=M_1\times M_2\times\cdots\times M_n$

4. 排列

定义：排列的定义是，从 n 个不同元素中，任取 m（$m\leq n$，m 与 n 均为自然数，下同）个元素按照一定的顺序排成一列，叫作从 n 个不同元素中取出 m 个元素的一个排列；从 n 个不同元素中取出 m（$m\leq n$）个元素的所有排列的个数，叫作从 n 个不同元素中取出 m 个元素的排列数，用符号 $A(n,m)$ 表示。

公式：$A_n^m=n(n-1)(n-2)\cdots(n-m+1)=\dfrac{n!}{(n-m)!}$

5. 组合

定义：组合的定义是，从 n 个不同元素中，任取 m（$m\leq n$）个元素并成一组，叫作从 n 个不同元素中取出 m 个元素的一个组合；从 n 个不同元素中取出 m（$m\leq n$）个元素的所有组合的个数，叫作从 n 个不同元素中取出 m 个元素的组合数。用符号 $C(n,m)$ 表示。

公式：$C_n^m=\dfrac{A_n^m}{m!}=\dfrac{n!}{m!\,(n-m)!}$；$C(n,m)=C(n,n-m)$

四、方程

1. 一元一次方程

定义：一元一次方程指只含有一个未知数，未知数的最高次数为 1 且两边都为整式的等式。

表达式：$ax+b=0$，$a\neq0$

2. 一元二次方程求根公式

定义：只含有一个未知数，且未知数项的最高次数为 2 的整式方程叫作一元二次方程。

标准方程：$a x^2+bx+c=0$，$a\neq0$；

求根公式：$x=\dfrac{-b\pm\sqrt{b^2-4ac}}{2a}$

3. 一元高次方程

定义：只含有一个未知数，且未知数项的最高次数大于等于 3 的整式方程叫作一元高次方程。

一元高次标准方程：$a_0x^n+a_1x^{n-1}+\cdots+a_n=0$，$a_0\neq0$、$n\geqslant3$

4. 二元一次方程组

定义：二元一次方程组是指含有两个未知数（例如 x 和 y），并且所含未知数的项的次数都是 1 的整式方程组。

标准方程组：$\begin{cases}a_1x+b_1y+c_1=0\\a_2x+b_2y+c_2=0\end{cases}$，其中$a_1$、$a_2$、$b_1$、$b_2$不同时为零。

五、图形

1. 圆形

1）圆形周长

定义：圆形一周的长度，就是圆的周长。周长用字母 C 表示，r 表示圆的半径，d 表示圆的直径。

公式：$C=\pi d=2\pi r$

2）圆形面积

定义：圆形的面积为圆形所占二维平面图形的大小，面积用字母 S 表示。

公式：$S=\pi r^2=\dfrac{1}{4}\pi d^2$

2. 球体

定义：一个半圆绕直径所在直线旋转一周所成的空间几何体叫作球体，简称为球。

1）球体表面积

定义：球体所有外面的面积之和叫作球体的表面积。表面积用字母 S 表示。

公式：$S=4\pi r^2=\pi d^2$

2）球体体积

定义：球体体积指球体所占三维空间的大小，体积用字母 V 表示。

公式：$V=\dfrac{4}{3}\pi r^3=\dfrac{1}{6}\pi d^3$

参 考 文 献

［1］张文双，刘树明，侯启明. C++培训教程［M］. 北京：北京理工大学出版社.

［2］郑阿奇. Visual C++实用教程（第3版）［M］. 北京：电子工业出版社.

［3］中国计算机学会组编，江涛，宋新波，朱全民主编. 中学生计算机程序设计
［M］. 北京：科学出版社.